Quantitative
Economics
with R

Quantitative Economics with R

경제학에서 배우는
데이터 과학과 분석론

비크람 다얄 지음
홍영표 옮김

i!i
에이콘

에이콘출판의 기틀을 마련하신 故 정완재 선생님 (1935-2004)

나의 오래된 멋진 친구 라누, 디퓨, 치나에게
이 책을 바칩니다.

지은이 소개

비크람 다얄 Vikram Dayal

델리 경제성장연구소의 교수다. R을 이용해 계량경제학을 다양한 수강
생들에게 가르치고 있으며, 스프링거브리프SpringerBriefs 시리즈의 유명한
『An Introduction to R for Quantitative Economics』(Springer, 2015)
의 저자이기도 하다. 총 14장으로 구성된 이 책은 2015년에 출간된 이
래로 각각의 장이 스프링거링크SpringerLink에서 4,000회 이상 다운로드됐
으며 그 수는 계속 증가하고 있다. 자세한 내용은 https://link.springer.
com/book/10.1007%2F978-81-322-2340-5에서 확인할 수 있다.
그는 인도 고아Goa 지역의 실내와 실외 공기오염부터 란탐보르 국립공원
Ranthambore National Park의 호랑이와 프로소피스 줄리플로라Prosopis juliflora까지
다양한 환경과 개발 문제에 대한 연구논문을 발표했다. 인도와 미국에서
경제학을 공부했으며, 델리대학교 델리경제대학에서 박사학위를 받았다.

감사의 글

경제성장연구소Institute of Economic Growth는 집필 작업에 최적의 환경을 제공해줬습니다. 나의 동료 바바니Bhavani와 푸르나미타Purnamita 교수는 든든한 지원군이었습니다. 수레시Suresh는 나에게 R을 소개해줬고 수년간 R에 관한 열정을 나눴습니다. 라훌Rahul은 경이로움sense of wonder에 관한 그림과 글에 대한 구체적인 조언으로 영감을 주었습니다. 라누Ranu는 이 책의 대부분을 편집해줬으며 진행도 도와줬습니다.

이 책은 학자, 개발자, 데이터 과학자로 구성된 글로벌 커뮤니티의 산물입니다. 경제학자인 에이스모글루Acemoglu와 듀플로Duflo, 통계학자인 폴 로젠바움Paul Rosenbaum, tidyverse 패키지를 개발한 해들리 위컴Hadley Wickham, 인과적 추론의 철학자 유디 펄Judea Pearl, 네트워크의 구루 바라바시Barabasi, 통계적 학습 전문가 해스티Hastie와 팁시라니Tibshirani 등의 노고 덕분입니다. 이 책의 집필을 가능하게 한 이들의 업적과 아이디어에 감사를 표합니다.

스프링거Springer의 누푸어 싱Nupoor Singh을 비롯한 많은 분들의 검토는 초기 책의 기틀을 마련하는 데 도움을 주었고 스프링거의 전문적인 손길을 거쳐 이 책이 탄생했습니다.

부모님의 한결같은 격려에 감사의 마음을 전합니다. 또한 바샤Varsha의 아낌없는 지원에도 감사의 말을 전합니다.

비크람 다얄Vikram Dayal

옮긴이 소개

홍영표(ypyohong@business.kaist.edu)

카이스트 경영대학에서 정보경영 석사과정을 졸업했으며 현재 금융회사에 재직 중이다. 저서로는 『기술, 경영을 만나다』(에이콘, 2016)가 있으며, 옮긴 책으로는 『데이터 과학자를 위한 금융 분석 총론』(에이콘, 2019), 『R고 하는 금융 분석』(에이콘, 2017) 등이 있다.

옮긴이의 말

바야흐로 데이터 분석의 시대입니다. 이제 데이터 분석 능력은 치열한 경쟁시장에서 생존과 성장을 위한 필수 역량입니다. 다음과 같은 이 책의 특징은 데이터 과학자로 한 걸음 전진하고 싶은 독자분들에게 도움이 될 것입니다.

첫째, 경제학 논문을 기반으로 기술돼 있어 학문적 깊이까지 더할 수 있습니다. 이 책의 내용은 대부분 경제학 논문과 해당 논문에서 사용한 데이터셋을 기반으로 합니다. 따라서 데이터 분석 기법의 이해를 넘어 학문적 사고를 넓힐 수 있는 기회를 제공합니다. 관심 있는 주제가 있다면 참고문헌에 있는 논문을 검색해 논문의 내용과 함께 분석 기법을 살펴본다면 데이터 분석의 본질을 이해하는 데 많은 도움이 될 것입니다.

둘째, 예제가 tidyverse 패키지를 기반으로 작성돼 간결하고 직관적입니다. tidyverse(www.tidyverse.org)는 RStudio의 해들리 위컴 박사가 개발한 패키지입니다. tidyverse 패키지는 R을 사용한다면 한 번은 접하게 되는 핵심 패키지입니다. tidyverse 패키지의 강력한 기능은 이름 그대로 깔끔한tidy 코드 작성에 큰 도움이 됩니다.

셋째, 목차가 다양한 데이터 분석 영역의 핵심 요소를 기반으로 구성돼 있습니다. 목차는 데이터 분석에 필요한 기본적인 사전지식으로 시작해, 추론 및 인과분석, 시계열 분석, 머신러닝 기법까지 다양한 영역에서 데이터 분석에 필요한 핵심 요소를 설명합니다. 이를 통해 데이터 분석의 전반적인 주제를 신속하고 균형 있게 파악할 수 있습니다.

데이터 과학자의 열정을 품은 독자분들에게 이 책이 마중물이 되길 바랍니다.

오탈자

한국어판의 정오표는 에이콘출판사의 도서정보 페이지 http://www.acornpub.co.kr/
book/quantitative-economics에서 볼 수 있다.

문의사항

한국어판에 관한 질문은 에이콘출판사 편집 팀(editor@acornpub.co.kr)이나 옮긴이의
이메일로 문의하길 바란다.

차례

제5부   성장 데이터 접근, 분석, 해석   315

11   성장 데이터와 모형   317

12   성장 원인   339

## 제1부

책의 구성과 R 소개

1
개요

1.1 데이터 과학 접근법

왜 경제학에 데이터 과학 접근법^{data science approach}이 필요할까? 데이터 과학은 컴퓨터 과학, 데이터 학습에 관한 학문인 통계학, 그리고 도메인 지식(이 책의 경우 경제학)의 교차점에 있다. 2009년, 당시 구글의 수석 경제학자인 할 바리안^{Hal Varian}은 데이터 접근법의 필요성을 다음과 같이 피력했다(McKinsey Quarterly, 2009).

> 데이터 획득 능력, 다시 말해 데이터를 이해하고, 처리하며, 가치를 추출하고, 시각화해 전달하는 능력은 전문가 수준에서뿐만 아니라 초등학생, 고등학생, 대학생의 교육 수준에서도 향후 몇십 년간 매우 중요한 기술이 될 것이다. 이제 데이터는 본질적으로 무료이면서 어디에나 존재하기 때문이다. 따라서 보완해야 할 부족한 요소는 데이터를 이해하고 가치를 추출하는 능력이다.
>
> 통계전문가는 그 일부이긴 하지만 한 분야일 뿐이다. 여러분도 데이터

를 시각화하고, 전달해 효과적으로 활용하길 원할 것이다. 하지만 무엇보다 데이터 분석에서 얻은 통찰력에 접근하여, 이해하고, 전달하는 기술이 매우 중요하다.

바리안은 통계학이나 경제학을 넘어 시각화와 전달 능력의 필요성을 강조했다는 점에 주목하라.

이 책은 무료 소프트웨어인 R(R Core Team, 2019)을 사용해 퀀트 경제학quantitative economics에 데이터 과학 접근법을 활용한다. R은 항상 놀라웠다. 해들리 위컴은 tidyverse라는 패키지 집합을 만들어 R을 새로운 수준으로 끌어올렸다. 위컴(Grolemund and Wickham, 2017)은 데이터 분석 워크플로우data analysis workflow에 대해 깊이 고민했으며, 바리안의 설명처럼 데이터 획득의 필요성으로 시작한다. 그런 다음 데이터 '랭글링wrangling'[1]에 많은 시간을 할애한다. 그리고 그래프를 그려 데이터를 이해하고, 모형에 적합시킨다. 또한 그래프를 사용해 분석 내용을 전달할 수도 있다.

1.2 책 구성

책 구성을 간략히 살펴보자.

1.2.1 1부: 책 구성과 R 소개

1부에서는 R의 주요 내용을 충분히 소개하는 것을 목표로 한다. 위컴의 업적은 잘 알려져 있지만, 무엇보다 그의 공헌은 R을 처음 접하거나 R 코드를 작성해보지 않은 초보자들에게 큰 도움이 된다. 위컴이 데이터 동사data verb라 칭한 기능을 사용하면 데이터 랭글링에 수반되는 번거로운 작업을 줄일 수 있어 시간을 갖고 본연의 작업에 집중할 수 있다. 1부에서는 필수적인 기술인 데이터를 획득하고, 데이터를 분석한 다음, 데이터를

---

1 데이터 랭글링은 원천 데이터(raw data)를 분석하기 좋은 데이터로 변환하는 작업을 뜻한다. – 옮긴이

그래프로 표현하는 방법을 설명한다. 또한 책 전반에 걸쳐 심화 학습을 위한 '실습'도 제공한다.

1.2.2 2부: 데이터 관리와 그래프 작성

위컴이 개선한 데이터 과학의 특성 중 하나는 랭글링과 그래프 작성이다. 위컴은 적절한 데이터 랭글링이 필요 없는 경우보다 훌륭한 시각화가 필요한 경우가 더 자주 발생한다는 사실을 깨달았다. 데이터를 그래프로 나타낼 때 데이터의 의미를 파악할 수 있다. 디턴(Deaton, 1997, pp. 3 - 4)은 데이터 분석 접근법을 다음과 같이 설명했다.

> 이론에서 출발하기보다 데이터로 시작해 이론이나 정책의 특정한 측면을 밝히는 방법으로 이들을 설명하기 위한 기본적인 절차를 찾으려고 노력한다. 이론을 활용해 일련의 구조적 모수structural parameter를 통해 데이터를 요약하기보다 종종 단순한 기술 통계학descriptive statistics이나 밀도나 회귀 함수의 그래프 표현을 통해 데이터의 특징들을 제시한 다음, 이러한 특징들이 생성된 절차가 무엇을 의미하는지 생각해보는 것이 더 유용할 때가 있다.

몇 년 전 데이비드 로빈슨David Robinson은 초보자들에게 tidyverse를 직접 살펴보게 하면서 R을 가르치는 방식을 제안했다. 2부는 필수 작업인 데이터를 R로 가져오는 방법에 대한 설명으로 시작한다. 그런 다음 위컴의 최대 업적이며 가장 많이 사용하는 ggplot2 패키지의 편리한 기능을 살펴본다.

현대 데이터 과학은 다양한 데이터를 다루며, 흥미로운 데이터 유형은 네트워크와 연관돼 있다. 간단한 예제 네트워크로 시작해 매우 복잡한 전 세계 자동차 부품 거래 네트워크를 살펴본다.

1.2.3 3부: 데이터 분석에 필요한 수학 사전지식

R을 사용하면 수치 계산을 할 수 있으므로, 3부에서는 R을 사용한 간단한 수학적 방법을 설명한다. 특히 차분 방정식difference equations과 함께 R로 다양한 분석을 수행한다.

1.2.4 4부: 데이터 기반 추론

R은 오랜 기간 통계학의 링구아 프랑카lingua franca[2]였다. 케네디(Kennedy, 2003) 같은 통계학 및 계량경제학 교사는 시뮬레이션의 활용을 주장했으며, 4부에서는 이러한 시뮬레이션을 중심으로 설명한다. 4부의 첫 번째 장에서는 중심 극한 정리central limit theorem에 시뮬레이션을 사용한다. 또한 부트스트랩bootstrap과 무작위 추론randomization inference이라는 두 가지 시뮬레이션 기반 추론 방법을 소개한다.

시뮬레이션은 인과적 추론causal inference을 밝히는 데도 사용된다. 인과적 추론에서 문제를 명확히 파악하는 데 필요한 두 가지 기반인 인과 그래프causal graph와 잠재적 결과potential outcome를 살펴보는 것으로 시작한다. 앵그리스트와 피쉬케(Angrist and Pischke, 2015)가 무적의 5인방Furious Five이라 부른 실험experiment, 회귀 조정regression adjustment, 회귀 불연속regression discontinuity, 이중차분법difference-in-difference, 도구 변수instrumental variable를 살펴보는 것을 목표로 한다. 또한 매칭matching의 응용을 비롯해 민감도 분석sensitivity analysis과 맨스키 경계Manski bound도 살펴본다. 결과적으로 인과적 추론이 이 책에서 가장 많은 분량을 차지한다.

1.2.5 5부: 성장 데이터 접근, 분석, 해석

5부는 경제 성장economic growth을 집중적으로 살펴본다. 데이터를 시각화해

---

2 링구아 프랑카(lingua franca)는 국어를 달리하는 사람들이 상호 이해를 위해 습관적으로 사용하는 언어를 뜻한다(출처: 두산백과). – 옮긴이

성장의 특정 유형을 조사하고 데이터를 통해 간단한 성장 이론을 알아본다. 두 번째 장에서는 에이스모글루(Acemoglu et al., 2001)가 발표한 유명한 논문을 살펴본다. 이 논문은 성장에 미치는 제도institution의 효과를 계량화하는 과감한 시도였으며, 이 논문을 중심으로 파생된 소문헌들을 살펴본다.

1.2.6 6부: 시계열 데이터

6부는 시계열time series 데이터를 다룬다. 시계열 그래프는 경제 뉴스에 자주 등장한다. 첫 번째 장에서 시계열 그래프 작성법을 살펴본다.

다음 장에서는 기본적인 시계열 분석 방법을 알아본다. 각 절에서는 시뮬레이션을 통해 시계열 모형의 핵심 요소를 파악한다.

이 책의 나머지 부분과 마찬가지로 6부에서도 기술description, 예측prediction, 인과적 추론causal inference 간의 구별이 중요하다.

1.2.7 7부: 데이터를 통한 통계적 학습과 머신러닝

바리안(Varian, 2014)이 쓴 논문 'Big Data: New Tricks for Econometrics'를 참고한다. 논문이 발표된 지 많은 시간이 흘렀고 기법들 역시 오래됐지만 참고할 가치가 있는 유용한 글이다. 7부에서는 통계적 학습statistical learning의 두 가지 주요 기법인 일반화 가법 모형GAM, generalized additive model과 랜덤 포레스트random forest를 살펴본다. 이러한 유형의 기법을 배우고 사용하는 것은 이들 방법을 구현하는 데 자주 사용되는 소프트웨어인 R을 배우는 데 있어 큰 동기가 된다.

1.3 책 활용법

언어 학습과 동일한 방식으로 R을 배울 수 있다. RStudio를 열어, R 코드를 입력하고, 실행하면서 책 내용을 따라 하라. 코드를 실행하면서 어떤 일이 발생하는지 확인한다. 의문점이 있을 때는 구글 검색을 이용하는 것도 좋은 방법이다. 책에 있는 다양한 '실습'도 수행해보라. 실습의 해답은 각 장의 끝부분에서 확인할 수 있다. 이 책은 주제와 관련된 간단한 예제로 시작해 향후 살펴볼 내용을 쉽게 이해할 수 있도록 구성돼 있다. 온라인 강좌나 동영상을 포함해 각 장에서 참고한 자료는 각 장의 마지막 부분에 정리돼 있다.

R이나 tidyverse를 처음 접하는 독자라면 책의 초반부를 정독하기 바란다.

1.4 도움말

R에 있는 help 함수를 사용해 함수의 도움말을 볼 수 있다. 다음 예제처럼 help를 입력한 다음 괄호 안에 함수를 추가하면 된다.

```
help(mean)
```

위 명령어를 실행하면 RStudio에 도움말 페이지가 열린다.

help.start()를 입력한 후 명령어를 실행하면 RStudio에 하이퍼링크가 있는 매뉴얼과 패키지의 참조 페이지가 열린다.

1.5 R 코드와 출력

이 책에서 R 코드는 Consolas 글꼴로 표시한다. 결과 출력도 이중 해시 (##)와 함께 Consolas 글꼴로 표시한다.

1.6 일반적인 R 코드 개요

R에는 명령어와 옵션이 매우 많으므로 R 코드 작성 시 자칫 길을 잃을 수 있다. 따라서 먼저 개요를 간단히 살펴보겠다. 일반적인 R 코드의 형태는 다음과 같다.

$$\boxed{\text{신규 객체}} \leftarrow \boxed{\text{함수}} (\boxed{\text{객체 또는 공식}}, \boxed{\text{객체 정보}}, \boxed{\text{옵션}})$$

위의 모든 요소를 해당 코드 줄에 입력해야 하는 것은 아니다. 위는 일반화한 경우다.

다음 예제로 좀 더 구체적으로 확인할 수 있다.

```
Price <- c(21, 31, 34)
```

위 코드는 Price라는 벡터를 만든다. c는 결합concatenation 함수다.

패키지 설치와 로딩

패키지 설치를 통해 R의 다양한 기능을 사용할 수 있다. 패키지 로딩 전에 한 번은 패키지를 설치해야 한다. 다음 코드와 같이 tidyverse 패키지를 설치한다.

```
install.packages("tidyverse")
```

tidyverse 패키지를 사용해야 할 시점에는 다음과 같이 로딩한다.

```
library(tidyverse)
```

벡터

벡터는 다음과 같이 생성한다.

```
Price <- c(2,3,4)
```

그리고 세 번째 요소는 다음과 같이 가져온다.

```
Price[3]
```

데이터

R로 myfile.csv라는 데이터 파일을 가져와 myfile이라고 명명하는 방법
은 다음과 같다.

```
myfile <- read.csv("myfile.csv")
```

두 번째 열은 다음과 같이 접근한다.

```
second.column <- myfile[,2]
```

그래프

변수 x의 히스토그램은 다음과 같이 그릴 수 있다.

```
library(tidyverse) # tidyverse 패키지 로딩
ggplot(mydata, aes(x = x)) +
  geom_histogram()
```

x에 대한 y의 산점도scatter plot는 다음과 같이 그릴 수 있다.

```
ggplot(mydata, aes(x = x, y = y)) +
  geom_point()
```

회귀분석

x와 z에 대한 y의 선형 회귀분석linear regression은 다음과 같이 수행할 수
있다.

```
reg.mod <- lm(y ~ x + z, data = mydata)
```

회귀분석 결과는 다음 명령어를 사용해 확인한다.

```
summary(reg.mod)
```

1.7 참고자료

그롤문드와 위컴(Grolemund and Wickham, 2017)의 저서는 책상에 보관할 가치가 있는 훌륭한 책이다.

참고문헌

Acemoglu, D., S. Johnson, and J.A. Robinson. 2001. The colonial origins of comparative development: An empirical investigation. *American Economic Review* 91 (5): 1369-1401.

Angrist, J.D., and J. Pischke. 2015. *Mastering 'metrics*. Princeton: Princeton University Press.

Core Team, R. 2019. *R: A language and environment for statistical computing*. Vienna, Austria: R Foundation for Statistical Computing. https://www.R-project.org/.

Deaton, A. 1997. *The analysis of household surveys*. London: The Johns Hopkins University Press.

Grolemund, G., and H. Wickham. 2017. *R for data science*. Boston: O'Reilly.

Kennedy, P. 2003. *A guide to econometrics*, 5th ed. Cambridge: MIT Press.

Varian, H. 2009. How the web challenges managers. Transcript of conversation with Manyika. McKinsey Quarterly. https://www.mckinsey.com/industries/technology-media-and-telecommunications/our-insights/hal-varian-on-how-the-web-challenges-managers [accessed 19 October 2019].

Varian, H. 2014. Big Data: New tricks for econometrics. *Journal of Economic Perspectives* 28 (2): 3-28.

2
R과 RStudio

2.1 소개

R(R Core Team, 2019)은 초보자에게 어려울 수 있다. 하지만 몇 가지 기본적인 사항만 습득하면 쉽게 사용할 수 있다. 2장은 R의 핵심 기능으로 시작하며, 이 책의 전체 내용은 2장에서 소개하는 핵심 기능을 기반으로 한다. 따라서 몇 가지 세부적인 항목이 추가되면서 동일한 기능을 반복적으로 사용하는 것을 볼 수 있을 것이다.

2.2 R과 RStudio

R은 매우 유연한 소프트웨어다. 또한 무료이며, http://www.r-project.org에서 다운로드할 수 있다.

이 책에서는 RStudio를 통해 R을 사용한다. RStudio를 이용하면 더 효율적으로 작업할 수 있다. R을 설치한 후에 RStudio를 http://www.rstudio.com에서 다운로드한다.

R이나 RStudio 다운로드에 문제가 발생하면 구글 검색을 이용하라. 예컨대, 구글에서 'R 설치'와 같은 단어로 검색할 수 있다. R로 작업할 때 구글 검색을 이용하면 도움이 될 것이다.

R과 RStudio를 설치했다면 RStudio만 실행하면 된다.

그림 2.1은 RStudio 창의 구성을 도식화한 것이다.

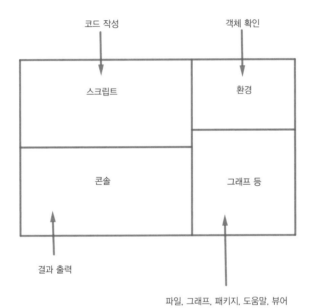

그림 2.1 RStudio 창의 구성

- 스크립트Script 또는 편집Editor 창: 좌측 상단 창에 R 스크립트R Script 나 R 마크다운R Markdown 등의 코드를 작성할 수 있다. R 스크립트 로 명령어를 입력해야 한다. 코드를 선택하고 Run을 클릭하면(단축 키: Ctrl+Enter), 선택한 줄의 코드를 실행할 수 있다.
- 콘솔Console 창: 좌측 하단 창은 콘솔 창이다. R의 실행 결과가 출력

된다. Console이라고 쓰인 탭이 있다. '>' 프롬프트에 명령어를 입력해 실행할 수도 있으나 스크립트 창 사용을 권장한다.

- 환경Environment 또는 이력History 창: 우측 상단 창에는 Environment와 History 탭이 있다. 생성한 다양한 객체를 확인할 수 있다. Environment 탭 아래에 있는 Import Dataset을 이용해 데이터를 RStudio로 가져올 수도 있다.
- 파일Files, 그래프Plots 등의 창: 우측 하단 창에는 Files, Plots, Packages, Help, Viewer 탭이 있다. 작성한 그래프는 Plots 탭을 통해 확인할 수 있다. 패키지는 Packages 탭으로 설치할 수 있다.

4개의 창은 원하는 위치에 맞게 상하나 좌우로 조정할 수 있다.

2.3 프로젝트 사용

RStudio의 가장 유용한 기능 중 하나는 프로젝트다. 이 기능은 파일, 디렉터리 등을 관리하는 데 큰 도움이 된다. File › New Project 메뉴에서 새로운 프로젝트를 생성할 수 있다. 프로젝트와 새로운 디렉터리를 동시에 생성하거나 디렉터리에 새로운 프로젝트를 생성할 수 있다. 모든 출력과 파일은 동일한 디렉터리에 저장된다.

2.4 스크립트 사용

이 책에서 R 코드는 Consolas 글꼴이다. 결과 출력 역시 Consolas 글꼴이다. 출력 줄은 이중 해시(##)로 시작한다. R은 함수를 사용하며 객체와 함께 동작한다. R에서는 function 키워드를 사용해 함수를 만들 수 있다. 또한 R에는 패키지가 있다. 패키지는 함수의 집합으로 유용한 패키지가 존재하므로 패키지를 활용하면 필요한 기능을 쉽게 사용할 수 있다.

다음과 같은 R 스크립트로 작업을 시작해보자. 먼저 RStudio에서 File › New File › R Script 메뉴를 선택한다(단축키: Ctrl+Shift+N). 2 + 3이라고 입력하고 Run을 실행하면(단축키: Ctrl+Enter), RStudio는 콘솔 창에 결과를 출력한다. R 스크립트를 저장할 수도 있다.

```
2 + 3
## [1] 5
```

다음은 혼동하기 쉬운 부분에 대한 설명이다. 만일 + 기호가 다음 줄에 있으면 R은 2로 입력이 끝났다고 간주한다. 하지만 + 기호가 2 뒤에 있으면 R은 다음 줄에 추가적인 입력이 있다고 간주한다.

```
2
## [1] 2
+ 3
## [1] 3
```

+ 기호의 위치로 인해 위 코드의 결과와 아래 코드의 결과가 다르다.

```
# + 기호의 위치가 다르다.
2 +
  3
## [1] 5
```

[실습]
R에서 255와 777의 덧셈을 수행하라.

2.5 R의 다양한 객체

R에는 다양한 유형의 객체가 있다. 그중에서 4개의 중요한 객체인 벡터 vector, 행렬matrix, 데이터프레임data frame, 리스트list에 대해 예제와 함께 간

략히 살펴본다.

2.5.1 벡터

3개의 가격이 있는 Price라는 벡터를 설정한다. 다음 코드를 스크립트 창에 작성한 다음 Run을 클릭하면, 입력한 코드 줄이 실행된 후 콘솔 창에 코드 줄이 표시된다.

```
Price <- c(10,3,15)
```

3개의 값은 10, 3, 15다. 결합concatenation을 의미하는 c() 함수를 사용해 콤마(,)로 값을 구분하고 괄호로 묶는다.

위 코드를 실행하면 아무런 값이 출력되지 않는다. R은 단순히 Price라는 객체를 생성했을 뿐이고, Price라는 객체는 환경 창에서 확인할 수 있다. 값을 출력하려면 Price를 입력한 후 실행해야 한다.

```
Price
## [1] 10  3  15
```

출력값에 [1]이 포함돼 있는 것을 볼 수 있다. 이는 첫 번째 요소가 10 이라는 사실을 알려준다.

R은 Price와 price를 구분한다. 주의하지 않으면 다음과 같은 에러 메시지가 나온다.

```
price
```

```
## Error in eval(expr, envir, enclos): object 'price' not found
```

R에서 소괄호(())는 대괄호([])와 다르다. 상황에 맞게 올바르게 사용해야 한다.

```
Price <- c[10,3,15]
```

```
## Error in c[10, 3, 15]: object of type 'builtin' is not subsettable
```

Price 벡터의 길이를 확인하는 방법은 다음과 같다.

```
length(Price)
## [1] 3
```

첫 번째 요소 추출 방법은 다음과 같다.

```
Price[1]
## [1] 10
```

그리고 두 번째와 세 번째 요소 추출 방법은 다음과 같다.

```
Price[2:3]
## [1]  3 15
```

해당 수량quantity에 대한 벡터를 생성하고 출력한다.

```
Quantity <- c(25,3,20)
Quantity
## [1] 25  3 20
```

Price와 Quantity를 곱한 다음 Expenditure 변수에 저장한다.

```
Expenditure <- Price * Quantity
Expenditure
## [1] 250   9 300
```

Expenditure 요소들의 합도 구할 수 있다.

```
Total_expenditure <- sum(Expenditure)
Total_expenditure
## [1] 559
```

R 학습에서는 벡터에 익숙해지는 것이 매우 중요하다.

R 스크립트로 Price2 <- c(2, 12, 7, 33)과 Quantity2 <- c(23, 32, 12, 33)이라는 두 벡터를 입력한다. 그런 다음 Price2와 Quantity2 의 네 번째 요소를 추출하고, 앞서 Price와 Quantity 벡터로 수행한 작업을 참조해 Expenditure2와 TotalExpenditure2를 계산한다. 스크 립트 파일을 저장하고 확인한다.

2.5.2 행렬

matrix 함수를 사용해 Price, Quantity, Expenditure 벡터를 행렬의 열 column로 묶을 수 있다.

```
Matrix_PQE <- matrix(data = cbind(Price, Quantity,
  Expenditure), ncol=3)
Matrix_PQE
##      [,1]  [,2]  [,3]
## [1,]  10    25   250
## [2,]   3     3     9
## [3,]  15    20   300
```

위 코드에서는 R 함수 matrix와 벡터를 열로 묶는 cbind 함수를 사용 했다.

행렬의 첫 번째 행을 출력한다.

```
Matrix_PQE[1,]
## [1]  10  25 250
```

행렬의 두 번째 열을 출력한다.

```
Matrix_PQE[,2]
## [1] 25  3 20
```

첫 번째 행의 두 번째 열을 출력한다.

```
Matrix_PQE[1,2]
## [1] 25
```

대괄호 사이에서 첫 번째 수는 행을, 두 번째 수는 열을 나타낸다. R의 행렬은 추후 다시 자세히 살펴본다.

2.5.3 데이터프레임

데이터프레임을 생성하고 출력한다.

```
Exp_data <- data.frame(Price, Quantity)
Exp_data
##   Price Quantity
## 1    10       25
## 2     3        3
## 3    15       20
```

두 번째 열을 출력한다.

```
Exp_data[,2]
## [1] 25  3 20
```

달러 기호($)와 열 이름을 사용해 데이터프레임의 두 번째 열을 참조할 수 있다.

```
Exp_data$Quantity
## [1] 25  3 20
```

다음 장에서는 데이터를 R로 가져오는 방법을 설명한다.

[실습]
Price2와 Quantity2 벡터를 포함하는 데이터프레임을 생성하라. 그런 다음 데이터프레임의 첫 번째 열을 출력하라.

2.5.4 리스트

리스트는 다양한 유형의 객체를 담을 수 있다. list() 함수로 앞서 생성한 Expenditure 객체가 포함된 리스트를 생성한다.

```
Expenditure_list <- list(Price, Quantity, Expenditure,
  Total_expenditure)
Expenditure_list
## [[1]]
## [1] 10   3 15
##
## [[2]]
## [1] 25   3 20
##
## [[3]]
## [1] 250    9 300
##
## [[4]]
## [1] 559
```

리스트의 인덱스는 이중 대괄호를 사용한다. 두 번째 요소의 출력 방법은 다음과 같다.

```
Expenditure_list[[2]]
## [1] 25   3 20
```

2.6 연습문제: 순현재가치

지금부터 2년간 받을 돈의 총합(121)에 대한 순현재가치NPV, Net Present Value를 계산한다. 이때 할인율discount rate은 10%라 가정한다. 먼저 변수에 값을 할당한다.

```
Amount <- 121
discount_rate <- 0.10
time <- 2
```

그런 다음 순현재가치 계산 방법을 작성한다.

```
Net_present_value <- Amount/(1+discount_rate)^time
Net_present_value
## [1] 100
```

또 다른 예제로 여러 돈의 합에 대한 순현재가치를 계산한다. 지금은 150의 비용이 발생하지만, 1년과 2년 후에는 각각 135와 140의 수익이 발생한다. 할인율은 10%다. c() 함수를 사용해 값을 묶는다.

```
Cost_benefit_profile <- c(-150,135,140)
time_profile <- c(0,1,2)
```

할인한 비용과 수익에 관한 공식을 작성한다.

```
Cost_benefit_present_value_profile <-
  Cost_benefit_profile/(1+discount_rate)^time_profile
```

값을 합하고 출력한다. 그런 다음 round() 함수로 반올림한다.

```
Net_present_value <- sum(Cost_benefit_present_value_profile)
Net_present_value
## [1] 88.42975
round(Net_present_value, digits = 0)
## [1] 88
```

벡터를 사용할 때는 차원dimension에 주의해야 한다. 다음과 같이 3개의 요소가 있는 Three 벡터에 하나의 요소만 있는 Two 벡터를 더해보자.

```
Three <- c(3,3,3)
Two <- 2
Five <- Three + Two

Five
## [1] 5 5 5
```

만일 3개의 요소가 있는 Three 벡터와 2개의 요소가 있는 Mix 벡터를 더하면 어떻게 될까?

```
Mix <- c(2,9)
Mix
## [1] 2 9
ThreeandMix <- Three + Mix

## Warning in Three + Mix: longer object length is not a multiple
of shorter object length

ThreeandMix
## [1]  5 12  5
```

경고 메시지 출력 후 R은 Mix를 '반복'한다. 즉, 세 번째 요소가 없으므로 첫 번째 항목으로 돌아간다.

2.7 tidyverse 접근법

지금부터 데이터 분석 워크플로우에 대한 해들리 위컴의 접근법을 살펴본다. 이 접근법은 그롤문드와 위컴(Grolemund and Wickham, 2017)의 책에 자세히 설명돼 있다. 위컴은 워크플로우의 다양한 부분에서 사용할 수 있는 여러 패키지를 설계했다.

2.7.1 데이터 분석 워크플로우

데이터 분석가가 따르는 일반적인 워크플로우는 다음과 같다.

1. R로 데이터 가져오기
2. 정제tidy와 변환transform
3. 시각화visualize와 모형화model
4. 전달communicate

체계적으로 작업하면 지속적인 개선이 가능하고 효율성도 높일 수 있다. 체계적으로 작업하는 방법은 RStudio에서 스크립트 파일과 프로젝트 기능을 사용하는 것이다. 스크립트 파일의 확장자는 .R이다. RStudio에서 프로젝트 기능을 사용하면 다른 파일과의 작업을 더 쉽게 진행할 수 있다. 스크립트 파일에는 명령어를 작성할 수 있을 뿐만 아니라, csv 등의 데이터 파일을 사용하고, 그림이나 문서를 pdf나 워드 파일로 만들 수 있다.

지금은 가상의 데이터를 사용한다. 이러한 연습문제는 데이터 분석 워크플로우를 이해하는 데 도움이 된다. 소규모 데이터셋으로 작업하므로 진행 과정을 쉽게 확인할 수 있기 때문이다.

데이터가 정제돼 있으면 분석이 더 쉬워진다. 그렇다면 정제된 데이터셋이란 무엇일까? 간단히 말해, 열에 모든 변수variable가 존재하고 행에 모든 관측치observation가 존재하는 경우를 말한다.

2.7.2 tidyverse 패키지

tidyverse(Wickham, 2017)는 해들리 위컴이 만든 패키지 집합으로, 데이터 분석 워크플로우의 다양한 측면에 도움이 된다. 지금부터 위컴의 tidyverse 패키지를 사용한다. 이를 위해서는 먼저 패키지를 설치해야 한다. 패키지는 한 번만 설치하면 된다. 명령어로 설치하거나 RStudio에 있는 아이콘을 통해 설치할 수 있다. 그런 다음, library() 함수로 패키지를 로드한다.

```
#는 주석 표시다.
# 한 번만 설치한다.
# install.packages("tidyverse")
# 매번 로드한다.

library(tidyverse)
```

2.7.3 입력 및 합성 데이터 랭글링

각 변수를 별도의 벡터로 생성해 R로 데이터를 입력한다. 이 데이터는 여섯 명의 가상의 설문 데이터로, 변수는 급여(payment), 근무 시간(hours), 성별(gender), 나이(age)다.

```
surv_id <- c(1,2,3,4,5,6)
payment <- c(1000,700,600,1200,800,500)
hours <- c(7,5,3,6,7,4)
gender <- c("F","M","F","M","M","M")
age <- c(28,52,37,35,59,43)
```

R에서 데이터는 일반적으로 데이터프레임으로 저장한다. 위컴은 R의 데이터프레임 개선을 위해 '티블tibble'을 설계했다. 티블은 데이터프레임과 마찬가지로 데이터를 저장한다. 여기서는 티블 변수의 이름을 labour라 한다. tibble() 함수를 사용해 티블을 생성한다.

```
labour <- tibble(surv_id, payment, hours, gender, age)
```

labour를 출력한다. 출력하지 않으면 티블만 생성하고 별다른 작업을 수행하지 않는다.

```
labour
## # A tibble: 6 x 5
##    surv_id payment hours gender   age
##      <dbl>   <dbl> <dbl> <chr>  <dbl>
## 1        1    1000     7 F         28
## 2        2     700     5 M         52
## 3        3     600     3 F         37
## 4        4    1200     6 M         35
## 5        5     800     7 M         59
## 6        6     500     4 M         43
```

glimpse() 함수를 이용해 데이터의 요약 정보를 확인할 수 있다.

```
glimpse(labour)
## Observations: 6
```

```
## Variables: 5
## $ surv_id  <dbl> 1, 2, 3, 4, 5, 6
## $ payment  <dbl> 1000, 700, 600, 1200, 800, 500
## $ hours    <dbl> 7, 5, 3, 6, 7, 4
## $ gender   <chr> "F", "M", "F", "M", "M", "M"
## $ age      <dbl> 28, 52, 37, 35, 59, 43
```

이제 write_csv() 함수를 이용해 데이터를 csv 파일로 작성한 다음, read_csv() 함수를 이용해 이 파일을 RStudio로 읽는다.

```
write_csv(labour, "labour.csv")
labour2 <- read_csv("~/Documents/R/ies2018/labour.csv")
```

```
##  열 명세:
##  cols(
##    surv_id = col_double(),
##    payment = col_double(),
##    hours = col_double(),
##    gender = col_character(),
##    age = col_double()
##  )
```

labour2 티블은 labour 티블과 동일하다는 사실을 확인할 수 있다.

```
labour2
## # A tibble: 6 x 5
##   surv_id payment hours gender   age
##     <dbl>   <dbl> <dbl> <chr>  <dbl>
## 1       1    1000     7 F         28
## 2       2     700     5 M         52
## 3       3     600     3 F         37
## 4       4    1200     6 M         35
## 5       5     800     7 M         59
## 6       6     500     4 M         43
```

R 스크립트를 사용해 앞서 설명한 대로 labour 티블을 생성하고, csv 파일로 저장하고, csv 파일을 읽는다. 향후 labour2 티블이 사용될 수 있으므로 R 스크립트를 저장한다.

티블은 여러 벡터로 구성된다. labour 데이터셋에서 gender 열을 추출한 다음, gender 열의 두 번째와 세 번째 열을 추출한다.

```
labour$gender
## [1] "F" "M" "F" "M" "M" "M"
labour$gender[2:3]
## [1] "M" "F"
```

첫 번째 행을 추출한 다음 두 번째 열을 추출한다.

```
labour[1,]
## # A tibble: 1 x 5
##    surv_id payment hours gender   age
##      <dbl>   <dbl> <dbl> <chr>  <dbl>
## 1        1    1000     7 F         28
labour[,2]
## # A tibble: 6 x 1
##    payment
##      <dbl>
## 1     1000
## 2      700
## 3      600
## 4     1200
## 5      800
## 6      500
```

2.7.4 5개의 데이터 동사

5개의 데이터 동사^{data verb}는 데이터 작업에 큰 도움이 된다. 이 작업은 tidyverse 패키지에 포함된 위컴이 개발한 dplyr 패키지를 통해 수행할 수 있다.

5개의 데이터 동사는 다음과 같다.

filter   특정 행을 선택한다.

select   열을 선택한다.

mutate   새로운 변수를 생성한다.

summarize   요약한다.

arrange   특정한 순서로 정렬한다.

모든 데이터 동사는 group_by() 함수와 함께 사용할 수 있다.

5개의 데이터 동사는 파이프^{pipe} 기호와 함께 사용하면 데이터 작업 시 큰 도움이 된다. 파이프 기호는 다음과 같다.

%>%

파이프 기호는 명령어를 묶는 데 도움이 된다. 즉,

f(x,y)

위의 명령어는

x %>% f(,y)

와 같다.

파이프 기호는 x를 x와 y의 함수로 전달한다. 따라서 파이프의 좌측에 있는 것은 우측에 있는 함수의 첫 번째 인수로 전달된다. 이러한 방식이 처음에는 낯설 수 있지만, 익숙해지면 각각 구축된 데이터에 대한 작업을 수행하는 데 큰 도움이 되며 코드를 더 쉽게 이해할 수 있다.

filter를 이용해 행을 선택한다. 이번에는 성별^{gender}이 여성(F)인 행만 선택한다. labour를 filter 함수로 전달하고 성별이 여성인 행만 선택해 새로운 티블을 생성한다. 이중 등호(==)의 사용에 유의하라.

```
labour_filter <- labour %>% filter(gender == "F")

labour_filter
## # A tibble: 2 x 5
##    surv_id payment hours gender    age
##      <dbl>   <dbl> <dbl> <chr>   <dbl>
## 1        1    1000     7 F          28
## 2        3     600     3 F          37
```

다음과 같이 파이프 기호를 사용하지 않고도 작업을 수행할 수 있지만, 파이프 기호를 사용하면 장점이 있다.

```
labour_filter <- filter(labour, gender == "F")

labour_filter
## # A tibble: 2 x 5
##    surv_id payment hours gender    age
##      <dbl>   <dbl> <dbl> <chr>   <dbl>
## 1        1    1000     7 F          28
## 2        3     600     3 F          37
```

[실습]
성별이 남성인 행만 선택해 새로운 티블 labour_filter2를 생성하라. labour_filter2를 출력해 올바로 수행했는지 확인하라.

임금^{wage}을 계산해 mutate로 새로운 변수를 생성한다.

```
labour_mutate <- labour %>% mutate(wage = payment / hours)

labour_mutate
## # A tibble: 6 x 6
##    surv_id payment hours gender    age  wage
##      <dbl>   <dbl> <dbl> <chr>   <dbl> <dbl>
## 1        1    1000     7 F          28  143.
## 2        2     700     5 M          52  140
## 3        3     600     3 F          37  200
```

```
## 4          4     1200     6 M          35  200
## 5          5      800     7 M          59  114.
## 6          6      500     4 M          43  125
```

[실습]

mutate를 이용해 minutes = hours * 60으로 minutes라는 새로운 변
수를 생성하라.

arrange로 작업 시간을 기준으로 데이터를 정렬한다.

```
labour_arrange <- labour %>% arrange(hours)
```

```
labour_arrange
## # A tibble: 6 x 5
##    surv_id payment hours gender   age
##      <dbl>   <dbl> <dbl> <chr>  <dbl>
## 1        3     600     3   F       37
## 2        6     500     4   M       43
## 3        2     700     5   M       52
## 4        4    1200     6   M       35
## 5        1    1000     7   F       28
## 6        5     800     7   M       59
```

작업 시간과 성별을 선택한다.

```
labour_select <- labour %>% select(hours, gender)
```

```
labour_select
## # A tibble: 6 x 2
##   hours gender
##   <dbl> <chr>
## 1     7 F
## 2     5 M
## 3     3 F
## 4     6 M
## 5     7 M
## 6     4 M
```

지금부터 성별로 그룹화해 데이터를 요약해보자. 먼저 group_by() 함수를 이용해 성별로 그룹화한다. 그리고 남성과 여성별로 근무 시간의 평균 mean을 구한다.

```
labour_summary <- labour %>%
  group_by(gender) %>%
  summarize(mean = mean(hours))

labour_summary
## # A tibble: 2 x 2
##   gender  mean
##   <chr>  <dbl>
## 1 F          5
## 2 M        5.5
```

[실습]
성별로 근무 시간의 중앙값median을 구하라.

2.7.5 그래프

tidyverse에 있는 ggplot2 패키지는 훌륭한 시각화 도구다. ggplot2에서 gg는 'grammar of graphics'를 의미한다. 이제 그래프를 그려보자. 그림 2.2와 같이 축에 표시할 시각적aesthetics 속성으로 x와 y 변수를 설정할 수 있다.

```
gg1 <- ggplot(data = labour_mutate, aes(x = age, y = wage))
gg1
```

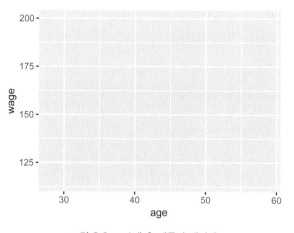

그림 2.2 gg1에 축 제목만 생겼다.

geom_point() 함수를 이용해 그래프에 점을 찍을 수 있다. 코드 줄의 끝에 더하기 기호(+)로 다른 요소를 추가하며 그림 2.3과 같이 그래프에 점을 추가할 수 있다.

```
gg2 <- gg1 + geom_point()
gg2
```

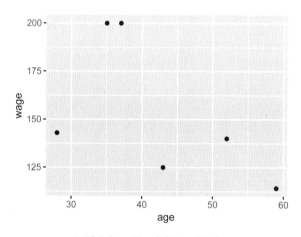

그림 2.3 gg2는 산점도 그래프다.

그림 2.4와 같이 colour 시각적 속성은 색상으로 성별을 구분하는 데 사용할 수 있다.

```
gg3 <- gg1 + geom_point(aes(colour = gender))
gg3
```

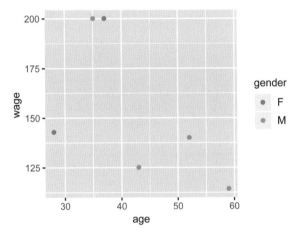

그림 2.4 gg3은 색상으로 성별을 구분한 산점도 그래프다.

그림 2.5와 같이 facet_wrap으로 그래프를 분리해 남성과 여성으로 구분할 수 있다.

```
gg4 <- gg2 + facet_wrap(~ gender)
gg4
```

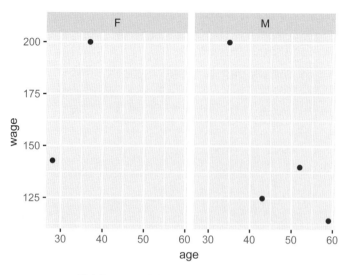

그림 2.5 gg4는 성별로 분리된 산점도 그래프다.

2.7.6 선형 모형

lm 명령어를 사용해 선형 모형linear model에 적합시킬 수 있다. lm 명령은 출력 또는 정보 추출이 가능한 객체를 생성한다.

```
age_wage_fit <- lm(wage ~ age, data = labour_mutate)

age_wage_fit
##
## Call:
## lm(formula = wage ~ age, data = labour_mutate)
##
## Coefficients:
## (Intercept)            age
##      233.28          -1.88
#summary(age_wage_fit)
```

적합된 수식fitted equation은 $wage = 233 - 1.88age$다.

산점도와 함께 적합된 선fitted line을 그릴 수 있다. 다음 코드와 같이 geom_smooth()를 추가하고 선형 모형을 기반으로 하도록 설정하면 그림

2.6과 같은 그래프가 출력된다.

```
gg5 <- gg2 + geom_smooth(method = "lm")
gg5
```

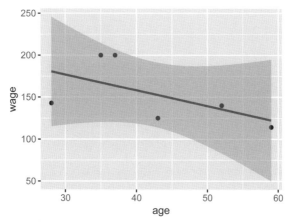

그림 2.6 gg5는 적합된 선이 있는 산점도 그래프다.

2.8 참고자료

보충학습

R을 처음 접하는 독자라면 조나단 코넬리센Jonathan Cornelissen의 온라인 데이터캠프DataCamp 강좌 'Introduction to R'(https://www.datacamp.com/courses/free-introduction-to-r)을 수강하기 바란다.

tidyverse를 처음 접하는 독자라면 데이비드 로빈슨David Robinson의 온라인 데이터캠프 강좌 'Introduction to the Tidyverse'(https://www.datacamp.com/courses/introduction-to-the-tidyverse)를 수강하기 바란다.

심화학습

1장에서도 언급했지만 그롤문드와 위컴(Grolemund and Wickham, 2017)이 집필한 『R for Data Science』는 R을 이해하는 데 도움이 되는 훌륭한 도서다. 항상 책상에 비치하고 참고하기 바란다.

실습 해답

[2.5절 실습]

R 스크립트로 Price2 <- c(2, 12, 7, 33)과 Quantity2 <- c(23, 32, 12, 33)이라는 두 벡터를 입력한다. 그런 다음 Price2와 Quantity2의 네 번째 요소를 추출하고, 앞서 Price와 Quantity 벡터로 수행한 작업을 참조해 Expenditure2와 TotalExpenditure2를 계산한다. 스크립트 파일을 저장하고 확인한다.

```
Price2 <- c(2, 12, 7, 33)
Quantity2 <- c(23, 32, 12, 33)
Price2[4]
## [1] 33
Quantity2[4]
## [1] 33
Expenditure2 <- Price2 * Quantity2
Expenditure2
## [1]   46  384   84 1089
TotalExpenditure2 <- sum(Expenditure2)
TotalExpenditure2
## [1] 1603
```

[2.7절 실습]

성별이 남성인 행만 선택해 새로운 티블 labour_filter2를 생성하라. labour_filter2를 출력해 올바로 수행했는지 확인하라.

```
labour_filter2 <- filter(labour, gender == "M")
labour_filter2
## # A tibble: 4 x 5
##    surv_id payment hours gender   age
##      <dbl>   <dbl> <dbl> <chr>  <dbl>
## 1        2     700     5 M         52
## 2        4    1200     6 M         35
## 3        5     800     7 M         59
## 4        6     500     4 M         43
```

참고문헌

Core Team, R. 2019. *R: A language and environment for statistical computing*. Vienna, Austria: R Foundation for Statistical Computing. https://www.R-project.org/.

Grolemund, G., and H. Wickham. 2017. *R for data science*. Boston: O'Reilly.

Wickham, H. 2017. tidyverse: Easily Install and Load 'Tidyverse' Packages. *R Package Version* 1(1): 1. https://CRAN.R-project.org/package=tidyverse.

## 제2부

데이터 관리와 그래프 작성

3
R로 데이터 가져오기

3.1 소개

R로 데이터를 가져오는 몇 가지 방법을 살펴본다. 완벽하지 않을 수 있지만 데이터 분석의 중요한 단계로 진입하는 출발점이 될 것이다.

3.2 R 또는 패키지의 데이터

R에 내장된 데이터가 있다. 그중 하나가 anscombe 데이터다. data() 함수를 사용한다.

```
data(anscombe)
```

입력이 더 쉽도록 데이터를 ans라 명명한다.

```
ans <- anscombe
```

str() 함수로 데이터의 구조를 확인한다.

```
str(ans)
## 'data.frame':   11 obs. of  8 variables:
##  $ x1: num  10 8 13 9 11 14 6 4 12 7 ...
##  $ x2: num  10 8 13 9 11 14 6 4 12 7 ...
##  $ x3: num  10 8 13 9 11 14 6 4 12 7 ...
##  $ x4: num  8 8 8 8 8 8 8 19 8 8 ...
##  $ y1: num  8.04 6.95 7.58 8.81 8.33 ...
##  $ y2: num  9.14 8.14 8.74 8.77 9.26 8.1 6.13 3.1 9.13 7.26 ...
##  $ y3: num  7.46 6.77 12.74 7.11 7.81 ...
##  $ y4: num  6.58 5.76 7.71 8.84 8.47 7.04 5.25 12.5 5.56 7.91
...
```

ans의 상위 6개 행을 확인할 수 있다.

```
head(ans)
##   x1 x2 x3 x4   y1   y2    y3   y4
## 1 10 10 10  8 8.04 9.14  7.46 6.58
## 2  8  8  8  8 6.95 8.14  6.77 5.76
## 3 13 13 13  8 7.58 8.74 12.74 7.71
## 4  9  9  9  8 8.81 8.77  7.11 8.84
## 5 11 11 11  8 8.33 9.26  7.81 8.47
## 6 14 14 14  8 9.96 8.10  8.84 7.04
```

지금부터는 패키지에 내장된 데이터를 살펴보자. 먼저 패키지를 설치하고 로드해야 한다. 여기서는 wooldridge 패키지(Shea, 2018)를 사용한다.

```
library(wooldridge)
data(injury)
str(injury)
## 'data.frame':   7150 obs. of  30 variables:
##  $ durat   : num  1 1 84 4 1 1 7 2 175 60 ...
##  $ afchnge : int  1 1 1 1 1 1 1 1 1 1 ...
##  $ highearn: int  1 1 1 1 1 1 1 1 1 1 ...
##  $ male    : int  1 1 1 1 1 1 1 1 1 1 ...
##  $ married : int  0 1 1 1 1 1 1 1 1 1 ...
##  $ hosp    : int  1 0 1 1 0 0 0 1 1 1 ...
##  $ indust  : int  3 3 3 3 3 3 3 3 3 3 ...
```

```
## $ injtype : int  1 1 1 1 1 1 1 1 1 1 ...
## $ age     : int  26 31 37 31 23 34 35 45 41 33 ...
## $ prewage : num  405 644 398 528 529 ...
## $ totmed  : num  1188 361 8964 1100 373 ...
## $ injdes  : int  1010 1404 1032 1940 1940 1425 1110 1207
##                  1425 1010 ...
## $ benefit : num  247 247 247 247 212 ...
## $ ky      : int  1 1 1 1 1 1 1 1 1 1 ...
## $ mi      : int  0 0 0 0 0 0 0 0 0 0 ...
## $ ldurat  : num  0 0 4.43 1.39 0 ...
## $ afhigh  : int  1 1 1 1 1 1 1 1 1 1 ...
## $ lprewage: num  6 6.47 5.99 6.27 6.27 ...
## $ lage    : num  3.26 3.43 3.61 3.43 3.14 ...
## $ ltotmed : num  7.08 5.89 9.1 7 5.92 ...
## $ head    : int  1 1 1 1 1 1 1 1 1 1 ...
## $ neck    : int  0 0 0 0 0 0 0 0 0 0 ...
## $ upextr  : int  0 0 0 0 0 0 0 0 0 0 ...
## $ trunk   : int  0 0 0 0 0 0 0 0 0 0 ...
## $ lowback : int  0 0 0 0 0 0 0 0 0 0 ...
## $ lowextr : int  0 0 0 0 0 0 0 0 0 0 ...
## $ occdis  : int  0 0 0 0 0 0 0 0 0 0 ...
## $ manuf   : int  0 0 0 0 0 0 0 0 0 0 ...
## $ construc: int  0 0 0 0 0 0 0 0 0 0 ...
## $ highlpre: num  6 6.47 5.99 6.27 6.27 ...
## - attr(*, "time.stamp")= chr "25 Jun 2011 23:03"
```

변수의 이름만 확인하는 방법은 다음과 같다.

```
names(injury)
##  [1] "durat"    "afchnge"  "highearn" "male"
##  [5] "married"  "hosp"     "indust"   "injtype"
##  [9] "age"      "prewage"  "totmed"   "injdes"
## [13] "benefit"  "ky"       "mi"       "ldurat"
## [17] "afhigh"   "lprewage" "lage"     "ltotmed"
## [21] "head"     "neck"     "upextr"   "trunk"
## [25] "lowback"  "lowextr"  "occdis"   "manuf"
## [29] "construc" "highlpre"
```

3.3 csv 파일의 데이터

차트레와 아그라왈(Chhatre and Agrawal, 2009) 데이터는 http://ifri. forgov.org/resources/data에서 구할 수 있다.

웹사이트의 Referenced Datasets 부문으로 이동해 차트레와 아그라왈(2009)의 논문 'Carbon storage and livelihoods'에서 해당하는 데이터를 다운로드한다. 이 책은 2019년 10월 4일에 링크된 데이터를 기준으로 작성했다. zip 파일로 되어 있으며 압축을 풀면 쉼표로 구분된 변수가 있는 csv 파일이 있다.

파일을 현재 프로젝트와 동일한 디렉터리에 다운로드한 후 환경 창으로 이동해 Import Dataset을 클릭하여 From Text (readr)... 메뉴를 선택한다(Wickham et al., 2018). 그런 다음 Browse... 버튼을 클릭해 ifri_car_liv.csv 파일을 선택하면 데이터를 가져오며, 헤더와 데이터 정보를 확인할 수 있다. 또 다른 방법으로 다음과 같이 명령어를 입력해 수행할 수 있다. 필요에 따라 파일 경로는 수정한다. 공백을 막기 위해 데이터셋 이름에 밑줄을 사용한다.

```
library(readr)
ifri_car_liv <- read_csv("ifri_car_liv.csv")

## 열 명세:
## cols(
##   forest_id = col_double(),
##   cid = col_character(),
##   zliv = col_double(),
##   zbio = col_double(),
##   livcar1 = col_double(),
##   ownstate = col_double(),
##   distance = col_double(),
##   sadmin = col_double(),
##   rulematch = col_double(),
##   lnfsize = col_double()
## )

ifri <- ifri_car_liv
```

```
str(ifri)
## Classes 'spec_tbl_df', 'tbl_df', 'tbl' and 'data.frame': 100
##   obs. of  10 variables:
## $ forest_id: num  217 325 88 174 240 287 324 321 216 82 ...
## $ cid      : chr  "NEP" "IND" "UGA" "NEP" ...
## $ zliv     : num  -0.614 -0.654 -0.338 -0.786 -0.45 ...
## $ zbio     : num  -0.451 -0.365 -0.97 -1.325 -1.049 ...
## $ livcar1  : num  3 3 3 3 3 3 3 3 3 3 ...
## $ ownstate : num  1 1 1 1 1 1 1 1 1 0 ...
## $ distance : num  2 1 1 2 2 1 2 2 2 1 ...
## $ sadmin   : num  0 1 3 26 3 40 8 0 0 0 ...
## $ rulematch: num  0 0 0 0 1 1 0 0 1 1 ...
## $ lnfsize  : num  4.43 8.2 4.94 5.29 4.34 ...
## - attr(*, "spec")=
##   .. cols(
##   ..   forest_id = col_double(),
##   ..   cid = col_character(),
##   ..   zliv = col_double(),
##   ..   zbio = col_double(),
##   ..   livcar1 = col_double(),
##   ..   ownstate = col_double(),
##   ..   distance = col_double(),
##   ..   sadmin = col_double(),
##   ..   rulematch = col_double(),
##   ..   lnfsize = col_double()
##   .. )
```

3.4 Stata 파일 데이터

차트레와 아그라왈(2009) 논문의 zip 파일에는 Stata 데이터셋도 포함돼
있다.

　환경 창으로 이동해 Import Dataset을 클릭하여 From Stata... 메뉴를 선
택하거나, 다음 코드와 같이 haven 패키지(Wickham and Miller, 2019)를 사
용한다.

```
library(haven)
ifri_car_liv <- read_dta("ifri_car_liv.dta")
```

그런 다음 이전과 동일하게 수행한다.

```
ifri <- ifri_car_liv
str(ifri)
## Classes 'tbl_df', 'tbl' and 'data.frame': 80 obs. of  10 variables:
## $ forest_id: num  217 325 88 174 240 287 324 321 216 82 ...
##   ..- attr(*, "label")= chr "Forest_ID"
##   ..- attr(*, "format.stata")= chr "%8.0g"
## $ cid      : chr  "NEP" "IND" "UGA" "NEP" ...
##   ..- attr(*, "label")= chr "Country"
##   ..- attr(*, "format.stata")= chr "%9s"
## $ zliv     : num  -0.614 -0.654 -0.338 -0.786 -0.45 ...
##   ..- attr(*, "label")= chr "Livelihood Contributions Index (Standardized)"
##   ..- attr(*, "format.stata")= chr "%9.0g"
## $ zbio     : num  -0.451 -0.365 -0.97 -1.325 -1.049 ...
##   ..- attr(*, "label")= chr "Carbon Storage (Basal Area)"
##   ..- attr(*, "format.stata")= chr "%9.0g"
## $ livcar1  : 'haven_labelled' num  3 3 3 3 3 3 3 3 3 3 ...
##   ..- attr(*, "label")= chr "Forest Commons Outcomes"
##   ..- attr(*, "format.stata")= chr "%13.0g"
##   ..- attr(*, "labels")= Named num  1 2 3 4
##   .. ..- attr(*, "names")= chr  "Deferred Use" "Sustainable" "Overused" "Unsustainable"
## $ ownstate : 'haven_labelled' num  1 1 1 1 1 1 1 1 1 0 ...
##   ..- attr(*, "label")= chr "Forest Commons Ownership"
##   ..- attr(*, "format.stata")= chr "%9.0g"
##   ..- attr(*, "labels")= Named num  0 1
##   .. ..- attr(*, "names")= chr  "Community" "Government"
## $ distance : 'haven_labelled' num  2 1 1 2 2 1 2 2 2 1 ...
##   ..- attr(*, "label")= chr "Distance of Users to Forest Commons"
##   ..- attr(*, "format.stata")= chr "%9.0g"
##   ..- attr(*, "labels")= Named num  1 2 3
##   .. ..- attr(*, "names")= chr  "< 5KM" "5 - 10KM" ">10KM"
## $ sadmin   : num  0 1 3 26 3 40 8 0 0 0 ...
##   ..- attr(*, "label")= chr "Distance of Forest to Nearest Administrative Center"
##   ..- attr(*, "format.stata")= chr "%9.0g"
## $ rulematch: 'haven_labelled' num  0 0 0 0 1 1 0 0 1 1 ...
##   ..- attr(*, "label")= chr "Local Autonomy "
##   ..- attr(*, "format.stata")= chr "%9.0g"
##   ..- attr(*, "labels")= Named num  0 1
##   .. ..- attr(*, "names")= chr  "Low Autonomy" "High Autonomy"
## $ lnfsize  : num  4.43 8.2 4.94 5.29 4.34 ...
##   ..- attr(*, "label")= chr "Log of Forest Size"
##   ..- attr(*, "format.stata")= chr "%9.0g"
```

3.5 WDI의 데이터

WDI 패키지(Arel-Bundock, 2019)는 세계은행^{World Bank}의 세계개발지표^{World} Development Indicators를 다운로드한다. WDIsearch() 함수를 사용해 지표를 검색한다. 키워드 사이에 공백이 있으면 안 된다. 아래의 .와 * 사용법을 참고하라.

```
library(WDI)
WDIsearch("gdp.*capita.*PPP")
##      indicator
## [1,] "6.0.GDPpc_constant"
## [2,] "NY.GDP.PCAP.PP.KD.ZG"
## [3,] "NY.GDP.PCAP.PP.KD.87"
## [4,] "NY.GDP.PCAP.PP.KD"
## [5,] "NY.GDP.PCAP.PP.CD"
##      name
## [1,] "GDP per capita, PPP (constant 2011 international $)"
## [2,] "GDP per capita, PPP annual growth (%)"
## [3,] "GDP per capita, PPP (constant 1987 international $)"
## [4,] "GDP per capita, PPP (constant 2011 international $)"
## [5,] "GDP per capita, PPP (current international $)"
WDIsearch("CO2.*capita")
##      indicator
## [1,] "EN.ATM.CO2E.PC"
## [2,] "EN.ATM.NOXE.PC"
## [3,] "EN.ATM.METH.PC"
##      name
## [1,] "CO2 emissions (metric tons per capita)"
## [2,] "Nitrous oxide emissions (metric tons of CO2 equivalent
##       per capita)"
## [3,] "Methane emissions (kt of CO2 equivalent per capita)"
```

"GDP per capita, PPP (constant 2011 international $)"와 "CO2 emissions (metric tons per capita)" 지표를 관심 있게 살펴보고자 한다. 다운로드하려는 특정 지표를 식별했다면 WDI() 함수를 사용해 데이터를 다운로드하고 지표 코드를 제공한다.

```
wdi_data <- WDI(indicator =
```

```
      c("NY.GDP.PCAP.PP.KD",
        "EN.ATM.CO2E.PC"),
      start = 2010,
      end = 2010,
      extra = TRUE)
names(wdi_data)
## [1] "iso2c"              "country"
## [3] "year"               "NY.GDP.PCAP.PP.KD"
## [5] "EN.ATM.CO2E.PC"     "iso3c"
## [7] "region"             "capital"
## [9] "longitude"          "latitude"
## [11] "income"            "lending"
```

[실습]

WDIsearch()를 사용해 관심 있는 지표를 검색한 다음, WDI()를 사용해 데이터를 다운로드한다.

3.6 참고자료

그롤문드와 위컴(Grolemund and Wickham, 2017)의 책에서 데이터 가져오기에 관해 설명한 장을 참고하기 바란다.

참고문헌

Arel-Bundock, V. 2019. WDI: World Development Indicators (World Bank). R Package Version 2.6.0. https://CRAN.R-project.org/package=WDI.

Chhatre, A., and A. Agrawal. 2009. Trade-Offs and Synergies Between Carbon Storage and Livelihood Benefits from Forest Commons. *PNAS* 106 (42): 17667–17670.

Grolemund, G., and H. Wickham. 2017. *R for Data Science*. Boston: O'Reilly.

Shea, J.M. 2018. wooldridge: 111 Data Sets from "Introductory Econometrics: A Modern Approach, 6e" by Jeffrey M. Wooldridge. R Package Version 1.3.1. https://CRAN.R-project.org/package= wooldridge.

Wickham, H., J. Hester, and R. Francois. 2018. readr: Read Rectangular Text Data. R Package Version 1.3.1. https://CRAN.R-project.org/ package=readr.

Wickham, H., and E. Miller. 2019. haven: Import and Export 'SPSS', 'Stata' and 'SAS' Files. R Package Version 2.1.1. https://CRAN. R-project.org/package=haven.

4
데이터 랭글링과 그래프 작성

4.1 소개

데이터 과학은 데이터를 중심으로 한다. 데이터의 특성을 파악하는 좋은 방법은 데이터를 그래프로 작성하는 것이다. 투키(Tukey, 1962, p. 49)는 다음과 같이 말했다. "명료한 그래프는 데이터 분석가에게 다른 어떤 도구보다 더 많은 정보를 제공한다."

4.2 예제: 앤스콤 데이터

앤스콤(Anscombe, 1973)은 그래프 데이터의 가치를 보여주는 논문을 작성했으며, R에서도 사용할 수 있다. tidyverse 패키지(Wickham, 2017)를 로드한다.

```
library(tidyverse)
```

anscombe 데이터를 R에서 사용해보자. anscombe 데이터를 ans에 할당하고 str() 함수로 데이터의 구조를 확인한다.

```
data(anscombe)
ans <- anscombe
str(ans)
## 'data.frame':   11 obs. of  8 variables:
##  $ x1: num  10 8 13 9 11 14 6 4 12 7 ...
##  $ x2: num  10 8 13 9 11 14 6 4 12 7 ...
##  $ x3: num  10 8 13 9 11 14 6 4 12 7 ...
##  $ x4: num  8 8 8 8 8 8 8 19 8 8 ...
##  $ y1: num  8.04 6.95 7.58 8.81 8.33 ...
##  $ y2: num  9.14 8.14 8.74 8.77 9.26 8.1 6.13 3.1 9.13 7.26 ...
##  $ y3: num  7.46 6.77 12.74 7.11 7.81 ...
##  $ y4: num  6.58 5.76 7.71 8.84 8.47 7.04 5.25 12.5 5.56 7.91 ...
```

anscombe 데이터를 데이터프레임의 tidyverse 버전인 티블^{tibble}로 변환하고 glimpse() 함수로 전반적인 데이터 구조를 확인한다.

```
ans <- as_tibble(anscombe)
glimpse(ans)
## Observations: 11
## Variables: 8
## $ x1 <dbl> 10, 8, 13, 9, 11, 14, 6, 4, 12, 7, 5
## $ x2 <dbl> 10, 8, 13, 9, 11, 14, 6, 4, 12, 7, 5
## $ x3 <dbl> 10, 8, 13, 9, 11, 14, 6, 4, 12, 7, 5
## $ x4 <dbl> 8, 8, 8, 8, 8, 8, 8, 19, 8, 8, 8
## $ y1 <dbl> 8.04, 6.95, 7.58, 8.81, 8.33, 9.96, ...
## $ y2 <dbl> 9.14, 8.14, 8.74, 8.77, 9.26, 8.10, ...
## $ y3 <dbl> 7.46, 6.77, 12.74, 7.11, 7.81, 8.84, ...
## $ y4 <dbl> 6.58, 5.76, 7.71, 8.84, 8.47, 7.04, ...
```

티블이 작아 모든 내용을 확인할 수 있다.

```
ans
## # A tibble: 11 x 8
##       x1    x2    x3    x4    y1    y2    y3    y4
##    <dbl> <dbl> <dbl> <dbl> <dbl> <dbl> <dbl> <dbl>
## 1    10    10    10     8  8.04  9.14  7.46  6.58
## 2     8     8     8     8  6.95  8.14  6.77  5.76
```

```
## 3      13    13    13      8  7.58  8.74 12.7   7.71
## 4       9     9     9      8  8.81  8.77  7.11  8.84
## 5      11    11    11      8  8.33  9.26  7.81  8.47
## 6      14    14    14      8  9.96  8.1   8.84  7.04
## 7       6     6     6      8  7.24  6.13  6.08  5.25
## 8       4     4     4     19  4.26  3.1   5.39 12.5
## 9      12    12    12      8 10.8   9.13  8.15  5.56
## 10      7     7     7      8  4.82  7.26  6.42  7.91
## 11      5     5     5      8  5.68  4.74  5.73  6.89
```

데이터를 요약해 평균을 구한다.

```
ans %>%
  summarize(mean.x1 = mean(x1),
            mean.x2 = mean(x2),
            mean.y1 = mean(y1),
            mean.y2 = mean(y2))
## # A tibble:  1 x 4
##     mean.x1 mean.x2 mean.y1 mean.y2
##       <dbl> <dbl>   <dbl>   <dbl>
## 1         9     9    7.50    7.50
```

x1의 평균이 x2와 같고, y1의 평균이 y2와 같다는 사실을 확인할 수
있다.

x1과 x2, y1과 y2의 표준편차를 확인한다.

```
ans %>%
  summarize(sd.x1 = sd(x1),
            sd.x2 = sd(x2),
            sd.y1 = sd(y1),
            sd.y2 = sd(y2))
## # A tibble: 1 x 4
##   sd.x1 sd.x2 sd.y1 sd.y2
##   <dbl> <dbl> <dbl> <dbl>
## 1  3.32  3.32  2.03  2.03
```

x1의 표준편차가 x2와 같고, y1의 표준편차가 y2와 같다는 사실을 확인
할 수 있다.

x1에 대한 y1의 회귀분석, x2에 대한 y2의 회귀분석은 lm() 함수로 수행

할 수 있다.

```
mod1 <- lm(y1 ~ x1, data = ans)
```

```
mod2 <- lm(y2 ~ x2, data = ans)
```

lm()이 mod1과 mod2라는 객체를 생성했다는 사실에 주목하라. texreg 패키지를 이용해 회귀분석 결과를 표로 나타낸다.

```
library(texreg)
texreg(list(mod1, mod2),
       custom.model.names = c("mod1", "mod2"),
       caption = "Regressions of y1 on x1 and y2 on x2",
       caption.above = TRUE)
```

표 4.1 x1에 대한 y1과 x2에 대한 y2의 회귀분석 결과

	mod1	mod2
(Intercept)	3.00*	3.00*
	(1.12)	(1.13)
x1	0.50**	
	(1.12)	
x2		0.50**
		(1.12)
R^2	0.67	0.67
Adj. R^2	0.63	0.63
Num. obs.	11	11
RMSE	1.24	1.24

* $p < 0.05$; ** $p < 0.01$; *** $p < 0.001$

표 4.1을 보면 회귀계수regression coefficient, 결정계수R-squared 통계량 등은 mod1과 mod2가 동일하다. y1 대 x1의 산점도는 y2 대 x2의 산점도와 유사할 것으로 예상된다. y1 대 x1의 산점도는 그림 4.1과 같다.

```
ggplot(ans, aes(x = x1, y = y1)) +
```

```
geom_point() +
geom_smooth(method = "lm", se = FALSE)
```

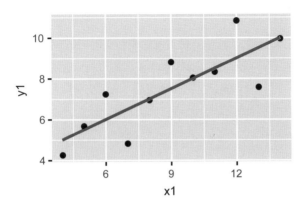

그림 4.1 y1 대 x1의 산점도

y2 대 x2의 산점도도 작성한다.

```
ggplot(ans, aes(x = x2, y = y2)) +
  geom_point()+
  geom_smooth(method = "lm", se = FALSE)
```

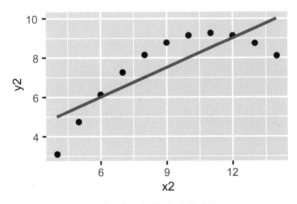

그림 4.2 y2 대 x2의 산점도

그림 4.2는 y2 대 x2의 산점도로, 그림 4.1과 매우 다르다. 그림 4.2에

는 분명한 적합성 결여^{lack of fit}가 존재한다. 실제 관계는 비선형이지만 직
선에 적합시켰기 때문이다.

[실습]
x3, x4와 y3, y4의 평균과 표준편차를 확인하라. 그런 다음 x3에 대한
y3와 x4에 대한 y4의 회귀분석을 수행하라. y3 대 x3와 y4 대 x4의 산
점도를 그려라. 위 결과와 비교했을 때 어떠한가?

4.3 예제: 탄소와 생계 데이터

산림은 다양한 혜택을 제공하는 천연 자산이다. 예컨대, 세계적으로 탄소
저장소^{carbon storage} 역할을 하면서 개발도상국에 방목과 연료용 목재 등과
같은 지역 생계^{local livelihood} 혜택을 제공한다. 차트레와 아그라왈(Chhatre
and Agrawal, 2009)은 개발도상국의 산림 데이터를 분석했다. R로 데이터
를 가져오는 방법은 3장에서 설명한 바와 같다.

```
ifri <- read_csv("ifri_car_liv.csv")

## 열 명세:
## cols(
##   forest_id = col_double(),
##   cid = col_character(),
##   zliv = col_double(),
##   zbio = col_double(),
##   livcar1 = col_double(),
##   ownstate = col_double(),
##   distance = col_double(),
##   sadmin = col_double(),
##   rulematch = col_double(),
##   lnfsize = col_double()
## )
```

데이터 중 80개의 관측치를 사용할 수 있으며, 81번째에서 100번째 행은 비어 있다. 확인을 위해 데이터의 79번째에서 81번째 행을 출력하면 다음과 같다.

```
ifri[79:81,]
## # A tibble: 3 x 10
##    forest_id cid    zliv  zbio livcar1 ownstate
##        <dbl> <chr> <dbl> <dbl>   <dbl>    <dbl>
## 1       281 MAD   0.672 -0.184       4        1
## 2       169 NEP   1.22  -1.10        4        1
## 3        NA NA    NA    NA          NA       NA
## # ... with 4 more variables: distance <dbl>,
## #   sadmin <dbl>, rulematch <dbl>, lnfsize <dbl>
```

따라서 상위 80개 행만 사용한다.

```
# 데이터 중 상위 80개 행만 사용
ifri <- ifri[1:80,]
```

출력 결과를 더 쉽게 이해할 수 있도록 핵심 변수의 이름을 변경한다. liveli 변수는 산림에서 연료용 목재 추출, 사료 등을 의미하는 산림생계지수index of forest livelihoods다. carbon 변수는 헥타르당 나무의 기저면적basal area of trees per hectare을 기준으로 한 탄소 저장량의 표준 측정값이다.

```
ifri <- ifri %>%
  rename(carbon = zbio, liveli = zliv)
```

산림생계지수 변수의 히스토그램histogram과 상자그림boxplot은 각각 그림 4.3 및 그림 4.4와 같다.

```
ggplot(ifri, aes(x = liveli)) +
  geom_histogram()
```

```
ggplot(ifri, aes(y = liveli)) +
  geom_boxplot() +
  coord_flip()
```

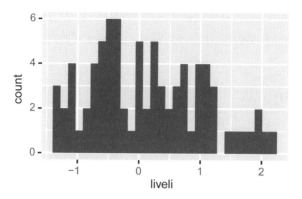

그림 4.3 liveli의 히스토그램

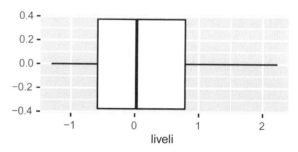

그림 4.4 liveli의 상자그림

 탄소지수 변수의 히스토그램과 상자그림은 각각 그림 4.5 및 그림 4.6
과 같다.

```
ggplot(ifri, aes(x = carbon)) +
  geom_histogram()

## 'stat_bin()' using 'bins = 30'. Pick better
## value with 'binwidth'.


ggplot(ifri, aes(y = carbon)) +
  geom_boxplot() +
  coord_flip()
```

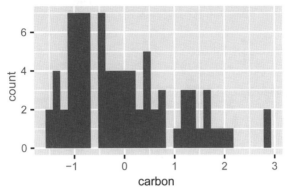

그림 4.5 탄소의 히스토그램

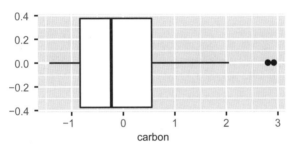

그림 4.6 탄소의 상자그림

탄소 대 생계의 산점도는 그림 4.7과 같다.

```
ggplot(ifri, aes(x = liveli,
                 y = carbon)) +
  geom_point() +
  geom_smooth(method = "lm", se = FALSE)
```

그림 4.7에 따르면 관련성relationship이 약하다. 선험적으로 음의 관계가 있으리라 생각했을 수 있다. 약한 관련성은 탄소와 생계 간에 강한 상충 관계tradeoff가 없음을 시사한다. 즉, 일부 산림에서 적절한 관리를 통해 하나 또는 둘 다 개선할 수 있다.

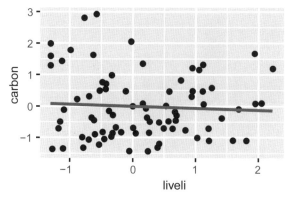

그림 4.7 탄소 대 생계의 산점도

탄소와 생계가 소유ownership와 어떤 관계가 있는지 살펴보자.

```
ggplot(ifri, aes(x = factor(ownstate),
                 y = carbon)) +
  geom_boxplot() + coord_flip()


ggplot(ifri, aes(x = factor(ownstate),
                 y = liveli)) +
  geom_boxplot() + coord_flip()
```

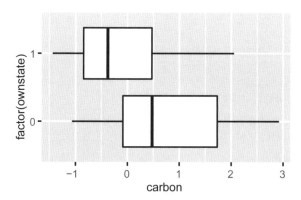

그림 4.8 주 소유 여부별 탄소의 상자그림

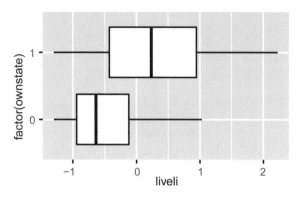

그림 4.9 주 소유 여부별 생계의 상자그림

그림 4.8을 보면 표본에서 주state가 소유한 산림이 탄소 분포가 더 낮다. 반면에 그림 4.9를 보면 주가 소유한 산림의 생계 분포가 더 높다.

```
ggplot(ifri, aes(x = factor(rulematch),
                 y = carbon)) +
  geom_boxplot() + coord_flip()
```

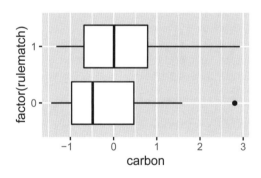

그림 4.10 규정 일치별 탄소의 상자그림

탄소 분포는 규정 일치rule match가 1일 때 더 높다. 규정 일치가 1일 때 (그림 4.10과 그림 4.11) 규정에 대한 인식이 더 높다.

```
ggplot(ifri, aes(x = factor(rulematch),
                 y = liveli)) +
  geom_boxplot() + coord_flip()
```

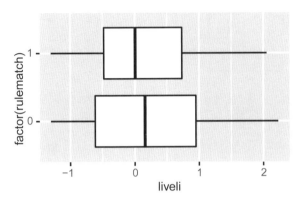

그림 4.11 규정 일치별 생계의 상자그림

지금부터 소유(주 또는 지역사회)와 규정 일치를 결합한 변수를 생성한다.

```
ifri2 <- mutate(ifri, f_own_rule =
  ifelse(ownstate == 1 & rulematch == 0, "State_low",
  ifelse(ownstate == 1 & rulematch == 1, "State_high",
  ifelse(ownstate == 0 & rulematch == 1, "Com_high",
  "Com_low"))))

ggplot(ifri2, aes(x = liveli,
                  y = carbon,
                  size = lnfsize,
                  colour = f_own_rule)) +
  geom_point() +
  geom_smooth(method = "lm",
              se=FALSE)
```

```
```

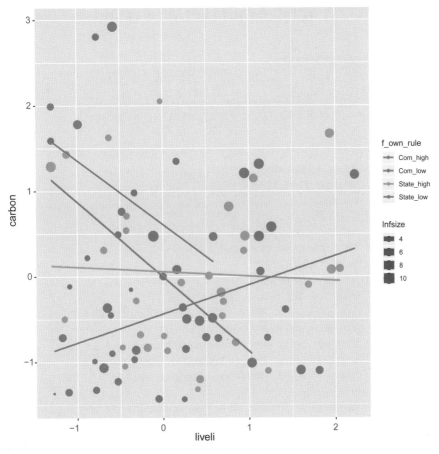

그림 4.12 탄소 대 생계의 산점도

그림 4.12는 ggplot의 힘을 보여준다. 탄소와 생계 간의 관계를 한눈에 확인할 수 있다. 즉, 그래프에서 (1) 산림의 크기(동그라미의 크기로 표시), (2) 소유, (3) 규정 일치를 모두 확인할 수 있다.

[실습]
산림의 크기와 함께 탄소와 생계의 관계를 살펴보라. lnfsize(산림 크기의 로그 척도) 대 탄소와 생계의 산점도를 그려라.

4.4 CO2와 1인당 소득에 대한 WDI 데이터

4.4.1 데이터 가져오기

WDI 패키지(Arel-Bundock, 2019)를 사용해 R로 데이터를 로드하는 방법을 살펴봤었다. 먼저 1인당 GDP와 CO2 관련 지표를 검색한다.

```
library(WDI)
#new_wdi_cache <- WDIcache()
WDIsearch("gdp.*capita.*PPP")
##      indicator
## [1,] "6.0.GDPpc_constant"
## [2,] "NY.GDP.PCAP.PP.KD.ZG"
## [3,] "NY.GDP.PCAP.PP.KD.87"
## [4,] "NY.GDP.PCAP.PP.KD"
## [5,] "NY.GDP.PCAP.PP.CD"
##      name
## [1,] "GDP per capita, PPP (constant 2011 international $) "
## [2,] "GDP per capita, PPP annual growth (%)"
## [3,] "GDP per capita, PPP (constant 1987 international $)"
## [4,] "GDP per capita, PPP (constant 2011 international $)"
## [5,] "GDP per capita, PPP (current international $)"
WDIsearch("CO2.*capita")
##      indicator
## [1,] "EN.ATM.CO2E.PC"
## [2,] "EN.ATM.NOXE.PC"
## [3,] "EN.ATM.METH.PC"
##      name
## [1,] "CO2 emissions (metric tons per capita)"
## [2,] "Nitrous oxide emissions (metric tons of CO2 equivalent per
##       capita)"
## [3,] "Methane emissions (kt of CO2 equivalent per capita)"
```

지표를 선택한다.

```
wdi_data <- WDI(indicator =
    c("NY.GDP.PCAP.PP.KD",
      "EN.ATM.CO2E.PC"),
    start = 2010,
    end = 2010,
    extra = TRUE)
```

데이터를 R로 로드하고 랭글링한다. 국가가 분석의 단위다. 모든 국가의 데이터를 다운로드했으므로 국가와 관련된 데이터만 분석하기 위해 region이 Aggregates인 국가는 제외한다.

```
library(tidyverse)

wdi_data <- wdi_data %>%
  filter(region != "Aggregates")
```

변수명을 변경한다.

```
wdi_data <- wdi_data %>%
  rename(GDPpercap =
           NY.GDP.PCAP.PP.KD,
         Emit_CO2percap =
           EN.ATM.CO2E.PC)
```

데이터를 csv 파일에 작성해 PC에 저장한다.

```
write_csv(wdi_data,"wdi_CO2_GDP.csv")
```

csv 파일을 R로 읽는다.

```
wdi <- read_csv("wdi_CO2_GDP.csv")

## 열 명세:
## cols(
##   iso2c = col_character(),
##   country = col_character(),
##   year = col_double(),
##   GDPpercap = col_double(),
##   Emit_CO2percap = col_double(),
##   iso3c = col_character(),
##   region = col_character(),
##   capital = col_character(),
##   longitude = col_double(),
##   latitude = col_double(),
##   income = col_character(),
##   lending = col_character()
## )
```

4.4.2 데이터 그래프

1인당 GDP^GDP per capita의 요약통계를 확인해보자.

```
summary(wdi$GDPpercap)
##     Min.  1st Qu.   Median     Mean   3rd Qu.
##    659.8   3744.5  10176.8  18075.0   27910.8
##     Max.     NA's
## 119973.6       22
```

평균이 중앙값보다 크다. 따라서 데이터가 왼쪽으로 치우쳐 있다.

```
ggplot(wdi,
       aes(x = GDPpercap)) +
  geom_histogram()
```

'stat_bin()' using 'bins = 30'. Pick better
value with 'binwidth'.
Warning: Removed 22 rows containing non-finite values
(stat_bin).

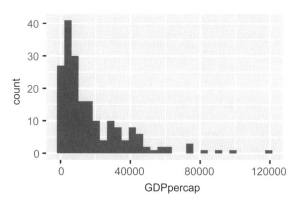

그림 4.13 1인당 GDP의 히스토그램

그림 4.13의 히스토그램을 보면 매우 부유한 국가가 몇 개 있음을 보여준다. 그림 4.14는 1인당 GDP의 지역별 분포를 보여준다. 사하라 이남 아프리카^Sub-Saharan Africa와 남아시아^South Asia가 세계에서 가장 가난한

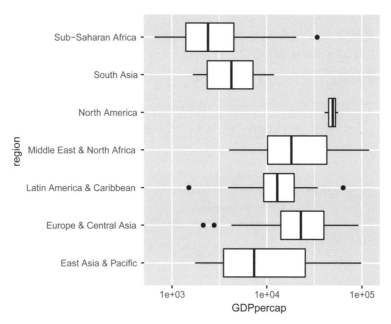

그림 4.14 지역별 1인당 GDP의 상자그림

지역이다.

```
ggplot(wdi,
       aes(y = GDPpercap,
           x = region)) +
  geom_boxplot() +
  coord_flip() +
  scale_y_log10()
```

```
## Warning: Removed 22 rows containing non-finite values
## (stat_boxplot).
```

```
summary(wdi$Emit_CO2percap)
##    Min. 1st Qu.  Median    Mean 3rd Qu.
## 0.02452 0.65234 2.59865 4.94310 6.64236
##    Max.    NA's
## 39.05971      14
```

CO2percap의 히스토그램과 지역별 CO2percap의 상자그림을
그려라.

1인당 GDP 대 1인당 CO2 배출량CO2 emissions per capita의 산점도를 그
린다.

```
gg1 <- ggplot(wdi,
              aes(x = GDPpercap,
                  y = Emit_CO2percap)) +
  geom_point()
gg1
```

```
## Warning: Removed 28 rows containing missing values
## (geom_point).
```

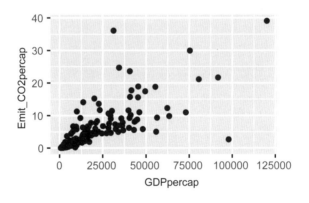

그림 4.15 1인당 GDP 대 1인당 CO2 배출량의 산점도

그림 4.15를 보면 데이터는 좌측 하단 모서리에 모여 있고, 이 부분으
로부터 멀리 퍼져나간다. 데이터를 좀 더 균등하게 만들기 위해 로그 척
도log scale 축을 사용한다. 또한 추세선을 추가한다.

```
gg2 <- gg1 + geom_smooth(se = FALSE) +
  scale_x_log10() +
  scale_y_log10()
gg2

## 'geom_smooth()' using method = 'loess' and formula 'y ~ x'
## Warning: Removed 28 rows containing non-finite values
## (stat_smooth).
## Warning: Removed 28 rows containing missing values
## (geom_point).
```

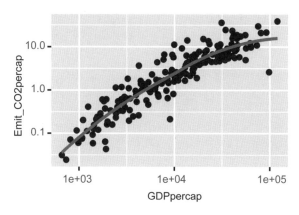

그림 4.16 1인당 GDP 대 1인당 CO2 배출량의 산점도

부유한 국가일수록 1인당 CO_2 배출량도 많으며, 강한 연관성[association] 이 존재한다. 다만 그림 4.16을 보면 1인당 GDP가 증가할수록 부드러운 곡선의 추세선 기울기는 약간 감소한다.

4.4.3 데이터 지도 작성

놀랍게도 maps 패키지(Becker et al., 2018)를 사용하면 ggplot2로 지도도 그릴 수 있다.

```
#install.packages("maps")
library(maps)
```

세계와 관련된 지도 데이터를 호출한다.

```
dat_map <- map_data("world")
dim(dat_map)
## [1] 99338     6
class(dat_map)
## [1] "data.frame"
head(dat_map)
##         long      lat group order region subregion
## 1 -69.89912 12.45200     1     1  Aruba      <NA>
## 2 -69.89571 12.42300     1     2  Aruba      <NA>
## 3 -69.94219 12.43853     1     3  Aruba      <NA>
## 4 -70.00415 12.50049     1     4  Aruba      <NA>
## 5 -70.06612 12.54697     1     5  Aruba      <NA>
## 6 -70.05088 12.59707     1     6  Aruba      <NA>
```

geom_polygon을 이용해 빈 세계 지도를 그릴 수 있다.

```
ggplot(dat_map, aes(x = long, y = lat,
                    group = group)) +
  geom_polygon(fill = "white", colour = "black")
```

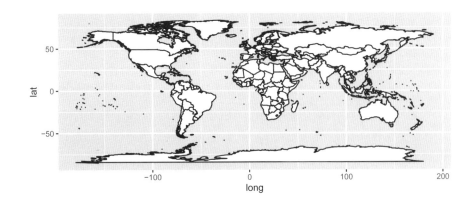

WDI 데이터와 maps 패키지의 데이터가 있다. 두 데이터셋에서 국가
명이 기록된 방식을 해석해야 한다. 이를 위해 countrycode 패키지(Arel-
Bundock et al., 2018)를 사용한다.

```
#install.packages("countrycode")

library(countrycode)


dat_map$ccode <- countrycode(dat_map$region,
                             origin = "country.name",
                             destination = "wb")

## Warning in countrycode(dat_map$region, origin = "country.
name", destination = "wb"): Some values were not matched
unambiguously: Anguilla, Antarctica, Ascension Island, Azores,
Barbuda, Bonaire, Canary Islands, Chagos Archipelago, Christmas
Island, Cocos Islands, Cook Islands, Falkland Islands, French
Guiana, French Southern and Antarctic Lands, Grenadines,
Guadeloupe, Guernsey, Heard Island, Jersey, Madeira Islands,
Martinique, Mayotte, Micronesia, Montserrat, Niue, Norfolk
Island, Pitcairn Islands, Reunion, Saba, Saint Barthelemy,
Saint Helena, Saint Martin, Saint Pierre and Miquelon,
Siachen Glacier, Sint Eustatius, Somalia, South Georgia,
South Sandwich Islands, Vatican, Virgin Islands, Wallis and
Futuna, Western Sahara


wdi$ccode <- countrycode(wdi$country,
                         origin = "country.name",
                         destination = "wb")

## Warning in countrycode(wdi$country, origin = "country.name",
destination = "wb"): Some values were not matched unambiguously:
Eswatini, Somalia
```

두 데이터셋을 합친다.

```
merged <- full_join(dat_map, wdi,
                    by = "ccode")
```

그림 4.17과 같이 1인당 GDP의 세계 분포 지도를 그린다.

```
ggplot(merged, aes(x = long, y = lat,
```

```
                    group = group, fill = log10(GDPpercap))) +
  geom_polygon()
```

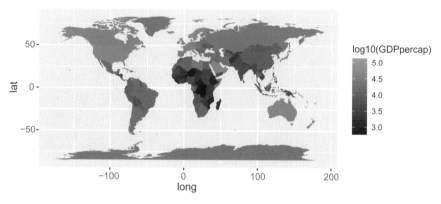

그림 4.17 1인당 GDP의 세계 분포

그림 4.18과 같이 색상 그레이디언트를 사용한다.

```
ggplot(merged, aes(x = long, y = lat,
                   group = group,
                   fill = log10(GDPpercap))) +
  geom_polygon() +
  scale_fill_gradient(low = "green",
                      high = "red")
```

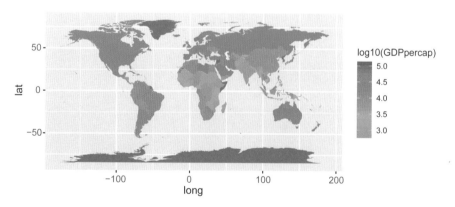

그림 4.18 1인당 GDP의 세계 분포

CO2에 대해서도 유사한 지도를 그리면 그림 4.19와 같다.

```
ggplot(merged, aes(x = long, y = lat,
                   group = group,
                   fill = log10(Emit_CO2percap))) +
  geom_polygon() +
  scale_fill_gradient(low = "green",
                      high = "red")
```

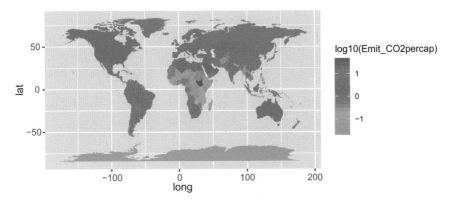

그림 4.19 1인당 CO2 배출량의 세계 분포

4.5 참고자료

보충학습

tidyverse를 처음 접하는 독자라면 데이비드 로빈슨David Robinson의 온라인 데이터캠프 강좌 'Introduction to the Tidyverse'(https://www.datacamp.com/courses/introduction-to-the-tidyverse)를 학습하기 바란다. 이 강좌를 통해 랭글링과 그래프 작성의 중요성을 함께 깨달을 수 있다.

심화학습

그롤문드와 위컴(Grolemund and Wickham, 2017)의 책은 데이터 랭글링과 그래프 작성 기술을 향상하는 데 도움이 된다.

힐리(Healy, 2019)의 책은 데이터 시각화에 대한 상세한 실용적인 안내서로, 데이터 시각화가 필요한 이유와 방법을 모두 다루며 `ggplot2` 패키지를 사용한다.

실습 해답

[4.2절 실습]

x3, x4와 y3, y4의 평균과 표준편차를 확인하라. 그런 다음 x3에 대한 y3와 x4에 대한 y4의 회귀분석을 수행하라. y3 대 x3와 y4 대 x4의 산점도를 그려라. 위 결과와 비교했을 때 어떠한가?

```
data(anscombe)
ans <- anscombe
```

```
ans %>%
  summarize(mean.x3 = mean(x3),
            mean.x4 = mean(x4),
            mean.y3 = mean(y3),
            mean.y4 = mean(y4))
##   mean.x3 mean.x4 mean.y3  mean.y4
## 1       9       9     7.5 7.500909
```

```
mod3 <- lm(y3 ~ x3, data = ans)
```

```
mod4 <- lm(y4 ~ x4, data = ans)
```

```
library(texreg)
```

```
texreg(list(mod3, mod4),
       custom.model.names = c("mod3", "mod4"),
       caption = "Regressions of y3 on x3 and y4 on x4",
       caption.above = TRUE)
```

표 4.2를 확인하라.

표 **4.2** x3에 대한 y3와 x4에 대한 y4의 회귀분석

	mod3	mod4
(Intercept)	3.00*	3.00*
	(1.12)	(1.13)
x3	0.50**	
	(1.12)	
x4		0.50**
		(1.12)
R^2	0.67	0.67
Adj. R^2	0.63	0.63
Num. obs.	11	11
RMSE	1.24	1.24

$* \ p < 0.05; ** \ p < 0.01; *** \ p < 0.001$

```
ggplot(ans, aes(x = x3, y = y3)) +
  geom_point() +
  geom_smooth(method = "lm", se = FALSE)
```

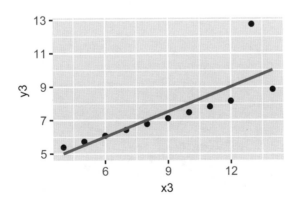

```
ggplot(ans, aes(x = x4, y = y4)) +
  geom_point()+
  geom_smooth(method = "lm", se = FALSE)
```

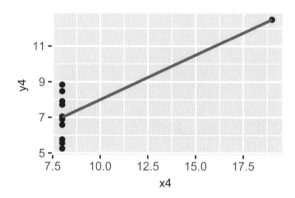

[4.3절 실습]

산림의 크기와 함께 탄소와 생계의 관계를 살펴보라. lnfsize(산림 크기의 로그 척도) 대 탄소와 생계의 산점도를 그려라.

```
ggplot(ifri, aes(x = lnfsize,
                 y = carbon)) +
  geom_point() +
  geom_smooth(method = "lm", se = FALSE)
```

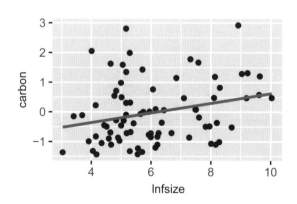

```
ggplot(ifri, aes(x = lnfsize,
                 y = liveli)) +
  geom_point() +
  geom_smooth(method = "lm", se = FALSE)
```

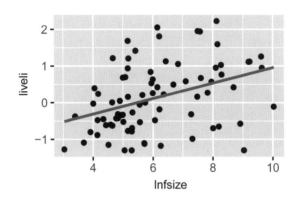

[4.4절 실습]

CO2percap의 히스토그램과 지역별 CO2percap의 상자그림을
그려라.

```
ggplot(wdi,
       aes(x = Emit_CO2percap)) +
  geom_histogram()
```

```
## 'stat_bin()' using 'bins = 30'. Pick better
## value with 'binwidth'.
## Warning: Removed 14 rows containing non-finite values
## (stat_bin).
```

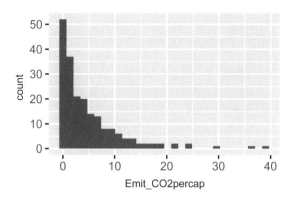

```
ggplot(wdi,
       aes(y = Emit_CO2percap,
           x = region)) +
  geom_boxplot() +
  coord_flip() +
  scale_y_log10()
```

```
## Warning: Removed 14 rows containing non-finite values
## (stat_boxplot).
```

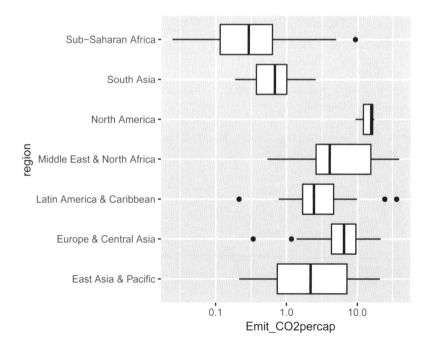

참고문헌

Anscombe, F.J. 1973. Graphs in statistical analysis. *The American Statistician* 27 (1): 17 – 21.

Arel-Bundock, V. 2019. WDI: World development indicators (World Bank). *R Package Version* 2 (6). https://CRAN.R-project.org/package=WDI.

Arel-Bundock, et al. 2018. Countrycode: An R package to convert country names and country codes. *Journal of Open Source Software* 3 (28): 848. https://doi.org/10.21105/joss.00848.

Becker, R.A., A.R. Wilks, R version by Ray Brownrigg. Enhancements by Thomas P Minka and Alex Deckmyn. 2018. maps: Draw Geographical Maps. *R Package Version* 3 (3). https://CRAN.R-project.org/package=maps.

Chhatre, A., A. Agrawal. 2009. Trade-offs and synergies between carbon storage and livelihood benefits from forest commons. *PNAS* 106 (42): 17667 – 17670.

Grolemund, G., H. Wickham. 2017. *R for Data Science*. Boston: O'Reilly.

Healy, K. 2019. *Data Visualization: A Practical Introduction*. Princeton: Princeton University Press.

Tukey, J. 1962. The future of data analysis. *The Annals of Mathematical Statistics*. 33: 1 – 67.

Wickham, H. 2017. tidyverse: Easily install and load the 'Tidyverse'. *R Package Version* 1 (2): 1. https://CRAN.R-project.org/package=tidyverse.

5
네트워크

5.1 소개

데이터 과학의 특성 중 하나는 데이터 유형이 다양하다는 점이다. 일반적으로 조사하는 데이터에는 사람의 키나 몸무게처럼 분석의 단위와 관련된 측정값이 존재한다. 네트워크 데이터에서는 Deng과 Anne의 대화 여부와 같이 분석 단위 간의 연결을 강조한다.

잭슨(Jackson, 2014, pp. 3 – 4)은 경제학에서 네트워크 연구의 중요성이 점차 증대되고 있다며 다음과 같이 말했다.

> … 경제학자들이 더 나은 인간행동 모형을 구축하기 위해 노력하면 할수록, 인간은 본질적으로 인간의 행동을 형성하는 상호작용 패턴을 가진 사회적 종social species이라는 사실을 무시할 수 없게 된다. … 궁극적으로 관련성의 전체 네트워크, 즉 얼마나 밀집돼 있는지, 어떤 그룹이 분리돼 있는지, 누가 중앙에 위치하는지 등은 정보전파 방식과 인간행동 방식에 영향을 미친다.

R에는 네트워크 분석에 필요한 다양한 패키지 집합이 있다. igraph 패키지(Csardi and Nepusz, 2006)는 주요 패키지 중 하나다. 여기서는 tidygraph(Pedersen, 2019)와 ggnetwork(Briatte, 2016) 패키지를 사용한다. 두 패키지 모두 네트워크 분석에 tidyverse(Wickham, 2017) 접근법을 사용하며, tidygraph 패키지는 igraph 패키지를 기반으로 한다. intergraph 패키지(Bojanowski, 2015)는 R의 다른 패키지와 동작하는 네트워크 객체를 전환하는 데 유용하다. 지금은 tidyverse와 tidygraph 패키지를 로드한다.

```
library(tidyverse)
library(tidygraph)
```

5.2 간단한 데이터 활용 예제

가상의 예제로 시작한다. 서로 대화하는 사람들이 있다. Asif와 Gita는 서로 대화한다. 이때 그래프는 무방향undirected이다. Asif는 from 벡터의 첫 번째 사람이고, Gita는 to 벡터의 첫 번째 사람이다.

```
from <- c("Asif","Deng","Gita","Paul","Sure",
          "Sure")
to <- c("Gita","Gita","Anne","Anne","Paul",
        "Asif")
```

2장에서 소개한 tidyverse 접근법을 기반으로 네트워크 요소를 추가한다.
edge1이라는 티블을 생성한다.

```
edge1 <- tibble(from,to)
str(edge1)
## Classes 'tbl_df', 'tbl' and 'data.frame':   6 obs. of  2
   variables:
```

```
##  $ from: chr  "Asif" "Deng" "Gita" "Paul" ...
##  $ to  : chr  "Gita" "Gita" "Anne" "Anne" ...
class(edge1)
## [1] "tbl_df"     "tbl"          "data.frame"
edge1
## # A tibble: 6 x 2
##   from  to
##   <chr> <chr>
## 1 Asif  Gita
## 2 Deng  Gita
## 3 Gita  Anne
## 4 Paul  Anne
## 5 Sure  Paul
## 6 Sure  Asif
```

edge1은 일반적인 티블이다. 즉, 일종의 데이터프레임이다.

R에서는 네트워크 패키지별로 다른 객체를 사용한다. edge1 객체를 시작으로 일련의 작업을 수행한다. 세부 코드를 살펴보기에 앞서 전체 작업 순서를 살펴보면 다음과 같다.

1. edge1은 티블/데이터프레임이다. tbl_graph 함수를 사용해 Talk로 변환한다.
2. Talk는 tbl_graph다. asNetwork 함수를 사용해 Talk_n으로 변환한다.
3. Talk_n은 network다. ggnetwork 함수를 사용해 Talk_g로 변환한다.
4. Talk_g는 데이터프레임이다. 이 데이터프레임에는 그래프를 그릴 수 있는 정보가 있다. ggplot 함수를 이용해 Talk_GG로 변환한다.
5. Talk_GG는 ggplot으로, 네트워크 그래프를 제공한다.

edge1으로 돌아가 tidygraph 패키지의 tbl_graph 함수를 이용해 edge1을 Asif, Deng 등의 노드node와 상호 간 대화 여부를 나타내는 간선edge 정보를 저장하는 객체로 변환한다.

```
Talk <- tbl_graph(edges = edge1,
                  directed = FALSE)
Talk
```

```
## # A tbl_graph: 6 nodes and 6 edges
## #
## # An undirected simple graph with 1 component
## #
## # Node Data: 6 x 1 (active)
##    name
##    <chr>
## 1 Asif
## 2 Gita
## 3 Deng
## 4 Anne
## 5 Paul
## 6 Sure
## #
## # Edge Data: 6 x 2
##    from    to
##    <int> <int>
## 1     1     2
## 2     2     3
## 3     2     4
## # ... with 3 more rows
class(Talk)
## [1] "tbl_graph" "igraph"
```

잠시 확인해보자. tbl_graph는 edge1 티블을 tbl_graph인 Talk 객체로
변환했으며, 6개의 노드(Asif, Gita 등)와 6개의 간선(노드 간 연결)이 존재
한다.

activate를 이용해 노드나 간선 데이터를 활성화할 수 있다. 먼저 간선
을 활성화해보자.

```
Talk %>%
  activate(edges) %>%
  as_tibble()
## # A tibble: 6 x 2
##    from    to
##    <int> <int>
## 1     1     2
## 2     2     3
## 3     2     4
## 4     4     5
```

```
## 5      5      6
## 6      1      6
class(Talk)
## [1] "tbl_graph" "igraph"
```

위 결과를 노드를 활성화한 아래의 결과와 비교해보라.

```
Talk %>%
  activate(nodes) %>%
  as_tibble()
## # A tibble: 6 x 1
##   name
##   <chr>
## 1 Asif
## 2 Gita
## 3 Deng
## 4 Anne
## 5 Paul
## 6 Sure
class(Talk)
## [1] "tbl_graph" "igraph"
```

이제 ggnetwork 패키지를 이용해 작은 네트워크 그래프를 그려보자. 먼저 Talk 객체를 ggnetwork와 작업할 수 있는 네트워크 객체로 변환한다. intergraph 패키지로 객체를 변환할 수 있다. 먼저 intergraph 패키지에 있는 asNetwork 함수로 Talk를 변환한다.

```
library(intergraph)
Talk_n <- asNetwork(Talk)
Talk_n
##  Network attributes:
##    vertices = 6
##    directed = FALSE
##    hyper = FALSE
##    loops = FALSE
##    multiple = FALSE
##    bipartite = FALSE
##    total edges= 6
##      missing edges= 0
##      non-missing edges= 6
```

```
##
##  Vertex attribute names:
##      vertex.names
##
## No edge attributes
class(Talk_n)
## [1] "network"
```

이제 ggnetwork 함수로 Talk_n을 데이터프레임으로 변환한다. 이 데이터프레임으로 ggplot을 이용해 그래프를 그린다.

```
library(ggnetwork)
Talk_g <- ggnetwork(Talk_n)
class(Talk_g)
## [1] "data.frame"
```

ggnetwork 함수가 ggplot2 패키지를 이용해 네트워크를 그래프로 나타내는 데 사용할 수 있는 데이터프레임을 생성했음을 알 수 있다. 새로운 geom들, 즉 geom_edges, geom_nodes, geom_nodetext는 간선, 노드, 노드에 대한 텍스트를 그래프에 표시하는 데 사용한다.

```
Talk_GG <- ggplot(Talk_g, aes(x,y, xend = xend,
                              yend = yend)) +
  geom_edges(color = "lightgrey") +
  geom_nodes(alpha = 0.6, size = 5) +
  geom_nodetext(aes(label = vertex.names),
                col = "blue") +
  theme_blank()
Talk_GG
```

```
class(Talk_GG)
## [1] "gg"     "ggplot"
```

네트워크의 초기 그래프(그림 5.1)는 그리 명확하지 않다. 네트워크의 시각화를 제대로 구현하기 위해서는 노력이 필요하다. 상황context과 그래프의 크기에 따라 다른 geom들을 사용해 그래프의 가독성을 높일 수 있

그림 5.1 초기 대화 네트워크 그래프

다. 소규모 네트워크 그래프 작성에 적합한 재사용 가능한 자체 함수를
생성해 더 명확한 그래프를 그릴 수 있다.

```
ggnetplot <- function(Net = Bali) {
  Net <- ggnetwork(Net, layout =
                      "kamadakawai")
  ggplot(Net, aes(x,y, xend = xend,
                  yend = yend)) +
    geom_edges(col = "tomato") +
    geom_nodetext_repel(aes(label = vertex.names),
                        col = "black", size = 3) +
    theme_blank()
}

ggnetplot(Talk_n)
```

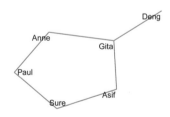

그림 5.2 개선된 대화 네트워크 그래프

그림 5.2는 그림 5.1의 개선된 버전이다.

[실습]

작은 네트워크를 생성하고 그래프로 나타내라. 이때 Tim은 Jim에게 말하고, Kim은 Jim과 Jane에게 말하고, Jim은 Jane에게 말한다. 다음 코드로 시작하라.

```
# 힌트
from <- c("Kim", "Tim", "Kim", "Jim")
to <- c("Jim", "Jim", "Jane", "Jane")
```

5.3 예제: 메디치 네트워크

지금부터 피렌체의 저명한 가문들 간의 결혼 네트워크를 그래프로 그려 보자. 이는 '15세기 초 르네상스 피렌체에서의 코시모 데 메디치^{Cosimo}^{de' Medici}의 부상'을 분석한 파젯과 안셀(Padgett and Ansell, 1993, p. 1260)의 연구를 바탕으로 한다. 파젯과 안셀은 '1434년 코시모가 신흥 피렌체 르네상스 국가를 인수하기 위해 사용한 메디치 정당을 구성하는 결혼, 경제, 후원 네트워크 구조와 순차적 출현'에 초점을 맞췄다.[1] 데이터는 netrankr 패키지(Schoch, 2017)에 있다.

```
library(netrankr)
data("florentine_m")
class(florentine_m)
## [1] "igraph"
```

florentine_m을 flor로 변환한 다음 flor_g로 변환한다.

---

1 피젯과 안셀에 따르면 15세기 초 피렌체 지방에서 메디치 가문은 결혼, 경제적 관계, 정치적 관계 등의 사회결망을 잘 활용해서 피렌체 지배계층에 참여하게 됐다고 한다. 즉, 메디치가는 다양한 사회연결망의 형성을 통해 지배계층에 편입되면서 명망가문으로서의 위치를 확보하게 됐다. – 옮긴이

```
flor <- as_tbl_graph(florentine_m)
class(flor)
## [1] "tbl_graph" "igraph"
flor_g <- asNetwork(flor)
class(flor_g)
## [1] "network"
```

이제 5.2절에서 생성한 ggnetplot 함수를 이용해 피렌체 결혼 네트워크 그래프를 그린다(그림 5.3). 결혼을 통한 관계와 함께 여러 가문(노드)을 표시한다.

```
# ggnetplot은 ggnetwork()와 ggplot()을 사용한다.
ggnetplot(flor_g)
```

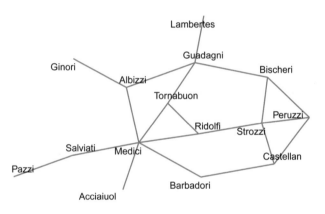

그림 5.3 피렌체 결혼 네트워크

지금부터 centrality_degree로 간단한 척도인 차수degree를 이용해 중심성 지수centrality index를 계산한다. 차수는 해당 노드에서 나오는 간선 수다. 지노리Ginori는 노드에 하나의 간선만 있으므로 차수가 1이다(그림 5.3). 이 장에서는 이 척도를 사용한다. 코드는 tidyverse 코드와 맥락을 같이한다.

```
flor2 <- flor %>%
  activate(nodes) %>%
  mutate(degree = centrality_degree())
```

가문별로 부^{wealth}와 차수^{degree} 데이터를 추출하고 차수로 데이터를 정렬한다.

```
flor3 <- as_tibble(flor2) %>%
  arrange(-degree)
class(flor3)
## [1] "tbl_df" "tbl" "data.frame"
flor3
## # A tibble: 16 x 3
##    name       wealth degree
##    <chr>       <int>  <dbl>
##  1 Medici        103      6
##  2 Guadagni        8      4
##  3 Strozzi       146      4
##  4 Albizzi        36      3
##  5 Bischeri       44      3
##  6 Castellan      20      3
##  7 Peruzzi        49      3
##  8 Ridolfi        27      3
##  9 Tornabuon      48      3
## 10 Barbadori      55      2
## 11 Salviati       10      2
## 12 Acciaiuol      10      1
## 13 Ginori         32      1
## 14 Lambertes      42      1
## 15 Pazzi          48      1
## 16 Pucci           3      0
```

위에서 생성한 flor3 객체를 이용해 부와 차수 간의 관계를 그릴 수 있다. ggrepel 패키지(Slowikowski, 2019)를 사용해 깔끔하고 정돈된 레이블을 작성할 수 있다.

```
library(ggrepel)
ggplot(flor3, aes(x = wealth, y = degree,
                  label = name)) +
  geom_point() +
  # 적절한 위치에 레이블을 표시한다.
  geom_text_repel()
```

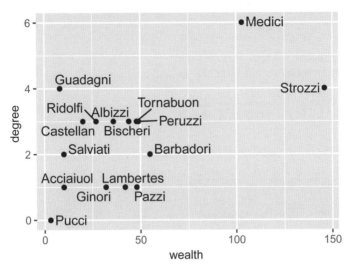

그림 5.4 피렌체의 여러 가문의 차수 대 부. 메디치 가문의 높은 부와 차수를 확인할 수 있다.

메디치Medici가의 높은 부와 차수를 확인할 수 있다(그림 5.4). 메디치가의 부는 스트로치Strozzi보다 낮지만 차수는 더 높다.

5.4 예제: 발리 테러리스트 네트워크

지금부터 발리 테러리스트Bali terrorist 네트워크라는 또 다른 네트워크 그래프를 그려보자. 코샤데(Koschade, 2006)는 2002년 발리 폭발 테러로 202명의 희생자를 낸 이슬람 무장 단체 제마 이슬라미야Jemaah Islamiyah 조직의 소셜 네트워크 분석을 수행했다. 테러 조직은 비밀리에 움직이며 조직원 간의 대화가 활동 방식의 핵심적인 특징이다. 이러한 분석을 통해 역할을 이해할 수 있다.

발리Bali 데이터는 네트워크 객체로, UserNetR 패키지(Luke, 2018)에 있다.

```
library(UserNetR)
data("Bali")
class(Bali)
## [1] "network"
```

네트워크를 tbl_graph로 변환한다.

```
Bali_t <- as_tbl_graph(Bali)
Bali_t
## # A tbl_graph: 17 nodes and 63 edges
## #
## # An undirected simple graph with 1 component
## #
## # Node Data: 17 x 3 (active)
##    na    role  name
##    <lgl> <chr> <chr>
## 1 FALSE CT    Muklas
## 2 FALSE OA    Amrozi
## 3 FALSE OA    Imron
## 4 FALSE CT    Samudra
## 5 FALSE BM    Dulmatin
## 6 FALSE CT    Idris
## # ... with 11 more rows
## #
## # Edge Data: 63 x 4
##    from   to   IC na
##    <int> <int> <dbl> <lgl>
## 1    1    2    2 FALSE
## 2    1    3    2 FALSE
## 3    1    4    1 FALSE
## # ... with 60 more rows
```

17개의 노드와 63개의 간선이 있다. 앞서 생성한 ggnetplot 함수로 네트워크 그래프를 그린다.

```
ggnetplot(Bali)
```

사무드라Samudra(야전 사령관)는 네트워크의 중심에 있으며, 다른 조직원들과의 상호작용이 가장 많다(그림 5.5). 이제 구성원의 역할로 분류한 노

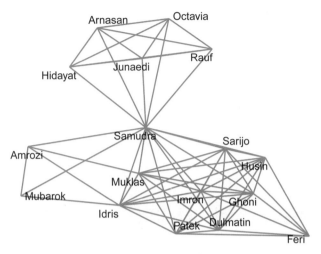

그림 5.5 발리 테러리스트 네트워크

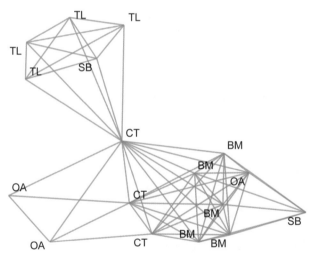

그림 5.6 발리 테러리스트 네트워크. 그림에 있는 영어 약자는 역할을 의미한다. CT(command team), OA(operational assistant), BM(bomb maker), SB(suicide bomber), TL(team lima)

드로 네트워크를 구성한다(그림 5.6). 그림 5.6은 그림 5.5에 비해 더 많은 통찰력을 제공한다. TL^{team lima}은 작전의 지원 그룹이다.

```
Bali_g <- ggnetwork(Bali)
ggplot(Bali_g, aes(x,y, xend = xend,
                      yend = yend)) +
  geom_edges(col = "tomato",
             alpha = 0.6) +
  geom_nodetext_repel(aes(label = role), size = 3) +
    theme_blank()
```

5.5 네트워크 형성 시뮬레이션

네트워크는 어떻게 형성될까? 네트워크 형성에는 두 가지 모형이 존재하며, 매우 다른 유형의 네트워크를 초래한다. 하나는 에르되시-레니Erdos-Renyi의 무작위 네트워크random network 모형으로, 두 노드는 무작위 확률로 연결 여부가 결정되며 연결선 수는 푸아송 분포Poisson distribution를 따른다는 이론이다. 다른 하나는 바라바시-앨버트Barabasi-Albert의 척도 없는 네트워크free-scale network 모형으로, 평균 이상으로 유독 많은 연결선을 지닌 허브hub가 존재하며 이러한 소수의 허브는 멱법칙power law을 따른다는 이론이다.

이제부터 몇 가지 네트워크 시뮬레이션을 그래프로 나타낸다. 먼저 에르되시-레니 시뮬레이션을 살펴보자. 이때 노드의 수는 n이고, 두 꼭짓점vertex을 연결하는 간선의 확률은 p라 하자. 바라바시와 보나보(Barabasi and Bonabeau, 2003, p. 62)에 따르면 "1959년에 통신과 생명과학에서 관찰되는 네트워크를 설명하기 위해 에르되시와 레니는 노드를 무작위 배치하는 링크와 연결함으로써 이러한 체계를 효과적으로 모형화할 수 있다고 주장했다."고 한다.

```
rg <- play_erdos_renyi(n = 30, p = 0.2,
                        directed = FALSE)
class(rg)
## [1] "tbl_graph" "igraph"
```

```
rg2 <- rg %>%
  activate(nodes) %>%
  mutate(Deg = centrality_degree())

rg3 <- rg2 %>%
  activate(nodes) %>%
  as_tibble()
```

에르되시-레니 시뮬레이션으로부터 생성된 차수 분포의 그래프를 그린다(그림 5.7). 분포는 종bell 모양이다.

```
ggplot(rg3, aes(x = Deg)) +
  geom_bar()
```

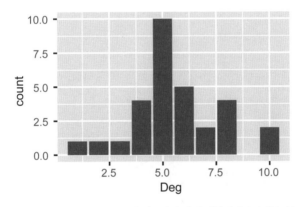

그림 5.7 n = 30, p = 0.2인 에르되시-레니 시뮬레이션의 차수 분포

다음 코드로 네트워크 그래프를 그린다(그림 5.8).

```
rg_g <- asNetwork(rg2)
rg_g <- ggnetwork(rg_g, layout =
                    "kamadakawai")
ggplot(rg_g, aes(x,y, xend = xend,
                 yend = yend)) +
  geom_edges(col = "tomato") +
  geom_nodes(aes(size = Deg),
             alpha = 0.4, #size = 1,
```

```
                  col = "black") +
theme_blank()
```

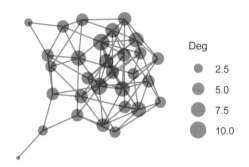

Deg

- 2.5
- 5.0
- 7.5
- 10.0

그림 5.8 n = 30, p = 0.2인 에르되시-레니 시뮬레이션의 네트워크 다이어그램

[실습]
위 코드를 이용해 n = 500, p = 0.05인 에르되시-레니 시뮬레이션
을 수행하라. 무엇을 관찰할 수 있는가?

바라바시와 앨버트(1999)는 선호적 연결preferential attachment이라는 개념
을 기반으로 모형을 제시했다. 네트워크에 참여하는 새로운 노드는 더
많이 연결된 노드에 연결되기를 선호한다는 이론이다. 바라바시와 앨버
트(1999, p. 509)는 다음과 같이 기술했다. "유전자 네트워크나 월드와이
드 웹World Wide Web 같은 다양한 체계는 복잡한 토폴로지topology로 구성된
네트워크로 잘 설명할 수 있다. 많은 대규모 네트워크의 공통적인 특징
은 꼭짓점 연결도vertex connectivity가 척도 없는 멱법칙 분포scale-free power-law
distribution를 따른다는 점이다. 이 특징은 다음 두 가지 일반적인 메커니즘
의 결과로 밝혀졌다. 첫째, 네트워크는 새로운 꼭짓점 추가를 통해 지속
적으로 확장한다. 둘째, 새로운 꼭짓점은 연결선이 많은 곳에 연결되기를
선호한다."

이제 바라바시-앨버트 네트워크 형성 모형의 시뮬레이션과 관련된 그래프를 그려보자.

```
ba <- play_barabasi_albert(n = 30, power = 1,
                           directed = FALSE)
class(ba)
## [1] "tbl_graph" "igraph"

ba2 <- ba %>%
  activate(nodes) %>%
  mutate(Deg = centrality_degree())

ba3 <- ba2 %>%
  activate(nodes) %>%
  as_tibble()


ggrg3 <- ggplot(rg3, aes(x = Deg)) +
  geom_bar()

ggba3 <- ggplot(ba3, aes(x = Deg)) +
  geom_bar()

library(gridExtra)
grid.arrange(ggrg3, ggba3, ncol = 2)
```

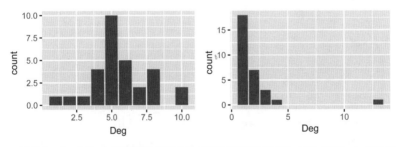

그림 5.9 에르되시-레니(왼쪽)와 바라바시-앨버트(오른쪽)의 차수 분포. 전자는 노드가 무작위 확률에 따라 간선으로 연결되며, 후자는 네트워크가 커짐에 따라 새로운 노드가 연결선이 많은 노드에 연결될 가능성이 높다.

그림 5.9는 에르되시-레니와 바라바시-앨버트 모형을 통해 생성된 네트워크의 차수 분포다.

```
ba_g <- asNetwork(ba2)
ba_g <- ggnetwork(ba_g, layout =
                     "kamadakawai")

ggrg <- ggplot(rg_g, aes(x,y, xend = xend,
                         yend = yend)) +
  geom_edges(col = "tomato") +
  geom_nodes(aes(size = Deg),
             alpha = 0.4, #size = 1,
             col = "black") +
  theme_blank()

ggba <- ggplot(ba_g, aes(x,y, xend = xend,
                         yend = yend)) +
  geom_edges(col = "tomato") +
  geom_nodes(aes(size = Deg),
             alpha = 0.4 , #size = betw,
             col = "black") +
  theme_blank()
  #geom_nodetext(aes(label = vertex.names),
                #col = "black", size = 5) +

grid.arrange(ggrg, ggba, ncol = 2)
```

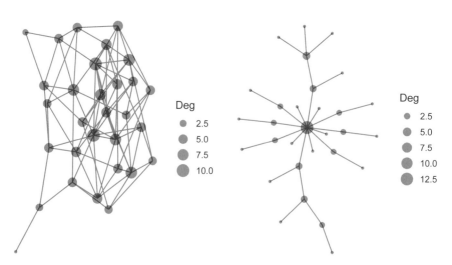

그림 5.10 에르되시-레니(왼쪽)와 바라바시-앨버트(오른쪽)의 네트워크 다이어그램. 전자는 노드가 무작위 확률에 따라 간선으로 연결되며, 후자는 네트워크가 커짐에 따라 새로운 노드가 연결선이 많은 노드에 연결될 가능성이 높다.

바라바시-앨버트 모형은 매우 다른 차원의 분포와 네트워크 그래프를 보여준다(그림 5.10). 그리고 바라바시-앨버트 모형 차수 분포는 왼쪽으로 치우쳐 있다.

> [실습]
> 바라바시-앨버트 모형을 n = 500으로 실행하라. 무엇을 관찰할 수 있는가?

5.6 예제: 전기 자동차 부품 생산 네트워크

아미기니와 고르고니(Amighini and Gorgoni, 2014)는 자동차 생산의 국제적 개편에 대해 연구했다. 자동차 생산에 필요한 부품의 공급원은 지리적으로 매우 분산돼 있다. 2016년 자동차 생산 부품 중 하나인 전기 및 전자 부품 ELEnet16과 관련된 데이터는 ITNr 패키지(Smith, 2018)에서 얻을 수 있다.

```
library(tidygraph)
library(ITNr)
data("ELEnet16")
class(ELEnet16)
## [1] "igraph"
```

tidygraph를 사용한다.

```
ELE <- as_tbl_graph(ELEnet16)
class(ELE)
## [1] "tbl_graph" "igraph"
summary(ELE)
## IGRAPH a9d0bc0 DNW- 99 725 --
## + attr: name (v/c), id (v/c), regionNAME
## | (v/c), region (v/n), income (v/n), GDP
## | (v/n), GDPPC (v/n), logGDP (v/n), logGDPPC
```

```
## | (v/n), GDPgrowth (v/c), FDI (v/c), VAL
## | (e/c), Share (e/n), weight (e/n)
```

네트워크 그래프를 그린다. 하지만 먼저 데이터 랭글링을 수행해야
한다.

```
library(ggnetwork)
ELE_n <- asNetwork(ELE)
ELE_g <- ggnetwork(ELE_n)
str(ELE_g$regionNAME)
## Factor w/ 7 levels "East Asia & Pacific (all income levels)",..:
                                     3 1 3 2 1 1 1 3 2 3 ...


ELE_g <- ELE_g %>%
  mutate(region_name = factor(regionNAME))

library(tidyverse)
ELE_g <- ELE_g %>%
  mutate(region_name =
          fct_recode(region_name,
                    "Sub-SahAfr" =
                      "Sub-Saharan Africa (all income levels)",
                    "mEast&NAf" =
                      "Middle East & North Africa (all income levels)",
                    "LatAm&Car" =
                      "Latin America & Caribbean (all income levels)",
                    "Eur&CAsia" =
                      "Europe & Central Asia (all income levels)",
                    "EAsia&Pac" =
                      "East Asia & Pacific (all income levels)"))


ggplot(ELE_g, aes(x,y, xend = xend,
                  yend = yend,
                  col = region_name)) +
  geom_edges(color = "grey70") +
  geom_nodes(alpha = 0.6, size = 5) +
  theme_blank() +
  theme(legend.position = "right") +
  scale_colour_brewer(palette = "Dark2")
```

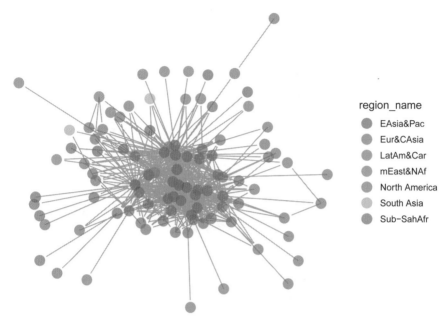

region_name
- EAsia&Pac
- Eur&CAsia
- LatAm&Car
- mEast&NAf
- North America
- South Asia
- Sub-SahAfr

그림 5.11 2016년 기준 전기 자동차 부품 네트워크

　자동차 생산 네트워크 다이어그램(그림 5.11)은 "자동차 생산의 경우 제조 분야에서 지리적으로 가장 분산된 작업 중 하나로, 생산 공정은 다른 국가에서 수행되는 여러 단계로 나눠져 있다."라는 아미기니와 고르고니(2014, p. 923)의 관측을 뒷받침한다. 이들은 네트워크 접근법의 관련성을 주장하면서 "중력 모형gravitational model과 같은 전통적인 접근법은 국가 i와 국가 j 간의 관계만 고려하며, 국가 i와 국가 j가 다른 국가와 맺은 관계와는 독립적이라는 가정하에서 수행한다."라고 말했다.

　지금부터 가중 외차수 측정치weighted outdegree measure를 계산한다. 간선 가중치는 세계 무역의 비율이다.

```
ELE2 <- ELE %>%
  activate(nodes) %>%
  mutate(outdeg = centrality_degree(weights =
                                    weight, mode = "out")) %>%
  as_tibble()
```

가중 외차수 측정치를 기준으로 상위 10개국을 나열한다(표 5.1).

```
ELE3 <- ELE2 %>%
  select("name","regionNAME","outdeg") %>%
  arrange(-outdeg)

library(xtable)
xtable(ELE3[1:10,], caption = "Top 10 in weighted outdegree")
```

표 5.1 가중 외차수 기준 상위 10개국

	Name	regionNAME	Outdeg
1	CHN	East Asia & Pacific (all income levels)	22.92
2	KOR	East Asia & Pacific (all income levels)	10.67
3	JPN	East Asia & Pacific (all income levels)	8.74
4	USA	North America	8.45
5	MEX	Latin America & Caribbean (all income levels)	6.12
6	DEU	Europe & Central Asia (all income levels)	5.48
7	THA	East Asia & Pacific (all income levels)	2.74
8	CZE	Europe & Central Asia (all income levels)	2.35
9	MYS	East Asia & Pacific (all income levels)	2.29
10	VNM	East Asia & Pacific (all income levels)	2.21

2016년 자료에 따르면 중국, 한국, 일본이 외차수 측정치 기준 상위 3 개국에 해당한다. 아미기니와 고르고니(2014)는 1998년에는 상위 3개국 이 독일, 미국, 프랑스라고 평가했다. 2008년의 상위 3개국은 중국, 독일, 일본이었다. ITNr에 내장된 함수로 예측을 확인한다.

```
ITN3 <- ITNcentrality(ELEnet16) %>%
  as_tibble() %>%
  arrange(-Weighted.Out.Degree)

ITN3[1:10,]
```

```
## # A tibble: 10 x 12
##    NAMES Weighted.Out.De~ Binary.Out.Degr~
##    <chr>            <dbl>            <dbl>
## 1 CHN              22.9               76
## 2 KOR              10.7               48
## 3 JPN               8.74              32
## 4 USA               8.45              45
## 5 MEX               6.12              14
## 6 DEU               5.48              46
## 7 THA               2.74              31
## 8 CZE               2.35              19
## 9 MYS               2.30              14
## 10 VNM              2.21              29
## # ... with 9 more variables:
## #   Weighted.In.Degree <dbl>,
## #   Binary.In.Degree <dbl>,
## #   Weighted.Degree.All <dbl>,
## #   Binary.Degree.All <dbl>, Betweenness <dbl>,
## #   Closeness <dbl>, Eigenvector <dbl>,
## #   Hub <dbl>, Authority <dbl>
```

가중 외차수 분포의 그래프는 그림 5.12와 같으며, 왼쪽으로 치우쳐 있다. 즉, 왜도skewness가 0보다 크다.

```
library(ggplot2)
ggplot(ELE2, aes(x = outdeg)) +
  geom_histogram(bins = 30)
```

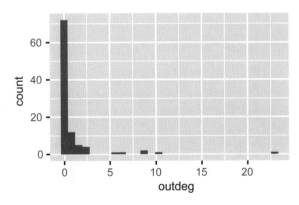

그림 5.12 2016년 기준 전기 자동차 부품 네트워크의 가중 외차수 분포

이제 지역별 가중 외차수 분포의 그래프를 그려보자.

```
ELE2 <- ELE2 %>%
  mutate(region_name = factor(regionNAME))

library(tidyverse)
ELE2 <- ELE2 %>%
  mutate(region_name =
           fct_recode(region_name,
                      "Sub-SahAf" =
                        "Sub-Saharan Africa (all income levels)",
                      "mEast&NAf" =
                        "Middle East & North Africa (all income levels)",
                      "LatAm&Car" =
                        "Latin America & Caribbean (all income levels)",
                      "Eur&CAsia" =
                        "Europe & Central Asia (all income levels)",
                      "EAsia&Pac" =
                        "East Asia & Pacific (all income levels)"))

library(ggplot2)

ggplot(ELE2, aes(x = region_name,
                 y = outdeg)) +
  geom_boxplot() +
  coord_flip()
```

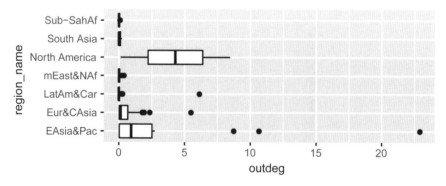

그림 5.13 2016년 기준 전기 자동차 부품 네트워크의 지역별 가중 외차수 분포

지역별 차수 분포는 동아시아와 태평양, 북미, 유럽과 중앙 아시아의 중요성을 보여준다(그림 5.13).

5.7 참고자료

보충학습

스콧 페이지Scott Page의 모형 사고Model Thinking 강좌는 네트워크에 대한 짧지만 명쾌한 강의다. 바라바시(Barabasi, 2016)의 훌륭한 동영상 '네트워크는 어디에나 있다Networks are everywhere'를 확인하라. 잭슨(Jackson, 2014)의 논문은 네트워크를 경제 행동과 연결했다. 더글라스 루크(Douglas Luke, 2015)는 R을 사용한 네트워크 분석에 대한 상세하고 명확한 지침을 제공한다.

심화학습

잭슨(Jackson, 2008)의 저서를 참고하라.

실습 해답

[5.2절 실습]
작은 네트워크를 생성하고 그래프로 나타내라. 이때 Tim은 Jim에게 말하고, Kim은 Jim과 Jane에게 말하고, Jim은 Jane에게 말한다. 다음 코드로 시작하라.

```
# 힌트
from <- c("Kim", "Tim", "Kim", "Jim")
to <- c("Jim", "Jim", "Jane", "Jane")
```

```
edge2 <- tibble(from,to)

Talk2 <- tbl_graph(edges = edge2,
                   directed = FALSE)

Talk_n2 <- asNetwork(Talk2)

Talk_g2 <- ggnetwork(Talk_n2)

ggnetplot <- function(Net = Bali) {
  Net <- ggnetwork(Net, layout =
                     "kamadakawai")
  ggplot(Net, aes(x,y, xend = xend,
                  yend = yend)) +
    geom_edges(col = "tomato") +
    geom_nodetext_repel(aes(label = vertex.names),
                        col = "black", size = 3) +
    theme_blank()
}

ggnetplot(Talk_n2)
```

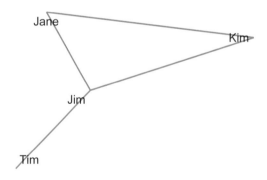

참고문헌

Amighini, A., and S. Gorgoni. 2014. The international reorganisation of auto production. *The World Economy* 37 (7): 923 – 952.

Barabasi, A. 2016. *Networks are everywhere*. https://www.youtube.com/watch?v=c867FlzxZ9Y. Accessed 9 Oct 2019.

Barabasi, A.-L., and R. Albert. 1999. Emergence of scaling in random networks. *Science* 286: 509 – 512.

Barabasi, A.-L., and E. Bonabeau. 2003. Scale-Free networks. *Scientific American* 288: 60 – 69.

Bojanowski, M. 2015. intergraph: Coercion routines for network data objects. *R Package Version 2.0-2*. http://mbojan.github.io/intergraph.

Briatte, F. 2016. ggnetwork: Geometries to plot networks with 'ggplot2'. *R Package Version* (5): 1. https://CRAN.R-project.org/package=ggnetwork.

Csardi, G., and T. Nepusz. 2006. The igraph software package for complex network research. *InterJournal Complex Systems* 1695: 2006. http://igraph.org.

Jackson, M.O. 2008. *Social and Economic Networks*. Princeton: Princeton University Press.

Jackson, M.O. 2014. Networks in the understanding of economic behaviors. *Journal of Economic Perspectives* 28 (4): 3 – 22.

Koschade, S. 2006. A social network analysis of jemaah islamiyah: the applications to counterterrorism and intelligence. *Studies in Conflict and Terrorism* 29: 559 – 575.

Luke, D. 2015. *A user's guide to network analysis in R*. Berlin: Springer.

Luke, D. 2018. UserNetR: data sets for a user's guide to network analysis in R. *R Package Version* 2: 26.

Padgett, J.F., and C.K. Ansell. 1993. *AJS* 98 (6): 1259 – 1319.

Page, S. undated. Model thinking. Coursera online course. https://www.coursera.org/. Accessed 9 Oct 2019.

Pedersen, T.L. 2019. tidygraph: A tidy API for graph manipulation. *R Package Version* 1 (1): 2. https://CRAN.R-project.org/package=tidygraph.

Schoch, D. 2017. netrankr: An R package to analyze partial rankings in networks.

Slowikowski, K. 2019. ggrepel: automatically position non-overlapping text labels with 'ggplot2'. *R Package Version* (8): 1. https://CRAN.R-project.org/package=ggrepel.

Smith, M. 2018. ITNr: Analysis of the international trade network. *R Package Version* (3): https://CRAN.R-project.org/package=ITNr.

Wickham, H. 2017. tidyverse: easily install and load the 'Tidyverse'. *R Package Version* 1 (2): 1. https://CRAN.R-project.org/package=tidyverse.

## 제3부

데이터 분석에 필요한
수학 사전지식

6
함수

6.1 소개

함수는 경제학에서 매우 중요하다. 예컨대 공급^{supply}과 수요^{demand}, 그리고 콥-더글라스 생산 함수^{Cobb-Douglas production function} 등이 있다.

6.2 R로 자체 함수 생성

R을 사용할 때는 함수를 이용해 작업을 수행하곤 한다. R로 간단한 함수를 만들어보자.

```
add2 <- function(x) {
  x + 2
}
```

add2 함수에 x의 값을 전달한다. 그러면 2를 더한 값이 나온다.

```
add2(x = 2)
## [1] 4
```

함수에 기본값을 지정할 수도 있다.

```
mult2 <- function(M = 3) {
  2 * M
}
```

입력값을 전달하지 않았을 때의 add2와 mult2의 동작 방식의 차이점을 확인하라.

```
add2()
```

```
## Error in add2(): argument "x" is missing, with no default
```

```
mult2()
## [1] 6
```

mult2 함수 생성 시 M의 기본값을 지정했다. 따라서 입력값을 전달하지 않으면 R은 기본값을 사용한다.

[실습]

R에서 $f(S) = 2S^2 + 3S + 1$을 계산하는 Scomp라는 함수를 만들어라. 그리고 $S = 333$일 때 $f(S)$의 값을 구하라.

6.3 curve 함수로 함수를 그래프로 나타내기

함수를 그래프로 그리는 가장 빠른 방법은 curve 함수를 사용하는 것이다.

함수가 $y = 2 - (x + 2)^2$인 경우 다음과 같은 코드를 사용한다(그림 6.1).

```
curve(expr = 2 - (x + 2)^2, from = -7, to = 3)
```

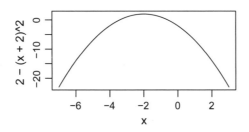

그림 6.1 curve 함수로 그린 $y = 2 - (x + 2)^2$의 그래프

curve 함수를 수행하려면 x의 범위를 지정해야 한다.

예컨대 함수가 $y = 1/(x - 2) + 3$인 경우, 그래프는 그림 6.2와 같다.

```
curve(expr = 1/(x - 2) + 3, from = -5, to = 5)
```

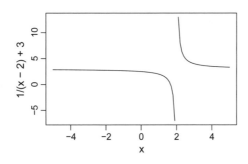

그림 6.2 curve 함수로 그린 $y = 1/(x - 2) + 3$의 그래프

[실습]

curve 함수를 이용해 $x = -10$에서 $x = 10$까지 $y = (x - 3)(x + 7)$의 그래프를 그려라.

6.4 통계적 손실 함수

지금부터 통계학에서 사용하는 두 가지 핵심 손실 함수^{loss function}, 평균^{mean}과 중앙값^{median}의 그래프를 그려보자. 변수 J 값의 평균은 손실 편차의 제곱을 최소화한 결과라고 볼 수 있다(Paolino, 2017).

$$f(x) = \sum_{i=1}^{n} (J_i - x)^2$$

변수 J 값의 중앙값은 손실 편차의 절댓값을 최소화한 결과라고 볼 수 있다(Paolino, 2017).

$$f(J) = \sum_{i=1}^{n} |J_i - x|$$

다음과 같이 J와 J2라는 두 숫자 집합이 있다고 하자. J2에는 높은 극단값이 하나 존재한다.

```
J <- c(1,2,3,3,4)
J2 <- c(1,2,3,3,9)

mean(J)
## [1] 2.6
median(J)
## [1] 3
mean(J2)
## [1] 3.6
median(J2)
## [1] 3
```

J와 J2의 평균에 해당하는 손실 함수 그래프를 그려라(그림 6.3). 곡선은 평균에서 가장 낮다.

```
curve((J[1] - x)^2 + (J[2] - x)^2 +
        (J[3] - x)^2 + (J[4] - x)^2 +
        (J[5] - x)^2, 1, 7,
     ylab = "Loss")

curve((J2[1] - x)^2 + (J2[2] - x)^2 +
        (J2[3] - x)^2 + (J2[4] - x)^2 +
```

```
          (J2[5] - x)^2, 1, 7,
       add = TRUE, lty = 2, ylab = "Loss")
```

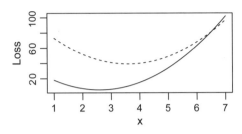

그림 6.3 평균의 손실 함수(J2는 점선, J는 실선)

J와 J2의 중앙값에 해당하는 손실 함수 그래프를 그려라(그림 6.4). 곡
선은 중앙값에서 가장 낮다.

```
curve(abs(J[1] - x) + abs(J[2] - x) +
        abs(J[3] - x) + abs(J[4] - x) +
        abs(J[5] - x), 1, 7,
      ylab = "Loss")

curve(abs(J2[1] - x) + abs(J2[2] - x) +
        abs(J2[3] - x) + abs(J2[4] - x) +
        abs(J2[5] - x), 1, 7,
      add = TRUE, lty = 2, ylab = "Loss")
```

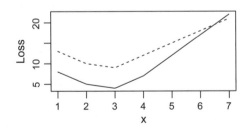

그림 6.4 중앙값의 손실 함수(J2는 점선, J는 실선)

6.5 공급과 수요

지금부터 가상의 공급과 수요 곡선을 그린다(그림 6.5).

- 초기 역수요곡선^{initial inverse demand curve}: $p_D = (125 - 6q)/8$
- 이동 역수요곡선^{shifted inverse demand curve}: $p_D = (150 - 6q)/8$
- 공급곡선^{supply curve}: $p_S = (12 + 2q)/5$

```
curve((125 - 6*x)/8, 0,30, ylim=c(0,20))
curve((150 - 6*x)/8, 0,30, lty = 2, add = TRUE)
curve((12 + (2 * x ))/5, add = TRUE)
```

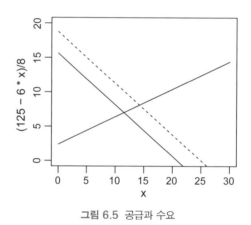

그림 6.5 공급과 수요

공급과 수요는 국제 유가 해석에 유용할 수 있다. 이제 유가 데이터를 https://www.bp.com/en/global/corporate/energy-economics/ statistical-review-of-world-energy.html에서 다운로드한다. tidyverse 패키지(Wickham, 2017)를 사용해 그래프를 그린다.

```
library(tidyverse)
Oil <- read_csv("Oil.csv")

## 열 명세:
## cols(
```

```
##  Year = col_double(),
##  Price_nominal = col_double(),
##  Price_2018 = col_double()
## )
```

유가 그래프를 그린다(그림 6.6).

```
ggplot(Oil, aes(x = Year, y = Price_2018)) + geom_line() +
  scale_x_continuous(limits = c(1861,2018),
                     breaks = seq(1860, 2020, by = 20))
```

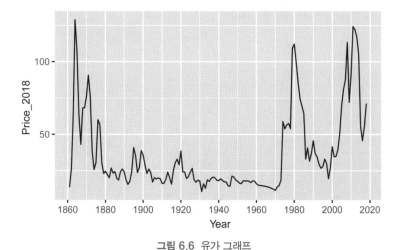

그림 6.6 유가 그래프

1979년 석유 파동^{oil shock}은 이란의 정치적 사건과 관련된 생산량 감소로 인해 발생했다. 1999년부터 2008년 중반까지 중국과 인도 같은 국가들의 석유 수요 증가로 가격이 상승했다.

[실습]
유가에 관한 위키피디아 글과 https://www.winton.com/longer-view/price-history-oil 사이트를 살펴보고 유가 그래프와 비교해 보라.

6.6 콥-더글라스 생산 함수

콥-더글라스 생산 함수의 행태는 $f(x_1, x_2) = Ax_1^a x_2^b$와 같다.

mosaic 패키지(Pruim et al., 2017)를 사용해 그래프를 그린다. 다음 코드와 같이 특정한 파라미터값을 지정한다. 등량곡선^{isoquant}을 그린다(그림 6.7).

```
library(mosaic)
plotFun(A * (L ^ 0.7) * (K ^ 0.3) ~ L & K,
        A = 5, filled = FALSE,
        xlim = range(0, 21),
        ylim = range(0, 100))
```

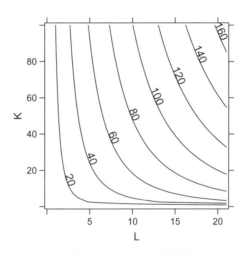

그림 6.7 콥-더글라스 생산 함수

다음 코드로 3차원 그래프를 그릴 수도 있다.

```
library(mosaic)
plotFun(A * (L ^ 0.7) * (K ^ 0.3) ~ L & K,
        A = 5, filled = FALSE,
        xlim = range(0, 21),
        ylim = range(0, 100),
```

```
    surface = TRUE)
```

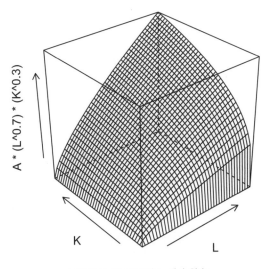

그림 6.8 콥-더글라스 생산 함수

지금부터 micEcon 패키지(Henningsen, 2017)의 데이터를 사용한다. 패키지에는 1986년의 140개 프랑스 사과 생산자에 관한 데이터가 있다.

```
data("appleProdFr86", package = "micEcon")
dat <- appleProdFr86
rm(appleProdFr86)
```

데이터에서 Cap은 토지를 포함한 자본capital이고, Lab은 노동력labour, Mat는 중간재intermediate materials를 의미한다. 입력 수량(q)은 비용(v)과 가격 지수(p)로부터 계산한다.

```
dat$qCap <- dat$vCap / dat$pCap
dat$qLab <- dat$vLab / dat$pLab
dat$qMat <- dat$vMat / dat$pMat
```

입력 로그 대 산출 로그의 산점도를 그린다(그림 6.9, 6.10, 6.11).

```
ggplot(dat, aes(y = log(qOut), x = log(qCap))) + geom_point() +
  geom_smooth(method = "lm")
```

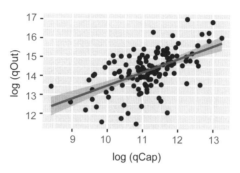

그림 6.9 자본 로그 대 산출 로그의 산점도

```
ggplot(dat, aes(y = log(qOut), x = log(qLab))) + geom_point() +
  geom_smooth(method = "lm")
```

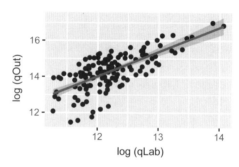

그림 6.10 노동력 로그 대 산출 로그의 산점도

```
ggplot(dat, aes(y = log(qOut), x = log(qMat))) + geom_point() +
  geom_smooth(method = "lm")
```

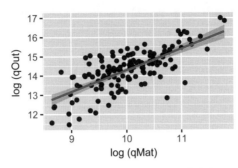

그림 6.11 중간재 로그 대 산출 로그의 산점도

콥-더글라스 생산 함수를 추정하고 **texreg** 패키지(Leifeld, 2013)를 이
용해 표로 작성한다. 결과는 표 6.1과 같다.

```
prodCD <- lm( I(log(qOut)) ~ log(qCap) + log(qLab) +
              log(qMat), data = dat )

library(texreg)
texreg(list(prodCD),
       caption = "Dependent variableis log(qOut)",
       caption.above = TRUE)
```

표 6.1 종속 변수는 log(qOut)이다.

	Model 1
(Intercept)	−2.06
	(1.31)
log(qCap)	0.16
	(0.09)
log(qLab)	0.68***
	(0.15)
log(qMat)	0.63***
	(0.13)
R^2	0.59
Adj. R^2	0.59
Num. obs.	140
RMSE	0.66

* $p < 0.05$; ** $p < 0.01$; *** $p < 0.001$

계수는 입력값들의 산출 탄력성output elasticity을 제공한다. 사과 생산자가 자본을 1% 증가시키면 생산량은 0.16% 증가한다. 노동력을 1% 증가시키면 생산량은 0.68% 증가하고, 중간재를 1% 증가시키면 생산량은 0.63% 증가한다.

6.7 참고자료

보충학습

바리안(Varian, 2014)의 글은 명확하고 직관적이다. 클라인(Klein, 2016)의 고전적인 글은 응용 경제학자들에게 많은 도움이 된다.

심화학습

경제 생산 분석에 관한 헤닝센Henningsen(2018)의 강의 노트는 상세하며 R을 사용한다.

실습 해답

[6.2절 실습]

R에서 $f(S) = 2S^2 + 3S + 1$을 계산하는 Scomp라는 함수를 만들어라. 그리고 $S = 333$일 때 $f(S)$의 값을 구하라.

```
# 함수 생성
Scomp <- function(S = 2) {
  (2 * (S^2)) + (3 * S) + 1
}
# 확인
Scomp(S = 2)
## [1] 15
# 해답
```

```
Scomp(S = 333)
## [1] 222778
```

[6.3절 실습]

curve 함수를 이용해 $x = -10$에서 $x = 10$까지 $y = (x - 3)(x + 7)$
의 그래프를 그려라.

```
curve(expr = (x - 3) * (x + 7), from = - 10, to = 10)
```

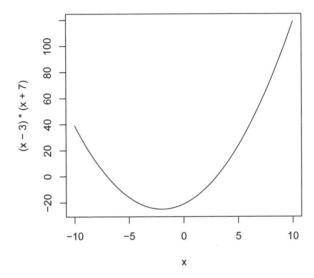

참고문헌

Henningsen, A. 2017. micEcon: microeconomic analysis and
    modelling. R package version 0.6 – 14. https://CRAN.R-project.org/
    package=micEcon

Henningsen, A. 2018. *Introduction to econometric production analysis with*

R. Collection of lecture notes. 2nd draft version. Department of Food and Resource Economics, University of Copenhagen. http://leanpub.com/ProdEconR/

Klein, L.R. 1962. *An introduction to econometrics*. Englewood Cliffs: Prentice-Hall.

Leifeld, P. 2013. texreg: conversion of statistical model output in R to LaTeX and HTML tables. *Journal of Statistical Software* 55 (8): 1 – 24. http://www.jstatsoft.org/v55/i08/

Paolino, J. 2017. Teaching univariate measures of location – using loss functions. *Teaching Statistics Trust* 40 (1): 16 – 23.

Pruim, R., D.T. Kaplan, and N.J. Horton. 2017. The mosaic package: helping students to 'think with data' using R. *The R Journal* 9 (1): 77 – 102.

Varian, H. 2014. *Intermediate economics with calculus*. New York: W W Norton and Company.

Wickham, H. 2017. tidyverse: easily install and load the 'tidyverse'. R package version 1.2.1. https://CRAN.R-project.org/package=tidyverse

7
차분방정식

7.1 소개

시계열 데이터를 모형화할 때 차분방정식^{difference equations}을 자주 사용한

다. 오늘의 변수 수준은 어제의 변수 수준과 다른 변수들과도 관련이 있

기 때문이다.

7.2 연습문제

```
library(tidyverse)
```

다음과 같은 변수 X에 대한 간단한 차분방정식을 살펴보자.

$X_t = X_{t-1} + 2$, 여기서 t는 시간을 의미한다.

X의 초깃값 $X_0 = 10$이다.

그러면 $X_1 = 10 + 2 = 12$이고, $X_2 = 12 + 2 = 14$다. 반복문을 이용해 시간 변화에 따른 X 값을 계산한다(그림 7.1).

```
X <- numeric(10)
X[1] = 10
for(i in 2:10){
  X[i] <- X[i -1] + 2
}
X
## [1] 10 12 14 16 18 20 22 24 26 28

Time <- 1:10
X_time <- tibble(X, Time)
ggplot(X_time, aes(x = Time, y = X)) +
  geom_line()
```

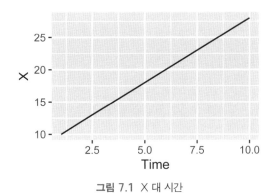

그림 7.1 X 대 시간

[실습]

다음 차분방정식을 계산하고 그래프를 그려라.

$$X_t = 0.5 \times X_{t-1} + 5, \text{ 여기서 } X_0 = 12$$

7.3 예제: 세계 탄소 축적량

커먼과 스태글(Common and Stagl, 2005, p. 502)은 간단한 차분방정식을 이용해 전 세계 탄소 축적량global carbon stocks이 시간 경과에 따라 어떻게 변하는지 보여준다. 근삿값이지만 유용하다.

탄소 축적량은 S, 배출량은 E, 시간은 t라 하자. 그러면 수식은 다음과 같다.

$$S_t = S_{t-1} + E_t - dS_{t-1}$$

여기서 dS_{t-1}은 탄소 흡수량이다.

탄소의 대기 축적량은 약 750Gt다. 데이터에 따르면 d 파라미터의 근삿값은 0.005라고 하자. 현재 배출량이 향후 500년간 동일한 수준으로 지속될 때의 시나리오는 다음과 같다.

```
S <- numeric(500)
E <- numeric(500)
S[1] <- 750
E[1] <- 6.3

for(i in 2:500) {
  E[i] <- E[i-1]
  S[i] <- S[i-1] + E[i-1] - (0.005*S[i-1])
}
Time <- 1:500
C_scenario <- tibble(S,Time,E)
```

S 대 시간의 그래프를 그린다(그림 7.2). S가 증가한 다음 안정화된다.

```
ggplot(C_scenario, aes(x = Time,
                       y = S)) +
  geom_line()
```

이제 향후 50년간 다른 배출량 증가율을 함께 계산할 수 있는 함수를 생성한다. 향후 50년간 배출량이 매년 1.4%씩 증가하고 그 이후 450년간 동일한 수준을 유지할 때의 시나리오는 다음과 같다.

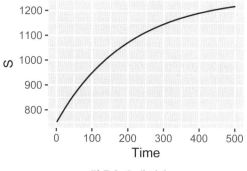

그림 7.2 S 대 시간

```
CO2 <- function(growth = 1.014) {
  S <- numeric(500)
  E <- numeric(500)
  S[1] <- 750
  E[1] <- 6.3
  for(i in 2:50) {
    E[i] <- E[i-1] * growth
    S[i] <- S[i-1] + E[i-1] - (0.005*S[i-1])
  }
  for(i in 51:500) {
    E[i] <- E[i-1]
    S[i] <- S[i-1] + E[i-1] - (0.005*S[i-1])
  }
  Time <- 1:500
  C_scenario <- tibble(S,Time,E)

  ggplot(C_scenario, aes(x = Time,
                         y = S)) +
    geom_line()
}
```

함수를 생성했으므로 쉽게 시뮬레이션하고 그래프를 그릴 수 있다(그림 7.3).

```
CO2(1.014)
```

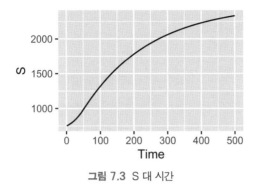

그림 7.3 S 대 시간

7.4 어류

차분방정식을 이용해 시간에 따른 어류 자원량, 어류 증가량, 수확량을 알 아보자.

7.4.1 수치 시뮬레이션

어류 자원량fish stock은 x, 어류 증가량fish growth은 G, 수확량harvest은 H라 한다.

$$x_t = x_{t-1} + G_{t-1} - H_{t-1}$$

G는 로지스틱logistic 함수를 따른다.

$$G_{t-1} = rx_{t-1}[1 - (x_{t-1}/K)]$$

H는 어류 자원량의 h 비율이다.

$$H_{t-1} = hx_{t-1}$$

logistic이라는 함수를 만들어 시뮬레이션하고 G, H, x의 그래프를 그려보자.

```
logistic <- function(r = 0.05, xinit = 40,
                     h = 0.02) {
  K <- 100
```

```
x <- numeric(101)
gth <- numeric(101)
H <- numeric(101)
x[1] <- xinit
gth[1] <- 0
for (i in 2:101) {
  xbyk <- x[i - 1]/K
  gth[i - 1] <- r*x[i - 1]*(1 - xbyk)
  H[i - 1] <- h*x[i - 1]
  x[i] <- x[i - 1] + gth[i - 1] - H[i - 1]
}
library(tidyverse)
Time <- 1:101
xtab <- tibble(gth,H,x,Time)
xtab <- xtab[1:100,]

gg1 <- ggplot(xtab, aes(y = gth,
                        x = x)) +
  geom_line()
gg2 <- ggplot(xtab, aes(y = H,
                        x = Time)) +
  geom_line()
gg3 <- ggplot(xtab, aes(y = x,
                        x = Time)) +
  geom_line()
mylist <- list(gg1,gg2,gg3)
return(mylist)
}
```

함수를 실행하면 그래프를 그릴 수 있다(그림 7.4, 7.5, 7.6). 이제 고유 증가율 r, x의 초깃값 xint, 수확량의 비율 h 값만 입력하면 된다.

```
logistic(r = 0.3, xinit = 20, h = 0.05)
## [[1]]


##
## [[2]]


##
## [[3]]
```

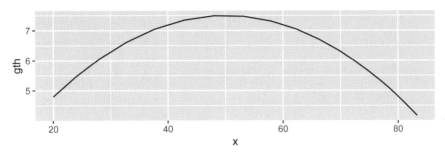

그림 7.4 어류 자원량에 따른 어류 증가량 변수

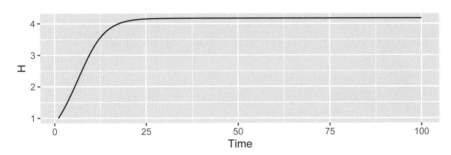

그림 7.5 시간에 따른 수확량 변수

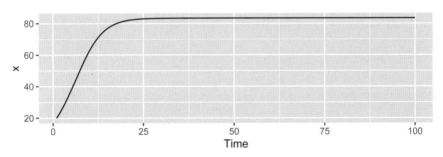

그림 7.6 시간에 따른 어류 자원량 변수

[실습]

logistic 함수의 코드를 참조해 r = 2.6, xinit = 20, h = 0.05에
대해 시뮬레이션을 수행하고 그래프를 그려라.

7.4.2 예제: 북해 청어

비욘달과 콘래드(Bjorndal and Conrad, 1987)는 1963 – 77년 동안 북해 청어의 자유 어업 어획을 모형화했다. 어류 개체 수는 주로 로지스틱 방정식으로 모형화한다.

어류 자원량은 S, 고유 증가율은 r, 수용능력은 L이라 했을 때, $S_t = S_{t-1} + rS_{t-1}(1 - (S_{t-1}/L))$과 같은 수식을 얻을 수 있다.

만일 $S_{t-1} = 0$이거나 L이면 증가율은 0이다. 어류의 증가율은 어류 자원량에 달렸다. 먼저 어류만 존재하는 경우, 즉 수확량이 없는 경우 시간이 지남에 따라 S가 어떻게 변하는지 살펴보자.

다음과 같이 r과 L 값, S의 초깃값을 설정한 후 수식에 대입한다.

```
S = numeric(15)
S[1] = 2325000
r = 0.8; L = 3200000
```

이전과 같이 반복문을 사용하고 반복문 내에서 로지스틱 성장 공식을 사용해 각 기간의 어류 자원량 S를 계산한다.

```
for(t in 2:15){
  S[t] <- S[t-1]+(S[t-1]*r)*(1-S[t-1]/L)
}
Time <- 1:15
```

시간에 대한 S의 그래프를 그린다(그림 7.7).

```
SandTime <- data.frame(S,Time)
ggplot(SandTime, aes(x = Time, y = S)) +
  geom_point()
```

어류 자원량은 수용능력과 같아질 때까지 증가한다(그림 7.7).

이제 수확량이 있을 때 어류 자원량을 알아보자. 수확량은 어류 자원량 S2와 어업 자본 K에 따라 다르다. 비욘달과 콘래드(1987)는 콥-더글라스 생산 함수를 사용한다. 세부적인 유도까지는 하지 않겠지만 시뮬레이션

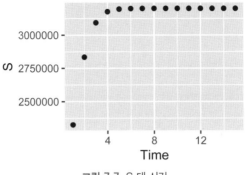

그림 7.7 S 대 시간

에 사용할 다음과 같은 동역학계^{dynamic system}에 도달할 수 있다.

$$K_{t+1} = K_t + n(aK_t^{b-1}S_t^g - c_t/p_t)$$
$$S_{t+1} = S_t + rS_t(1 - S_t/L) - aK_t^b S_t^g$$

상단의 수식은 이익이 높을수록 자본이 증가한다는 자본 대 이익 조정
adjustment of capital to profit을 나타낸다. 하단은 앞서 살펴본 수식으로, 어류의
생물학적 증가량과 수확량을 나타낸다. 이제 더 많은 파라미터에 숫잣값
을 설정해야 한다.

```
S2 = numeric(15)
K = numeric(15)
S2[1] = 2325000
K[1] = 120
r = 0.8; L = 3200000;
a = 0.06157; b = 1.356; g = 0.562; n = 0.1
c <- c(190380,195840,198760,201060,204880,206880,
       215220,277820,382880,455340,565780,686240,556580,
       721640,857000)
p <- c(232,203,205,214,141,128,185,262,244,214,
       384,498,735,853,1415)
```

두 수식을 반복문에 추가한다.

```
for(t in 2:15){
  S2[t] <- S2[t-1]+(S2[t-1]*r)*(1-S2[t-1]/L)-a*K[t-1]^b*S2[t-1]^g
```

```
    K[t] <- K[t-1]+(n*(a*(K[t-1]^(b-1))*(S2[t-1]^g)-c[t-1]/p[t-1]))
}
```

S2에 대한 K의 그래프를 그린다.

```
KandS2 <- data.frame(K,S2)
ggplot(KandS2, aes(x = S2, y = K)) +
  geom_path(arrow = arrow())
```

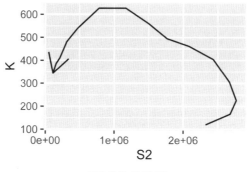

그림 7.8 K 대 S2

시간에 대한 S2의 그래프를 그린다.

```
S2andTime <- data.frame(S2, Time)
ggplot(S2andTime, aes(x = Time, y = S2)) +
  geom_line()
```

자유 어업으로 인해 어장의 역학관계가 어업이 없는 경우로부터 급격하게 변한다는 사실을 알 수 있다. 그림 7.8에서 초기에 어업은 자본의 확장으로 이어져 시간이 지남에 따라 어류 자원량의 감소로 이어진다는 사실을 알 수 있다. 자본은 약 600일 때 감소하기 시작하지만 자본의 감소는 너무 작고 너무 늦은 경우다. 그림 7.9와 그림 7.7을 비교할 수 있다. 그림 7.9에서 어류는 멸종한다.

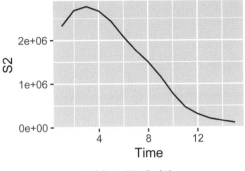

그림 7.9 S2 대 시간

결론에서 비욘달과 콘래드(1987, pp. 83 – 84)는 다음과 같이 말했다.

자유 어업 체계의 경험적 분석에서 비선형 차분방정식은 더 긴 시차가 있든 없든 연속 시간(미분방정식) 유추보다 더 복잡한 동적 반응일 수 있다는 점에 주목하는 것이 중요하다. 어획 종과 수확자에 의한 조정 시차는 종종 동역학을 좀 더 정확하게 묘사하며, 미분방정식 체계는 최적의 이론적 근사치로 간주할 수 있다. … 자유 어업 체계 조정이 불연속이면 과잉overshoot, 심한 고갈, 멸종 가능성이 더 높다. … 북해 청어 어장은… 1977년 말에 어업을 중단하면서 심한 남획과 멸종 가능성으로부터 벗어났다.

7.5 예제: 축적 오염물질의 콘래드 모형

경제학자들은 오랫동안 오염물질을 막기 위해 경제 수단을 사용해야 한다고 주장해왔다. 다양한 적용 분야가 존재하며, 이론적 모형은 이러한 적용과 발생하는 이슈를 이해하는 출발점이다. 콘래드(2010)는 축적 오염물질과 배출세stock pollutant and emission taxes 모형을 제시했다.

폐기물은 시간이 지남에 따라 축적될 수 있으며 이를 축적 오염물질이라 한다. 이 경우에 경제적 이슈는 동태적dynamic 고려사항이 포함된다.

숫잣값과 특정 함수 형태를 사용해 좀 더 직관적으로 만들 수 있다.

7.5.1 상품-잔류 변환 함수

이 모델에서는 상품을 생산하는 산업이 있으며, 폐기물은 이러한 상품과 함께 생산된다.

산업에 있는 각 기업이 직면한 묵시적 **상품-잔류 변환 함수**commodity-residual transformation function가 있다.

$$\phi(Q_t, S_t) = 0 \tag{7.1}$$

여기서 Q는 상품, S는 폐기물, t는 시간이다.

상품-잔류 변환 함수의 경우 특정한 형태를 취할 수 있다.

$$(Q_t - m)^2 - nS_t = 0 \tag{7.2}$$

m과 n에 대한 특정한 값을 가정한 다음, 상품-잔류 변환 함수의 그래프를 그린다(그림 7.10).

```
library(tidyverse)
m <- 10
n <- 10
Q <- 10:20
S <- ((Q - m)^2)/n
qplot(Q,S) + geom_line()
```

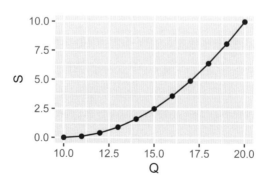

그림 7.10 상품(Q)-잔류(S) 변환 함수

7.5.2 축적 오염물질

축적 오염물질 Z의 축적은 차분방정식으로 작성할 수 있다.

$$Z_{t+1} - Z_t = -\gamma Z_t + N S_t \tag{7.3}$$

다시 한번 숫잣값을 가정하고 그래프를 그린다(그림 7.11).

```
TimeSpan <- 20
Z <- numeric(TimeSpan)
Z[1] <- 1400
gamma <- 0.2
S <- 3
N <- 100

N * S / gamma
## [1] 1500

for (i in 2:TimeSpan) {
  Z[i] <- Z[i-1] - (gamma * Z[i-1]) + (N * S)
}

qplot(1:TimeSpan,Z) + geom_line()
```

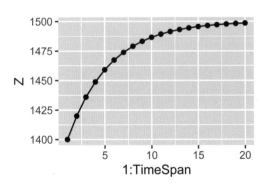

그림 7.11 폐기물 축적. Z는 축적 오염물질이다.

7.5.3 폐기물 S에 세금이 부과된 기업의 상품 Q의 선택

각 기간에서 가격 수용적 기업price-taking firm의 수익은 pQ_t이고, 폐기물 배출 비용은 $\tau_t S_t$다. 그리고 기업은 주어진 상품-잔류 변환 함수를 고려해 각 기간에 수익을 극대화한다고 가정한다. 따라서 기업은 각 기간마다 극대화를 통해 작업하며 이러한 정태적static 문제를 해결한다.

상품-잔류 변환 함수의 특정한 형태를 가정하면 기업의 문제에 대해 다음과 같은 해결책을 얻을 수 있다.

$$Q_t = (np/(2\tau_t)) + m \qquad (7.4)$$

```
p <- 200
m <- 10
Q_static <- numeric(20)
tau <- seq(from = 100, to = 400,
           length.out = 20)
Q_static <- (n*p/(2*tau)) + m
qplot(tau, Q_static) + geom_line()
```

위 코드를 실행하면 그림 7.12와 같은 그래프가 출력된다.

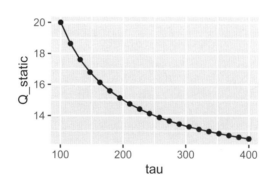

그림 7.12 여러 가지 세율 타우(tau)에 대한 기업의 최적의 Q

7.5.4 최적의 세금은 무엇인가?

규제기관regulator은 Q에 영향을 미치는 타우를 선택할 수 있다. 따라서 규제기관은 최적의 Q가 무엇인지 알 수 있다. 규제기관은 다음 문제를 푼다.

제약조건에 따라 $\sum_{t=0}^{infty} \rho^t(pNQ_t - cZ_t^2)$을 최적화한다.

최적의 정상 상태optimal steady state는 다음과 같은 수식으로 풀 수 있다.

$$Q^* = \sqrt[3]{\frac{n^2 p(\delta + \gamma)\gamma}{4cN}} + m \tag{7.5}$$

이전과 같이 할인율인 델타(δ)와 같은 파라미터의 함수로 최적의 Q와 타우의 그래프를 그릴 수 있다.

```
n <- 10
p <- 200
delta <- c(0.025, 0.05,0.075,
            0.1, 0.125)
gamma <- 0.2
c <- 0.02
N <- 100
m <- 10

Num <- (n^2) * p * (delta + gamma) *
  gamma
Denom <- 4 * c * N
Qfrac <- (Num / Denom )^(1/3)
Qstar <- Qfrac + m
Qstar
## [1] 14.82745 15.00000 15.16140 15.31329 15.45696
qplot(delta,Qstar) + geom_line()

Tau_star <- n*p/(2*(Qstar - m))
qplot(delta, Tau_star) + geom_line()
```

그림 7.13과 그림 7.14를 확인하자. Qstar는 델타에 따라 증가하고 Tau_star는 델타에 따라 감소한다.

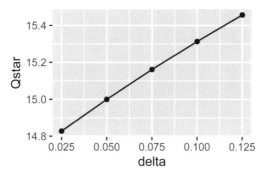

그림 7.13 여러 델타에 대한 최적의 Q인 Qstar

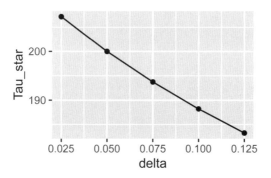

그림 7.14 여러 델타에 대한 최적의 타우인 Tau_star

7.6 참고자료

보충학습

커먼과 스태글(2005)은 생태 경제학ecological economics에 관한 이해하기 쉬우면서도 명쾌한 글을 썼다.

심화학습

콘래드(2010)는 복잡한 자원 경제학resource economics 모형의 이면에 있는 직관을 설명하기 위해 엑셀의 수치 예제를 사용한다.

실습 해답

다음 차분방정식을 계산하고 그래프를 그려라.

$$X_t = 0.5 \times X_{t-1} + 5, \text{여기서 } X_0 = 12$$

```
X <- numeric(10)
X[1] = 12
for(i in 2:10){
  X[i] <- 0.5 * X[i -1] + 5
}
X
##  [1] 12.00000 11.00000 10.50000 10.25000 10.12500
##  [6] 10.06250 10.03125 10.01562 10.00781 10.00391
Time <- 1:10
X_time <- tibble(X, Time)
ggplot(X_time, aes(x = Time, y = X)) +
  geom_line()
```

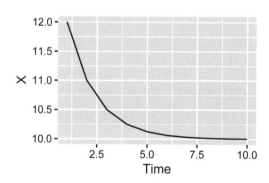

[7.4절 실습]

logistic 함수의 코드를 참조해 r = 2.6, xinit = 20, h = 0.05에 대해 시뮬레이션을 수행하고 그래프를 그려라(그림 7.15, 7.16, 7.17).

```
logistic <- function(r = 0.05, xinit = 40,
                      h = 0.02) {
  K <- 100
  x <- numeric(101)
  gth <- numeric(101)
  H <- numeric(101)
  x[1] <- xinit
  gth[1] <- 0
  for (i in 2:101) {
    xbyk <- x[i - 1]/K
    gth[i - 1] <- r*x[i - 1]*(1 - xbyk)
    H[i - 1] <- h*x[i - 1]
    x[i] <- x[i - 1] + gth[i - 1] - H[i - 1]
  }
  library(tidyverse)
  Time <- 1:101
  xtab <- tibble(gth,H,x,Time)
  xtab <- xtab[1:100,]
  #xtab2 <- tibble(x,Time) not needed
  gg1 <- ggplot(xtab, aes(y = gth,
                          x = x)) +
    geom_line()
  gg2 <- ggplot(xtab, aes(y = H,
                          x = Time)) +
    geom_line()
  gg3 <- ggplot(xtab, aes(y = x,
                          x = Time)) +
    geom_line()
  mylist <- list(gg1,gg2,gg3)
  return(mylist)
}
```

r = 2.6, xinit = 20, h = 0.05

```
logistic(r = 2.6, xinit = 20, h = 0.05)
## [[1]]


##
## [[2]]


##
## [[3]]
```

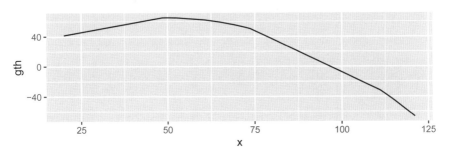

그림 7.15 어류 자원량에 따른 어류 증가량 변수

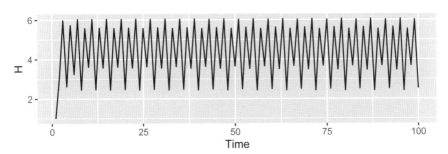

그림 7.16 시간에 따른 수확량 변수

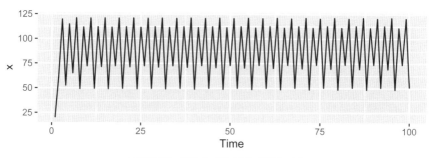

그림 7.17 시간에 따른 어류 자원량 변수

참고문헌

Bjorndal and Conrad. 1987. The dynamics of an open access fishery. *Canadian Journal of Economics* 20 (1): 74 – 85.

Common, M., and S. Stagl. 2005. *Ecological economics*. Cambridge: Cambridge University Press.

Conrad, J. 2010. *Resource economics*, 2nd ed. Cambridge: Cambridge University Press.

8
행렬

8.1 소개

무어와 시겔(Moore and Siegel, 2013, p. 275)은 행렬matrix, 벡터vector, 스칼라scalar와 같은 다양한 방식을 사용해 변수를 표현한다고 설명한다.

> 행렬은 벡터보다 많은 정보를 보유하고, 벡터는 스칼라보다 많은 정보를 보유한다. 깨달아야 할 핵심은 스칼라, 벡터, 행렬 대수algebra가 각기 다른 표현으로 변수의 처리 규칙을 정의한다는 점이다.

8.2 벡터를 사용한 간단한 통계

다음과 같은 요소가 있는 벡터 x로 시작해보자.

```
x <- c(1,2,3,4,5)
```

x의 길이^{length}, x의 합^{sum}, x의 전치^{transpose}를 구한다.

```
length(x)
## [1] 5
sum(x)
## [1] 15
t(x) # x의 전치
##      [,1] [,2] [,3] [,4] [,5]
## [1,]    1    2    3    4    5
```

x와 길이가 같은 ones 벡터를 생성한다.

```
ones <- c(rep(1,length(x)))

length(ones)
## [1] 5
sum(ones)
## [1] 5
t(ones)
##      [,1] [,2] [,3] [,4] [,5]
## [1,]    1    1    1    1    1
```

이제 R의 벡터나 행렬의 곱셈 연산자$^{(\%*\%)}$를 이용해 x의 전치와 ones를 곱하면 어떤 결과가 발생하는지 알아보자.

```
t(x) %*% ones
##      [,1]
## [1,]   15
sum(x)
## [1] 15
```

위 코드에서 벡터 곱셈을 통해 합계를 구했다.

x의 평균 x̄는 다음과 같이 계산할 수 있다.

```
t(x) %*% ones / length(x)
##      [,1]
## [1,]    3
mean(x)
## [1] 3
```

x의 분산에 대한 공식은 $var_x = [1/(n-1)]\sum_{i=1}^{n}(x_i - \bar{x})^2$이다. 평균보다 더 많은 합계가 포함돼 있다.

먼저 각 x와 x의 평균과의 편차를 계산하고, 이 편차를 제곱한 다음 합산한다. 그리고 $n-1$로 나눈다.

x 값과 평균의 편차를 계산한다.

```
dev.x <- x-mean(x); dev.x
## [1] -2 -1 0 1 2
```

이들 값을 제곱하고 제곱한 값을 더하기 위해 dev.x의 전치에 dev.x를 곱한다. 그리고 반복을 위해 별표(*)가 아닌 %*%를 사용한다.

```
t(dev.x) %*% dev.x
##      [,1]
## [1,]   10
```

이제 x의 분산, var_x를 계산한다.

```
Var_calc_x <- t(dev.x) %*% dev.x /(length(x) - 1)
Var_calc_x
##      [,1]
## [1,]  2.5
```

R의 분산 함수 var를 사용해 x의 분산이 올바르게 계산됐는지 확인한다.

```
var(x)
## [1] 2.5
```

8.3 행렬 연산

matrix를 사용해 행렬을 만든다.

```
# ncol은 열의 수다.
A <- matrix(c(4,3,6,4),ncol=2); A
##      [,1] [,2]
## [1,]    4    6
## [2,]    3    4
B <- matrix(c(2,5,6,1),ncol=2); B
##      [,1] [,2]
## [1,]    2    6
## [2,]    5    1
```

행렬 A와 B를 더한다.

```
M <- B + A
M
##      [,1] [,2]
## [1,]    6   12
## [2,]    8    5
```

행렬의 전치는 행과 열을 교환한다.

```
t(A)
##      [,1] [,2]
## [1,]    4    3
## [2,]    6    4
t(B)
##      [,1] [,2]
## [1,]    2    5
## [2,]    6    1
```

행렬로 $4w + 6z = 14$, $3w + 4z = 10$과 같은 일련의 수식을 나타낼 수 있다. 즉, $AD = C$와 같은 행렬로 나타낼 수 있다. 여기서 D는 w와 z 요소가 있는 열 벡터이고, C 역시 14와 10이 있는 열 벡터다. $AD = C$이므로 $D = A^{-1}C$다. R의 solve 함수를 사용해 역행렬을 구한다.

```
C = c(14,10)
D <- solve(A) %*% C
D
##      [,1]
## [1,]    2
```

168

```
## [2,]    1
A %*% D
##        [,1]
## [1,]    14
## [2,]    10
```

따라서 $w = 2$이고 $z = 1$이다.

8.4 예제: 빈곤율과 상대 소득

지금부터 1998년 여러 EU^{European Union} 회원국에서 65세 이상 시민의 빈
곤율^{poverty rate}과 상대 소득^{relative income}에 관해 길(Gill, 2006)이 보고한 실제
데이터를 예제로 살펴본다. 65세 이상 시민에 관한 두 가지 변수인 상대
소득과 빈곤율의 정의는 다음과 같다(Gill, 2006, p. 156). (1) 상대 소득은
0~64세의 중위소득(EU 표준)을 기준으로 65세 이상의 중위소득(EU 표
준) 비율(%)이며, (2) 빈곤율은 전체 인구의 중위소득(EU 표준)을 기준으
로 60% 미만의 비율(%)이다.

```
Poverty_rate <- c(7, 8, 8, 11, 14, 16, 17, 19,
                  21, 22, 24, 31, 33, 33, 34)
Relative_income <- c(93, 99, 83, 97, 96, 91, 78, 90,
                     78, 76, 84, 68, 76, 74, 69)
```

연관 벡터 Y, One과 행렬 X를 생성한다.

```
Y <- Poverty_rate
One <- c(rep(1, length(Y)))
X <- cbind(One, Relative_income)
```

상대 소득의 평균과 분산을 계산한다.

```
RI <- Relative_income
t(RI) %*% One / length(RI)
##            [,1]
```

```
## [1,] 83.46667
mean(RI)
## [1] 83.46667


var(RI)
## [1] 105.8381
dev.RI <- RI - mean(RI)
Var_calc_RI <- t(dev.RI) %*% dev.RI/(length(RI) - 1); Var_calc_RI
##            [,1]
## [1,] 105.8381
```

[실습]

행렬 연산을 이용해 빈곤율의 평균과 분산을 계산하라.

상대 소득에 대한 빈곤율의 회귀분석을 수행한다.

```
lm(Poverty_rate ~ Relative_income)

## Call:
## lm(formula = Poverty_rate ~ Relative_income)

## Coefficients:
##    (Intercept)   Relative_income
##        83.6928           -0.7647


data_eu <- data.frame(Poverty_rate = Poverty_rate,
                      Relative_income = Relative_income)
library(ggplot2)
ggplot(data_eu, aes(x = Relative_income, y = Poverty_rate)) +
  geom_point() +
  geom_smooth(method = "lm", se = FALSE)
```

빈곤율은 상대 소득과 음의 관계가 있다(그림 8.1).

또한 최소 제곱에 관한 행렬 공식을 이용해 회귀계수[regression coefficient]

$Coeff = (X^T X)^{-1} X^T Y$를 추정한다.

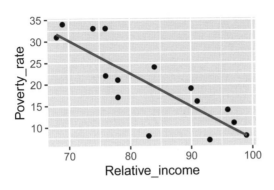

그림 8.1 빈곤율 대 상대 소득의 산점도

```
matcoeff <- solve(t(X) %*% X) %*% t(X) %*% Y
matcoeff
##                       [,1]
## One               83.69279
## Relative_income   -0.76469
```

8.5 참고자료

보충학습

길(Gill, 2006), 무어와 시겔(Moore and Siegel, 2013)이 집필한 훌륭한 책을 참고하라. 남부디리(Namboodiri, 1984)의 상세한 설명도 살펴보라.

심화학습

시재터와 하몬드(Sydsaeter and Hammond, 1995)는 수학적인 논리를 바탕으로 경제학자를 위한 글을 작성했다. 이는 고급 주제로 실습하기에도 좋은 글이다.

실습 해답

[8.4절 실습]

행렬 연산을 이용해 빈곤율의 평균과 분산을 계산하라.

```
PR <- Poverty_rate
t(PR) %*% One / length(PR)
##            [,1]
## [1,] 19.86667
mean(PR)
## [1] 19.86667


dev.PR <- PR - mean(PR)
Var_calc_PR <- t(dev.PR) %*% dev.PR/(length(PR) - 1)
Var_calc_PR
##            [,1]
## [1,] 91.12381
var(PR)
## [1] 91.12381
```

참고문헌

Gill, J. 2006. *Essential mathematics for political and social research*. New York: Cambridge University Press.

Moore, W.H., and D.A. Siegel. 2013. *A mathematics course for political and social research*. Princeton: Princeton University Press.

Namboodiri, K. 1984. *Matrix algebra: an introduction*. London: Sage Publications Ltd.

Sydsaeter, K., and P.J. Hammond. 1995. *Mathematics for economic analysis*. Delhi: Pearson Education Inc.

## 제4부

데이터 기반 추론

9
통계적 추론

9.1 소개

컴퓨터 시뮬레이션을 통해 통계적 추론statistical inference의 핵심 아이디어를 살펴보고 주요 컴퓨터 기반 방식인 부트스트랩bootstrap과 순열permutation 방식도 알아본다. 에프론과 팁시라니(Efron and Tibshirani, 1991, p. 390)는 다음과 같이 설명한다. "현대 컴퓨터의 향상된 성능으로 인해 새로운 통계 방식은 이전보다 더 적은 분포 가정이 필요하고, 더 복잡한 통계 추정치에 적용할 수 있다. 이러한 방식으로 과학자는 수학적 용이성에 대한 일반적인 근심 없이 데이터를 살펴보고 해석하며 타당한 통계적 추론을 도출할 수 있다." 참고로 각 시뮬레이션에서 생성된 수치는 다르다.

9.2 상자 모형

프리드먼, 피사니, 퍼브스(Freedman, Pisani and Purves, 2009)는 상자 모형 box model을 사용해 통계적 추론의 개념을 설명한다. 확률 변수random variable 를 상자에서 티켓을 뽑을 때 발생하는 수치 결과로 생각할 수 있다.

동전 던지기는 하나는 앞면head을 의미하는 H, 다른 하나는 뒷면tail 을 의미하는 T라고 적힌 2개의 티켓이 있는 상자에서 뽑기를 하는 것과 같다.

9.2.1 예제

상자가 [H, T]이고, 눈을 감고 임의로 티켓을 뽑으면, 뽑은 티켓은 동일 한 확률을 가진 H나 T일 것이다. 뽑은 티켓이 H라고 가정하자. 상자에 H 를 넣지 않으면 상자는 이제 [T]이고 눈을 감고 임의로 티켓을 뽑는다면 분명 T를 뽑을 것이다. 하지만 상자에 H를 넣으면 상자는 다시 [H, T]가 되고, 눈을 감고 임의로 티켓을 뽑으면 뽑은 티켓은 동일한 확률을 가진 H나 T일 것이다. 따라서 두 번 연속으로 티켓을 뽑을 때 뽑은 티켓을 넣 지 않으면 두 번째 티켓은 첫 번째 티켓에 의존적이고, 상자에 티켓을 넣 으면 첫 번째 티켓에 독립적이다. 티켓을 상자에 넣는 것은 많은 수의 티 켓이 있는 상자를 갖는 것과 같다. 상자에 매우 많은 수의 H와 T가 있고 두 번 뽑으면 두 번째 뽑은 티켓은 사실상 첫 번째 티켓과 독립적이다.

다음과 같이 R에서 이러한 상자를 만들고 Coin_box라고 하자.

```
library(tidyverse)
rm(list = ls()) # 이전 객체 삭제
Coin_box <- c("H", "T")
Coin_box
## [1] "H" "T"
```

동전을 던지면 앞면이나 뒷면이 나온다. 동전을 세 번 던지면 앞면이나 뒷면이 다른 순서로 나타난다. R을 이용해 동전 던지기를 시뮬레이션해보자. sample 함수를 사용해 Coin_box에서 티켓을 뽑는다.

```
# Coin_box에서 동전 던지기
sample(x = Coin_box, size = 2,
       replace = TRUE)
## [1] "T" "T"
```

sample 함수의 인수는 다음과 같다.

1. 표본 객체
2. 표본 크기
3. 복원 여부

복원 여부가 TRUE이면 각 표본에 있는 관측치observation는 독립적이다. 이는 무한히 큰 모집단population에서 표본추출sampling을 하는 것과 같다. 기본값은 FALSE다. replace = FALSE인 경우 Coin_box에서 첫 번째 뽑은 티켓이 앞면이라면 두 번째 뽑은 티켓은 뒷면이다. 물론 그 역도 가능하다. 뽑기는 독립적이지 않다.

```
# sample 함수의 기본값은 replace = FALSE다.
sample(x = Coin_box, size = 2)
## [1] "H" "T"
sample(x = Coin_box, size = 2)
## [1] "T" "H"
# 다음은 에러가 발생한다.
# 표본의 크기가 상자에 있는 티켓보다 크다.
#sample(x = Coin_box, size = 3)
```

티켓을 다시 넣으면 두 번째 뽑기는 첫 번째 뽑기에 영향받지 않는다.

지금부터 더 많은 수의 뽑기를 진행했을 때 어떠한 현상이 발생하는지 알아본다. 이때 티켓은 뽑은 후 다시 상자에 넣는다. 따라서 뽑기는 독립적이다.

```
set.seed(30) # 재현을 위한 설정
sample(Coin_box, 6, replace = TRUE)
## [1] "T" "H" "T" "T" "H" "T"
```

알다시피 수열sequence이 생성됐으므로 각 뽑기는 독립적이다. 하지만 수열만 보고 수열이 어떻게 생성됐는지 모르면 패턴이 보일 수 있으며 무작위random인지 의심할 수 있다. 하지만 다음과 같이 수열이 다르다.

```
sample(Coin_box, 6, replace = TRUE)
## [1] "T" "H" "T" "H" "T" "H"
```

카너먼(Kahneman, 2011, p.115)은 그의 저서 『Thinking, Fast and Slow』에서 완전한 무작위 사건이란 어려운 일이라고 말했다. 규칙성이 있는 듯 보이면 과정process의 무작위성을 의심한다. 통계적 접근법에서는 모든 가능한 결과의 상황context에서 무엇이 일어났는지 본다.

[실습]
Coin_box를 생성하고, 복원하며 5번 던지는 작업을 몇 번 수행하라.

9.2.2 이항분포

지금부터는 이항분포binomial distribution를 살펴본다. 구조는 동전을 여러 번 던지고 결과를 합산하는 것이다. 뒷면은 0으로, 앞면은 1로 표시한다. 그리고 0과 1이 있는 상자인 Box01에서 30번 티켓을 뽑고 티켓의 값을 합산한다.

```
Box01 <- c(0,1)
Samp <- sample(Box01, 30, replace = TRUE)
Samp[1:10]
## [1] 1 1 0 0 1 1 0 1 0 1
table(Samp)
## Samp
##  0  1
## 17 13
sum(Samp)
## [1] 13
```

이 작업을 한 번 더 수행한다.

```
Samp <- sample(Box01,30, replace = TRUE)
Samp[1:10]
## [1] 0 1 0 1 0 0 0 1 0 0
table(Samp)
## Samp
##  0  1
## 14 16
sum(Samp)
## [1] 16
```

이번에는 다른 0과 1의 수가 나왔다.

지금부터 Box01에서 한 번에 30개를 뽑아 값을 합산한다. 이 과정을 10번 반복한다. 10번 합산의 티블을 생성한다.

```
sims <- 10 # 시뮬레이션 수
sample_size <- 30 # 표본 크기
sum_1 <- numeric(sims) # 합계를 이 벡터에 저장
for (i in 1:sims) {
  Samp <- sample(Box01, sample_size,
                 replace = TRUE)
  # Box01부터의 표본
  sum_1[i] <- sum(Samp) # 각 표본값의 합계를 저장
}

sum_1 <- tibble(sum_1)
sum_1
## # A tibble: 10 x 1
##    sum_1
##    <dbl>
##  1    11
##  2    13
##  3    18
##  4    15
##  5    13
##  6    21
##  7    19
##  8    15
##  9    13
## 10    20
```

값의 합산을 그래프로 나타내면 그림 9.1과 같다.

```
ggplot(sum_1, aes(x = sum_1)) +
  geom_bar() +
  xlim(5,25)
```

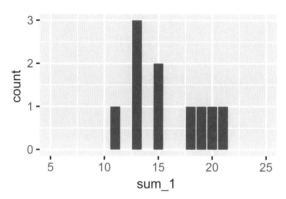

그림 9.1 Box01에서 30개를 뽑았을 때 1의 합계. 이 작업을 10번 반복한 결과의 그래프다.

이제 Box01에서 한 번에 30개를 뽑아 값을 합산한다. 이 과정을 1000번 반복한다.

```
Box01 <- c(0,1)
sims <- 1000
sum_1 <- numeric(sims)
for (i in 1:sims) {
  Samp <- sample(Box01, 30, replace = TRUE)
  sum_1[i] <- sum(Samp)
}

sum_1 <- tibble(sum_1)

ggplot(sum_1, aes(x = sum_1)) +
  geom_bar()
```

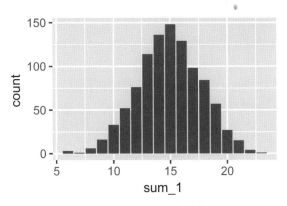

그림 9.2 Box01에서 30개 뽑았을 때 1의 합계. 이 작업을 1000번 반복한 결과의 그래 프다.

티켓의 합계 분포는 대략 정규분포normal distribution와 유사하다(그림 9.2). 합계 분포의 밀도 곡선density curve을 그린 다음, 동일한 평균과 표준편차로 생성한 정규분포를 중첩시켜본다.

```
ggplot(sum_1, aes(x = sum_1)) +
  geom_density(fill = "grey80", linetype = 2) +
  # 정규분포
  stat_function(fun = dnorm, args =
                list(mean = mean(sum_1$sum_1),
                     sd = sd(sum_1$sum_1)),
                linetype = 1)
```

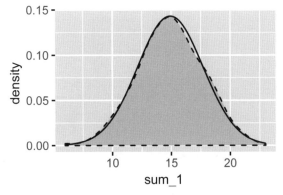

그림 9.3 점선: 그림 9.2와 같은 1의 합계의 밀도 곡선. 실선: 동일한 평균과 표준편차로 생성한 정규분포의 밀도 곡선

30개의 독립적인 동전 던지기에서 나온 1의 합계는 정규분포로 근사
화할 수 있다(그림 9.3).

9.2.3 이항분포 함수

이항분포를 살펴보는 데 사용할 함수를 생성한다.

```
sumBox01fun <- function(Box01 = c(0,1), Size = 30, sims = 1000)
{
  sum_1 <- numeric(sims)
  for (i in 1:sims) {
    Samp <- sample(Box01, Size, replace = TRUE)
    sum_1[i] <- sum(Samp)
  }

  sum_1 <- tibble(sum_1)

  ggplot(sum_1, aes(x = sum_1)) +
    geom_bar()
}
```

함수의 사용 예는 다음과 같다.

```
sumBox01fun(Box01 = c(0,1,1), Size = 20, sims = 100)
```

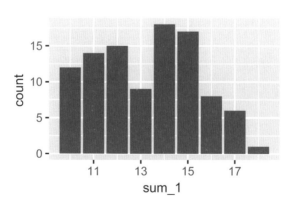

[실습]
위에 있는 sumBox01fun 함수를 참고해 다음을 입력값(대소문자 구분)
으로 사용해 실행하고 결과를 살펴보라.

1. Box = c(0,1,1,1), Size = 20, sims = 1000
2. Box = c(0,1,1,1), Size = 200, sims = 1000

9.3 표본분포

지금부터 표본분포sampling distribution의 개념을 살펴본다. 이는 경제학 이해
의 중심이 되는 개념이다(Kennedy, 2003).

β^*를 모수population parameter β의 추정량estimator 또는 수식formula이라고 하
자. 케네디(Kennedy, 2003, p. 404)는 다음과 같이 말했다. "β^*를 사용해 β
의 추정치estimate를 산출하는 것은 경제학자가 눈을 감고 β^*의 표본분포에
서 하나의 숫자를 뽑아 β의 추정치로 간주하는 것으로 묘사할 수 있다."
β^*는 좋은 특성property, 예컨대 비편향unbiased이어야 한다. β^*는 표본분포
의 평균이 β와 같으면 비편향이다.

그림 9.4는 표본분포에 이르는 과정을 도식화한 것이다. 모집단에서
많은 표본을 추출하고 각 표본의 통계량statistic을 계산하면 통계량의 분포
는 통계량의 표본분포다.

9.3.1 육면체 주사위 분포

육면체 주사위에 해당하는 상자가 있다고 생각해보자. 상자에는 1에서 6
까지 숫자가 각각 10000개씩 있다. 모수는 추출할 표본의 크기에 비해
매우 크므로 티켓 뽑기는 서로 독립적이라고 가정할 수 있다.

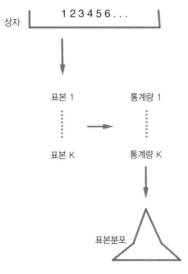

그림 9.4 표본분포

```
Box <- rep(1:6, 10000)
table(Box)
## Box
##     1     2     3     4     5     6
## 10000 10000 10000 10000 10000 10000
mean(Box)
## [1] 3.5
sd(Box)
## [1] 1.707839
```

한 번에 16개의 티켓을 뽑아 표본 티켓의 평균과 표준편차를 계산한다.

```
samp_size <- 16
Samp <- sample(Box, size = samp_size)
Samp
## [1] 6 5 3 3 4 5 6 4 2 2 6 5 4 4 3 3
sample_mean <- mean(Samp)
sample_mean
## [1] 4.0625
sample_sd <- sd(Samp)
```

```
sample_sd
## [1] 1.340087
```

동일한 계산을 반복한다.

```
samp_size <- 16
Samp <- sample(Box, size = samp_size)
Samp
## [1] 3 6 4 4 6 4 2 4 2 6 3 4 2 6 4 3
sample_mean <- mean(Samp)
sample_mean
## [1] 3.9375
sample_sd <- sd(Samp)
sample_sd
## [1] 1.436141
```

각 표본은 다르다. 즉, 표본의 평균과 표준편차가 다르다. 이제 시뮬레
이션을 수행한다. 반복문을 사용해 16개 표본의 추출을 100번 수행한다.

```
set.seed(34)
samp_size <- 16
simuls <- 100
sample_mean <- numeric(simuls)
sample_sd <- numeric(simuls)

for (i in 1:simuls) {
  Samp <- sample(Box, size = samp_size)
  sample_mean[i] <- mean(Samp)
  sample_sd[i] <- sd(Samp)
}

sample_mean_store <- sample_mean
```

표본평균의 분포를 그래프로 그린다(그림 9.5).

```
library(tidyverse)
samp_dist <- tibble(sample_mean, sample_sd)
ggplot(samp_dist, aes(sample_mean)) +
  geom_histogram()
```

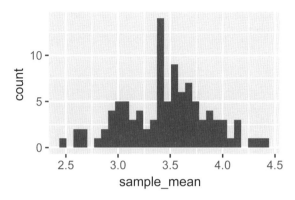

그림 9.5 복원 추출 방식으로 상자에서 뽑은(주사위 던지기와 동일) 16개 표본평균의 분포

```
paste("The mean of the sample means is:",
      sep = " ", round(mean(sample_mean),2))
## [1] "The mean of the sample means is: 3.46"
sd(sample_mean)
## [1] 0.4028505
sd(Box) / sqrt(samp_size)
## [1] 0.4269598
```

표본평균은 비편향 추정량unbiased estimator이다. 가까운 근사치에 대한 표본평균의 평균은 상자의 평균과 같다. 표본평균 분포의 표준오차standard error 혹은 표준편차standard deviation는 대략 상자의 표준편차를 표본 크기의 제곱근으로 나눈 값과 같다.

```
ggplot(samp_dist, aes(x = sample_mean)) +
  geom_density(fill = "grey80", linetype = 2) +
  stat_function(fun = dnorm, args =
                list(mean = mean(samp_dist$sample_mean),
                     sd = sd(samp_dist$sample_mean)),
                linetype = 1)
```

평균의 표본분포는 정규분포와 대략 일치한다(그림 9.6).

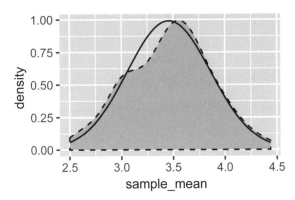

그림 9.6 점선: 그림 9.5에 있는 표본평균의 밀도 곡선. 실선: 중첩하여 표시한 정규분포

표본표준편차의 분포를 그래프로 나타낸다(그림 9.7).

```
ggplot(samp_dist, aes(sample_sd)) +
  geom_histogram()
```

```
## 'stat_bin()' using 'bins = 30'. Pick better
## value with 'binwidth'.
```

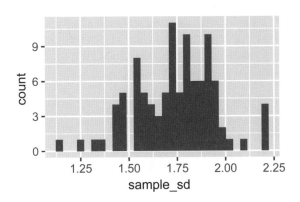

그림 9.7 표본표준편차의 표본분포

```
mean(sample_sd)
## [1] 1.741702
```

표본표준편차 분포의 평균도 상자의 표준편차와 거의 동일하다.

9.3.2 표본분포 함수

앞서 작성한 코드를 개선해 함수를 만든다. 그리고 이를 이용해 평균의 표본분포를 살펴본다.

```
samp_dist_mean_fun <- function( Box = rep(1:6, 10000),
                                samp_size = 16, simuls = 100) {
  sample_mean <- numeric(simuls)
  sample_sd <- numeric(simuls)

  for (i in 1:simuls) {
    Samp <- sample(Box, size = samp_size)
    sample_mean[i] <- mean(Samp)
    sample_sd[i] <- sd(Samp)
  }

  samp_dist <- tibble(sample_mean, sample_sd)
  gg1 <- ggplot(samp_dist, aes(sample_mean)) +
    geom_histogram(bins = 15)
  print(gg1)
  print(paste("The mean of the Box is:",
              sep = " ", round(mean(Box),2)))
  print(paste("The standard deviation of the Box is:",
              sep = " ", round(sd(Box),2)))
  print(paste("The mean of the sample means is:",
              sep = " ", round(mean(sample_mean),2)))
  print(paste("The sd of the sample means is:", sep = " ",
              round(sd(sample_mean),2)))
  mean(sample_mean)
  sd(sample_mean)
  print(paste("sd(Box) / sqrt(samp_size) is:",
              sep = " ",
              round(sd(Box) / sqrt(samp_size),2)))
}
```

samp_dist_mean_fun 함수를 참고해 다음을 입력값(대소문자 구분)으로 사용해 실행하고 결과를 살펴보라.

1. Box = rep(1:6, 10000), samp_size = 3, simuls = 1000
2. Box = rep(c(1,1,1,2,2,6,9), 10000), simuls = 1000일 때, samp_size = 3, 16, 100 각각에 대해 살펴본다.

9.3.3 *t* 통계량의 표본분포

각 표본의 *t* 통계량*t-statistic*을 계산하고 *t* 통계량의 표본분포 그래프를 그려보자. *t* 통계량은 다음과 같이 구할 수 있다.

t 통계량 = (표본의 평균 − 상자의 평균) / 표본평균의 표준오차

```
Box <- rep(1:6, 10000)
sd(Box)
## [1] 1.707839
mean(Box)
## [1] 3.5
```

반복문에 *t* 통계량 계산 줄을 추가한다.

```
set.seed(34)
samp_size <- 16
simuls <- 1000
se_samp <- numeric(simuls)
sample_tstat <- numeric(simuls)
for (i in 1:simuls){
  Samp <- sample(Box, size = samp_size)
  se_samp <- sd(Samp)/sqrt(samp_size)
  sample_tstat[i] <- (mean(Samp) -
                      mean(Box))/se_samp # t 통계량
}
```

```
tstat <- tibble(sample_tstat)
ggplot(tstat, aes(x = sample_tstat)) +
  geom_histogram()
```

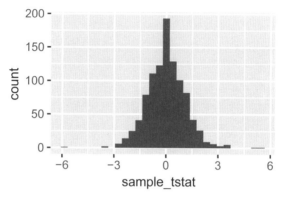

그림 9.8 *t* 통계량의 표본분포

상자는 이산균등분포^{discrete uniform distribution}이고 정규분포와 매우 다르지
만, 상자에서 뽑은 표본의 *t* 통계량 분포는 *t* 분포를 따른다(그림 9.8, 그림
9.9).

```
ggplot(tstat, aes(x = sample_tstat)) +
  geom_density(fill = "grey80", linetype = 2) +
  stat_function(fun = dt, args =
                  list(df = samp_size - 1),
                  linetype = 1)
```

t 분포에 관한 선구자적인 논문인 고젯^{Gossett}의 논문에서는 범죄자의
키와 왼쪽 가운데 손가락의 길이에 대한 3000개의 관측치에서 4개의 표
본을 추출했다(Bruce and Bruce, 2017).

190

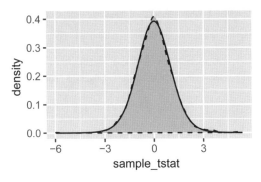

그림 9.9 점선: 표본의 *t* 통계량에 대한 밀도 곡선. 실선: *t* 분포

9.3.4 단일 표본 추정

실제로는 데이터의 단일 표본만 있다. 평균의 표본분포 특성을 수립한 후 단일 표본만 있을 경우에 통계적 추론을 어떻게 수행하는지 알아본다. 표본분포로 드러난 추정량(통계량을 추정하는 데 사용한 수식)의 특성에 따라 살펴본다.

위 예제에 이어 다시 한번 Box에서 표본을 추출한다.

```
Samp <- sample(Box, size = samp_size)
```

표본추출 후 mean() 함수를 호출하고 lm() 함수를 이용해 평균을 계산한다. 둘 다 평균에 대한 동일한 추정치를 제공하지만 lm()은 다른 통계량도 제공한다. 또한 lm()은 종속 변수와 여러 독립 변수로 선형 회귀^{linear} ^{regression}를 수행한다.

```
mean(Samp)
## [1] 4.4375
mod_Samp <- lm(Samp ~ 1)
summary(mod_Samp)
##
## Call:
## lm(formula = Samp ~ 1)
##
## Residuals:
##     Min     1Q Median     3Q    Max
```

```
## -3.438 -1.438  1.062  1.562  1.562
##
## Coefficients:
##             Estimate Std. Error t value Pr(>|t|)
## (Intercept)   4.4375     0.4741    9.36 1.18e-07 ***
## ---
## Signif. codes:  0 '***' 0.001 '**' 0.01 '*' 0.05 '.' 0.1 ' ' 1
##
## Residual standard error: 1.896 on 15 degrees of freedom
```

요약통계summary는 평균의 추정량을 보여준다. t 통계량은 매우 높다. Box에서 얻은 t 분포의 통계량이므로 매우 높다는 사실을 알 수 있다(그림 9.8). 이제 표본의 t 통계량값을 t 분포로 표시한다. 그림 9.10은 평균이 0 이라는 귀무가설null hypothesis이 참이라는 가정하에서 이처럼 높거나 더 높은 t 통계량의 관찰 확률이 매우 낮음을 보여준다.

메인도널드와 브라운(Maindonald and Braun, 2010, p. 108)은 다음과 같 이 주장했다. "가설 검정hypothesis testing의 공식적인 방법론은 왜곡된 것처 럼 보일 수 있다. p 값이 작으면 귀무가설이 타당하지 않은 것처럼 보인 다. 가설 검정은 귀무가설 자체나 대립alternative 문제에 대한 확률 명제가 아니다. 귀무가설을 수용함으로써 발생하는 영향의 평가다."

```
ggplot(tstat, aes(x = sample_tstat)) +
  geom_histogram() +
  geom_vline(xintercept = 10, linetype = 2)
```

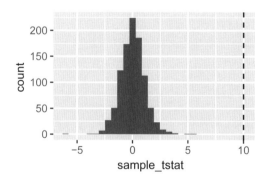

그림 9.10 Box 표본의 t 통계량 분포와 Box의 평균은 0이라는 귀무가설하에서 단일 표본 으로부터 계산한 t 통계량(수직 점선)

평균의 신뢰구간confidence interval도 구할 수 있다.

```
confint(mod_Samp)
##                 2.5 %  97.5 %
## (Intercept) 3.42705 5.44795
```

이제 신뢰구간을 그래프를 통해 이해해보자.

9.3.5 신뢰구간

신뢰구간은 통계치와 함께 통계치의 불확실성을 나타낸다. 주로 95% 신뢰구간을 사용한다. 특정 신뢰구간은 평균을 포함하거나 포함하지 않을수 있다. 신뢰구간을 C라고 했을 때 무어(Moore et al., 2009, p. 359)는 신뢰구간을 다음과 같이 정의했다. "모수parameter에 대한 C 수준의 신뢰구간은 모수의 실젯값을 포함하는 구간을 생성할 확률이 C인 방법으로 표본 데이터로부터 계산된 구간이다."

시뮬레이션과 시각화는 신뢰구간의 개념을 이해하는 데 도움이 된다. 이전과 마찬가지로 시뮬레이션을 진행한다.

```
Box <- rep(1:6, 10000)
sd(Box)
## [1] 1.707839
mean(Box)
## [1] 3.5
```

이제 시뮬레이션을 수행하는 동안 신뢰구간을 계산한다.

```
Samp <- sample(Box, size = samp_size)
Conf <- confint(lm(Samp ~ 1), level = 0.95)
Conf
##                 2.5 %   97.5 %
## (Intercept) 2.71507  4.40993
Conf[1]
## [1] 2.71507
Conf[2]
## [1] 4.40993
```

이 작업을 여러 번 반복한다.

```
set.seed(34)
samp_size <- 16
simuls <- 100
sample_mean <- numeric(simuls)
conf_lo <- numeric(simuls)
conf_hi <- numeric(simuls)
for (i in 1:simuls){
  Samp <- sample(Box, size = samp_size)
  sample_mean[i] <- mean(Samp)

  Conf <- confint(lm(Samp ~ 1), level = 0.95)
  conf_lo[i] <- Conf[1]
  conf_hi[i] <- Conf[2]
}
```

신뢰구간을 시뮬레이션한 후 조사한다.

```
samp_index <- 1:simuls
Conf_int <- tibble(conf_lo, conf_hi,
                   samp_index, sample_mean)
```

```
head(Conf_int,20)
## # A tibble: 20 x 4
##     conf_lo conf_hi samp_index sample_mean
##       <dbl>   <dbl>      <int>        <dbl>
## 1      1.71    3.54          1         2.62
## 2      2.45    4.43          2         3.44
## 3      2.04    4.08          3         3.06
## 4      2.53    4.22          4         3.38
## 5      2.80    4.83          5         3.81
## 6      2.31    4.44          6         3.38
## 7      2.27    3.85          7         3.06
## 8      3.14    5.11          8         4.12
## 9      3.04    4.84          9         3.94
## 10     2.80    4.45         10         3.62
## 11     2.47    4.53         11         3.5
## 12     2.76    4.61         12         3.69
## 13     1.94    3.94         13         2.94
## 14     2.13    3.87         14         3
## 15     2.25    4.62         15         3.44
```

```
## 16    3.28    4.97        16        4.12
## 17    2.19    4.06        17        3.12
## 18    2.59    4.53        18        3.56
## 19    2.40    4.73        19        3.56
## 20    2.90    4.73        20        3.81
Conf_int_20 <- Conf_int[1:20,]

Covers <- 1 - ifelse(conf_lo > 3.5 |
                       conf_hi < 3.5, 1, 0)
sum(Covers)/simuls
## [1] 0.97
```

위에서 평균이 걸친 신뢰구간의 백분율을 계산했다.

```
ggplot(Conf_int_20) +
  geom_pointrange(aes(x = samp_index,
                      y = sample_mean,
                      ymin = conf_lo,
                      ymax = conf_hi)) +
geom_hline(yintercept = 3.5, linetype = 2)
```

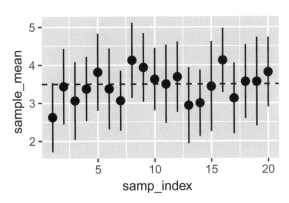

그림 9.11 시뮬레이션한 상자(육면체 주사위) 평균의 신뢰구간. 실제 평균은 3.5다.

처음 20개 신뢰구간을 표시하면 그림 9.11과 같다. 신뢰구간 폭이 다르다.

9.4 부트스트랩

부트스트랩bootstrap은 표본 자체에 의존하며 반복 계산을 위해 컴퓨터를 사용하는 검정 통계량의 불확실성을 추정하는 방법이다.

시뮬레이션을 통해 표본분포를 조사하는 동안 상자에서 반복적으로 표본을 추출한다. 안타깝게도 상자를 볼 수 없으며, 상자의 표본만 볼 수 있다. 표본에서 반복적으로 표본을 추출하면 자력으로 처리할 수 있다. 표본이 모집단과 같다면 표본에서 추출한 많은 표본이 모집단에서 추출한 많은 표본을 대표한다(Chihara and Hesterberg, 2011).

그림 9.12는 부트스트랩 과정의 구성도다. 표본분포와 달리 복원 추출 방식으로 표본 자체에서 부트스트랩 표본을 추출한다. 각 부트스트랩 표본에 대한 검정 통계량을 계산한다. 복원 추출 방식으로 부트스트랩 표본을 추출한다.

```
Box <- rep(1:6, 10000)
sd(Box)
## [1] 1.707839
mean(Box)
## [1] 3.5
```

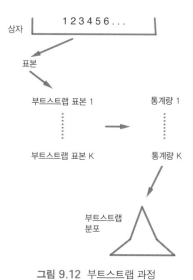

그림 9.12 부트스트랩 과정

상자에서 표본을 추출해 BoxSample1을 생성한다.

```
samp_size <- 100
Box_Sample1 <- sample(Box, size = samp_size)
Box_Sample1[1:10]
## [1] 4 5 3 1 6 5 3 4 1 4
mean(Box_Sample1); sd(Box_Sample1)
## [1] 3.28
## [1] 1.670178
```

표본분포는 각 표본이 상자에서 추출된 표본평균의 분포다. 부트스트랩 분포는 보유한 데이터의 표본에서 표본을 추출한 표본평균의 분포다. 여기서는 데이터의 표본이 Box_Sample1이다. 부트스트랩 분포와 표본분포를 비교한다.

```
set.seed(34)
simuls <- 10000
Sample_mean <- numeric(simuls)
Bootstrap_mean <- numeric(simuls)

for (i in 1:simuls){
  # 표본의 표본
  Boot_sample <- sample(Box_Sample1,
                        size = samp_size, replace = TRUE)
  Bootstrap_mean[i] <- mean(Boot_sample)
  # 상자의 표본
  Sample <- sample(Box, size = samp_size)
  Sample_mean[i] <- mean(Sample)
}
```

부트스트랩과 표본분포의 각기 다른 측면을 살펴본다.

```
Distribution <- c(Bootstrap_mean, Sample_mean)

Type <- c(rep("Bootstrap", simuls),
          rep("Sampling", simuls))

str(Distribution)
##  num [1:20000] 3.47 3.44 3.53 3.46 3.41 3.5 3.37 3.5 3.27 3.24 ...
str(Type)
```

```
##  chr [1:20000] "Bootstrap" "Bootstrap" ...
Boot_sim <- tibble(Distribution, Type)
Boot_sim[5,]
## # A tibble: 1 x 2
##   Distribution Type
##          <dbl> <chr>
## 1         3.41 Bootstrap
```

```
ggplot(Boot_sim, aes(x = Distribution)) +
  geom_histogram(bins = 15) +
  facet_wrap(Type ~ .)
```

```
Boot_sim %>%
  group_by(Type) %>%
  summarize(sd = sd(Distribution),
            mean = mean(Distribution))
## # A tibble: 2 x 3
##   Type         sd  mean
##   <chr>     <dbl> <dbl>
## 1 Bootstrap 0.166  3.28
## 2 Sampling  0.170  3.50
```

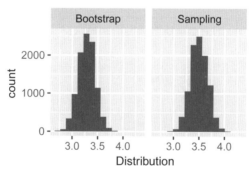

그림 9.13 부트스트랩과 표본분포

부트스트랩과 표본분포의 모양은 비슷하다(그림 9.13). 부트스트랩과
표본분포의 표준편차도 비슷하다. 부트스트랩 분포의 평균은 부트스트랩
분포를 추출한 표본의 평균과 같다.

신뢰구간을 추정하는 한 가지 방법은 부트스트랩 분포의 분위수 quantiles, 즉 부트스트랩 백분위수percentile 방법을 사용하는 것이다.

```
round(quantile(Bootstrap_mean, probs = c(0.025, 0.975)),2)
##  2.5% 97.5%
##  2.96  3.61
```

부트스트랩 백분위수 방법을 사용했는데, 이번 경우는 적합하며 직관적이다. 하지만 부트스트랩은 몇 가지 개선이 필요하다. 메인도널드와 브라운(2010, p. 132)은 다음과 같이 지적했다. "부트스트랩 방법은 만병통치약이 아니다. 데이터의 구조를 존중해야 한다. 즉, 데이터의 의존 형태를 고려해야 한다. 부트스트랩이 유효하지 않고 잘못 인도하는 상황도 있다. 대략적인 지침으로서, 부트스트랩은 최대, 최소, 범위를 포함해 표본 극단치에 해당하는 통계량에 적합하지 않다. 부트스트랩은 일반적으로 평균, 분산, 계수 추정치, 상관계수correlation coefficient와 같은 회귀분석의 통계량에 적합하다."

9.4.1 부트스트랩 이해를 위한 함수

위에서 개발한 코드를 이용해 부트스트랩의 이해를 돕는 함수를 구현한다.

```
Boot_understand_fun <- function(Box = rep(1:6, 10000),
                                Seed = 34, simuls = 1000,
                                samp_size = 100) {
  set.seed(5)
  Box_Sample1 <- sample(Box, size = samp_size)
  Sample_mean <- numeric(simuls)
  Bootstrap_mean <- numeric(simuls)

  for (i in 1:simuls) {
    Boot_sample <- sample(Box_Sample1,
                          size = samp_size, replace = TRUE)
    Bootstrap_mean[i] <- mean(Boot_sample)
    Sample <- sample(Box, size = samp_size)
    Sample_mean[i] <- mean(Sample)
```

```
}

Distribution <- c(Bootstrap_mean, Sample_mean)

Type <- c(rep("Bootstrap", simuls),
          rep("Sampling", simuls))
Boot_sim <- tibble(Distribution, Type)
Boot_sim

gg_boot <- ggplot(Boot_sim, aes(x = Distribution)) +
  geom_histogram(bins = 15) +
  facet_wrap(Type ~ .)

print(gg_boot)

print(paste("The mean of the box =", sep = " ", mean(Box)))
print(paste("The sd of the box =", sep = " ", round(sd(Box),2)))

Boot_sim_stats <- Boot_sim %>%
  group_by(Type) %>%
  summarize(sd = round(sd(Distribution),3),
            mean = round(mean(Distribution),2))
print(Boot_sim_stats)

print(paste("The quantiles of the"))
print(paste("sampling distribution of the mean are:"))
print(quantile(Sample_mean, probs = c(0.025, 0.975)))
print(paste("The quantiles of the bootstrap distribution of
            the mean are:"))
print(quantile(Bootstrap_mean, probs = c(0.025, 0.975)))
}

Boot_understand_fun()


## [1] "The mean of the box = 3.5"
## [1] "The sd of the box = 1.71"
## # A tibble: 2 x 3
##   Type          sd  mean
##   <chr>      <dbl> <dbl>
## 1 Bootstrap  0.18  3.29
## 2 Sampling   0.17  3.5
## [1] "The quantiles of the"
```

```
## [1] "sampling distribution of the mean are:"
##    2.5%   97.5%
## 3.17975 3.84000
## [1] "The quantiles of the bootstrap distribution of the mean
       are:"
##    2.5%    97.5%
##  2.93975 3.65000
```

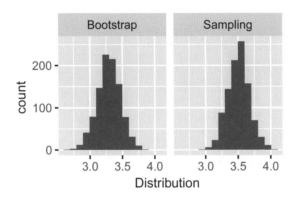

[실습]
Boot_understand_fun()에 임의의 입력값을 전달해 부트스트랩과 표
본분포를 비교해보라.

9.5 순열 검정

지금부터 순열 검정permutation test을 살펴본다. 순열 검정은 무작위 검정
randomization test이라고도 한다. 순열 검정의 이해를 돕기 위해 가상의 예제
를 사용한다. A반과 B반의 시험 성적이 있다. 두 반 모두 다섯 명의 학생
이 있다. 데이터를 입력한다.

```
scores <- c(10, 11, 12, 13, 14, 15, 16, 17, 18, 19)
student <- c("Student1", "Student2",
             "Student3", "Student4", "Student5",
             "Student6", "Student7", "Student8",
             "Student9", "Student10")
Class <- c("A","A","A","A","A","B","B","B","B","B")
```

점수는 다음과 같다.

```
Scores <- tibble(scores, student, Class)
Scores
## # A tibble: 10 x 3
##    scores student    Class
##     <dbl> <chr>      <chr>
## 1      10 Student1   A
## 2      11 Student2   A
## 3      12 Student3   A
## 4      13 Student4   A
## 5      14 Student5   A
## 6      15 Student6   B
## 7      16 Student7   B
## 8      17 Student8   B
## 9      18 Student9   B
## 10     19 Student10  B
```

B반의 평균 점수와 A반의 평균 점수를 추정한 다음 차분difference을 계산한다. 관찰된 평균 차분은 5다.

```
lm(scores ~ Class)
##
## Call:
## lm(formula = scores ~ Class)
##
## Coefficients:
## (Intercept)        ClassB
##          12             5
```

따라서 B반 학생들이 평균적으로 더 나은 성적을 보였다. 우연의 일치일까? 점수의 차이가 우연인지 아닌지 검정하기 위해 'B반과 A반의 점수

202

분포는 동일하다'라는 귀무가설을 세운다. 귀무가설이 참이면 학생들은 A반에 있든 B반에 있든 동일한 성적을 받는다. 따라서 1번 학생^{Student1}은 A반에 있든 B반에 있든 동일한 10점의 성적을 받는다.

상자에서 뽑기 관점에서 A반과 B반에서 관찰된 성적은 동일한 상자에 속한다고 말한다. 비복원 방식으로 상자에서 10번 뽑는다. 첫 5개 티켓에는 A반이라고 표시하고 그 이후 5개 티켓에는 B반이라고 표시한다. 그런 다음 평균의 차분을 계산한다.

이러한 아이디어는 티켓을 섞고 A반과 B반으로 정렬하고 평균의 차분을 구하는 것이다.

그림 9.14는 순열 과정의 구성도다.

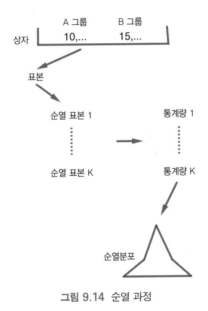

그림 9.14 순열 과정

이제 이를 R로 구현한다. 10명의 학생 중 5명을 임의로 선택해 A반에 배치한다.

```
index_Ap <- sample(1:10,5); index_Ap
## [1] 2 1 5 6 8
Scores[index_Ap,]
```

```
## # A tibble: 5 x 3
##   scores student  Class
##    <dbl> <chr>    <chr>
## 1     11 Student2 A
## 2     10 Student1 A
## 3     14 Student5 A
## 4     15 Student6 B
## 5     17 Student8 B
```

따라서 A반에 있던 11점 받은 2번 학생Student2은 이번에도 A반이다. 실제 B반에 있었던 6번 학생Student6은 이번에 A반이다. 귀무가설하에서 점수는 6번 학생이 A반에 있든 B반에 있든 동일하기 때문이다.

나머지 5명의 학생들을 B반에 배치한다.

```
Scores[-index_Ap,]
## # A tibble: 5 x 3
##   scores student   Class
##    <dbl> <chr>     <chr>
## 1     12 Student3  A
## 2     13 Student4  A
## 3     16 Student7  A
## 4     18 Student9  B
## 5     19 Student10 B
```

평균의 차분을 구한다.

```
mean(scores[index_Ap]) -
  mean(scores[-index_Ap])
## [1] -2.2
```

섞기는 반복문으로 수행한다.

```
iters <- 999
mean_diff_P <- numeric(iters)
for (i in 1:iters) {
  index_Ap <- sample(1:10,5); index_Ap
  mean_diff_P[i] <- mean(scores[index_Ap]) -
    mean(scores[-index_Ap])
}
```

티블로 값을 수집한다.

```
mean_diff <- tibble(mean_diff_P)
mean_diff
## # A tibble: 999 x 1
##    mean_diff_P
##          <dbl>
##  1      -0.200
##  2      -0.6
##  3      -1
##  4      -0.6
##  5      -1.8
##  6       3
##  7       2.20
##  8       0.6
##  9      -4.2
## 10       1.8
## # ... with 989 more rows
```

평균 차분의 순열분포 그래프를 그린다(그림 9.15).

```
ggplot(mean_diff, aes(x = mean_diff_P)) +
  geom_bar() +
  geom_vline(xintercept = 5)
```

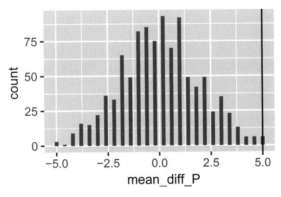

그림 9.15 평균 차분의 순열분포. 관찰값 = 5

차분의 절댓값이 5 이상인 횟수를 계산한다.

```
sum_extreme_values <- sum(abs(mean_diff_P)>=5)
sum_extreme_values
## [1] 9
```

p 값을 계산한다. 개선된 p 값 추정치를 위해 분자와 분모에 1을 더한다(Chihara and Hesterberg, 2011).

```
p_value <- (sum_extreme_values + 1) / (iters + 1)
paste("The p-value is", sep = " ", round(p_value, 4))
## [1] "The p-value is 0.01"
```

대립가설은 B반 학생들의 성적이 더 낮다는 것이다. 모든 학생의 성적은 동일하다는 엄격한 귀무가설이 참이라면 5라는 평균 차분이 관찰될 확률은 매우 낮다. 데이터는 엄격한 귀무가설에 반하는 강력한 증거를 제시한다.

9.6 예제: 버라이즌

시하라와 헤스터버그(Chihara and Hesterberg, 2011)가 연구한 통신회사인 버라이즌Verizon과 관련된 사례를 살펴본다. 규정상 버라이즌은 자신의 고객(ILEC)뿐만 아니라 경쟁업체(CLEC) 고객의 수리도 수행한다. 뉴욕 공공서비스위원회New York Public Utilities Commission는 버라이즌이 자신의 고객과 경쟁사의 고객을 공평하게 처리하는지 조사했다. 많은 가설검정을 수행했으며, 유의확률이 1%보다 크면 큰 위약금을 지불해야 할 수 있다. 버라이즌 데이터는 resample 패키지를 통해 얻을 수 있다.

```
library(resample)

## Registered S3 method overwritten by 'resample':
## method from
```

```
## print.resample modelr

data(Verizon)
str(Verizon)
## 'data.frame':    1687 obs. of  2 variables:
##  $ Time : num  17.5 2.4 0 0.65 22.23 ...
##  $ Group: Factor w/ 2 levels "CLEC","ILEC": 2 2 2 2 2 2 2 2 2
     2 ...
table(Verizon$Group)
##
## CLEC ILEC
##   23 1664
```

```
ggplot(Verizon, aes(x = Time)) +
  geom_density() +
  facet_wrap(~ Group)
```

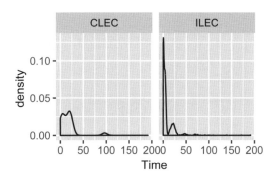

그림 9.16 CLEC와 ILEC 고객의 수리 시간에 대한 밀도 곡선

수리 시간에 대한 밀도 곡선의 왜도가 크다(그림 9.16).

분포를 로그 변환한 다음 상자그림을 그린다. CLEC 수리 시간은 중앙
값이 ILEC 수리 시간보다 높다(그림 9.17).

```
ggplot(Verizon, aes(x = Group,
                    y = log10(Time + 1))) +
  geom_boxplot() +
  coord_flip()
```

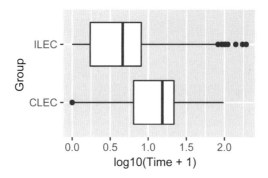

그림 9.17 CLEC와 ILEC 고객의 수리 시간에 대한 상자그림

```
Verizon %>%
  group_by(Group) %>%
  summarize(mean_T = round(mean(Time),1),
            t_mean_T = round(mean(Time, trim = 0.25),1))
## # A tibble: 2 x 3
##   Group mean_T t_mean_T
##   <fct>  <dbl>    <dbl>
## 1 CLEC    16.5     13.8
## 2 ILEC     8.4      3.5
```

이 표본에서 평균mean 수리 시간과 절사 평균trimmed mean 수리 시간은 CLEC 고객이 더 높다.

```
Ver_CLEC <- Verizon %>%
  filter(Group == "CLEC")
Ver_ILEC <- Verizon %>%
  filter(Group == "ILEC")
```

CLEC 고객의 절사 평균이 ILEC보다 약 10 정도 크다.

```
diff_t_mean <- mean(Ver_ILEC$Time, trim = .25) -
  mean(Ver_CLEC$Time, trim = .25)
diff_t_mean
## [1] -10.336
```

9.6.1 순열 검정

지금부터 절사 평균 차분의 임의화 검정^{randomization test}을 수행한다. CLEC 와 ILEC 고객의 버라이즌 시간을 사용한다. 귀무가설은 CLEC와 ILEC 고객의 수리 시간이 동일하다는 것이다. 버라이즌 수리 시간으로부터 반복적으로 표본추출해 임의로 CLEC에 23개 값을 할당하고 ILEC에 1664 개 값을 할당한 다음 평균의 차분을 구한다.

```
iters <- 1000
diff_t_perms <- numeric(iters)
for(i in 1:iters) {
  index <- sample(1:1687, size=1664, replace = FALSE)
  diff_t_perms[i] <- mean(Verizon$Time[index], trim = .25) -
    mean(Verizon$Time[-index], trim = .25)
}
```

절사 평균의 차분에 대한 순열분포 그래프를 그린다(그림 9.18).

```
ggplot() +
  geom_histogram(aes(diff_t_perms)) +
  geom_vline(xintercept = diff_t_mean,
             linetype=2)
```

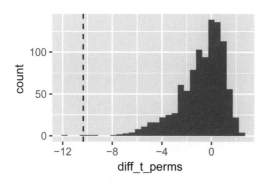

그림 9.18 절사 평균의 차분(ILEC-CLEC)에 대한 순열분포

```
# 절사 평균의 p 값 차분
p_value <- (sum(diff_t_perms <=
                diff_t_mean) + 1)/(iters + 1)
paste("The p_value is", sep = " ", round(p_value,4))
## [1] "The p_value is 0.002"
```

p 값이 매우 낮음을 알 수 있다.

9.6.2 신뢰구간의 부트스트랩

CLEC와 ILEC 데이터는 기울어져 있다[skewed]. 이 상황에서 절사 평균은 극단적인 관찰값을 제거하기 때문에 좋은 추정량이다.

부트스트랩의 장점 중 하나는 절사 차분과 관련된 신뢰구간을 추정하는 데 도움이 된다는 점이다. 부트스트랩은 정리된 대수 공식[algebraic formula]이 없는 절사 평균 같은 추정량의 통계적 정확도를 추정하기 위해 고안됐다(Efron and Tibshirani, 1991).

이미 데이터를 필터링했고, CLEC 고객은 Ver_CLEC로, ILEC 고객은 Ver_ILEC로 데이터를 분리했다. 두 벡터로부터 복원추출해 각각의 평균을 구한 다음 차분한다. 각 벡터에서 고객 수리 시간 변수의 길이를 추정한다.

```
CLEC <- Ver_CLEC$Time
ILEC <- Ver_ILEC$Time
length_C <- length(CLEC)
length_C
## [1] 23
length_I <- length(ILEC)
length_I
## [1] 1664
```

표본에서 관찰된 두 고객 유형 간의 수리 시간 차분을 계산한다.

```
mean(ILEC) - mean(CLEC)
## [1] -8.09752
```

```
mean(ILEC, trim = 0.25) - mean(CLEC, trim = 0.25)
## [1] -10.336
```

이제 데이터로부터 여러 번 복원추출한다(그림 9.19, 그림 9.20).

```
sims <- 10000
diff_mean <- numeric(sims)
diff_trim_mean <- numeric(sims)

for (i in 1:sims){
  samp_I <- sample(ILEC,length_I,replace = TRUE)
  samp_C <- sample(CLEC,length_C,replace = TRUE)
  diff_mean[i] <- mean(samp_I) - mean(samp_C)
  diff_trim_mean[i] <- mean(samp_I, trim = 0.25) -
    mean(samp_C, trim = 0.25)
}
```

```
ggplot() + geom_histogram(aes(diff_mean)) +
  geom_vline(xintercept = mean(diff_mean),
             linetype = 2)
```

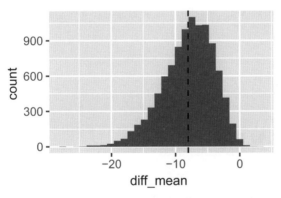

그림 9.19 평균 차분의 부트스트랩 분포에 대한 히스토그램

```
ggplot() +
  geom_histogram(aes(diff_trim_mean)) +
```

```
geom_vline(xintercept = mean(diff_trim_mean), linetype = 2)
```

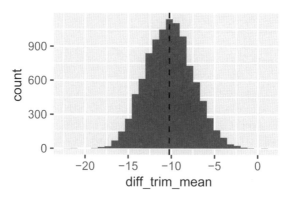

그림 9.20 절사 평균 차분의 부트스트랩 분포에 대한 히스토그램

평균 차분의 부트스트랩 분포가 기울어져 있다. 따라서 절사 평균 추정 값을 사용하는 것이 좋다. 부트스트랩 백분위 구간을 다음과 같이 계산할 수 있다.

```
quantile(diff_trim_mean, probs = c(0.025, 0.975))
##      2.5%      97.5%
## -15.522754  -4.952211
```

9.7 주의할 데이터 활용 예제

앤드루 겔만Andrew Gelman은 약한 신호가 있는 잡음 데이터noisy data를 사용할 때 통계적 추론의 위험에 주의를 기울였다. 신호가 약하고 표본 크기가 작은 잡음이 있는 데이터를 사용할 경우 통계적 추론은 잡음에서 신호를 분리할 수 없다. 작은 표본 크기에도 불구하고 통계적으로 유의미한 결과가 나온 것이 진정한 신호라고 생각하는 것은 실수일 수 있으며, 이는 매우 큰 오해를 불러일으킬 수 있다.

겔만의 말을 빌리면 다음과 같다. "'통계 분석에서 통계적 유의성을 죽이지 못하는 것은 통계적 유의성을 더욱 강하게 만든다'는 태도[1]는 오류라는 사실을 확인했다. 실제로, 연구에 잡음이 더 많을수록 통계적 유의성으로부터 파악할 수 있는 것은 더 적다."(https://statmodeling.stat.columbia.edu/2017/02/06/)

다음 코드에서 xvar 변수는 mean = 0.1이고 sd = 1인 정규분포다. 관찰값은 xvar + noise인 xobs다. noise는 mean = 0.1이고 sd = 1인 정규분포에서 추출한 값에 2를 곱한 값이다.

```
set.seed(15)
sample_size <- 30
xvar <- rnorm(sample_size, mean = 0.1, sd = 1)
noise <- 2 * rnorm(sample_size)
xobs <- xvar + noise
summary(lm(xobs ~ 1))

##
## Call:
## lm(formula = xobs ~ 1)
##
## Residuals:
##     Min     1Q  Median     3Q     Max
## -4.6369 -1.5422  0.2838  1.6177  4.2065
##
## Coefficients:
##             Estimate Std. Error t value Pr(>|t|)
## (Intercept)   1.0294     0.3839   2.681    0.012 *
## ---
## Signif. codes:  0 '***' 0.001 '**' 0.01 '*' 0.05 '.' 0.1 ' ' 1
##
## Residual standard error: 2.103 on 29 degrees of freedom
##                2.5 %  97.5 %
## (Intercept) 0.2442544 1.814643
```

---

[1] 이 문구는 "널 죽이지 못하는 것은 널 더욱 강하게 만든다(What doesn't kill you makes you stronger)"는 속담에 빗댄 표현으로, 시련이나 고난으로 무너지지 않는 한 더 강해진다는 의미다. – 옮긴이

관측 데이터 xobs를 사용한 xvar 평균의 추정값은 1.03으로, 실젯값보다 10배 이상 크고 통계적으로 유의하다.

[실습]
다른 시드seed와 함께 900의 더 큰 표본 크기로 위 코드를 실행한다.

9.8 참고자료

보충학습

프리드먼(Freedman et al., 2009)의 책은 훌륭하며, 아직 비공식적이지만 개념적으로 정교하고 정확하다. 브루스와 브루스(Bruce and Bruce, 2017)는 데이터 과학자들에게 실질적으로 도움이 되는 내용을 집필했다. 케네디(Kennedy, 2003)의 책은 표본분포에 관한 유용한 부록을 담고 있다.

심화학습

시하라와 헤스터버그(Chihara and Hesterberg, 2011)는 재표본추출 resampling과 R을 사용한다.

참고문헌

Bruce, P., and A. Bruce. 2017. *Practical statistics for data scientists: 50 essential concepts*. Sebastopol: O'Reilly Media.

Chihara, L., and T. Hesterberg. 2011. *Mathematical statistics with resampling and R*. Hoboken, New Jersey: Wiley.

Efron, B., and R.J. Tibshirani. 1991. Statistical data analysis in the computer age. *Science, New Series* 253 (5018): 390 – 395.

Freedman, D., R. Pisani, and R. Purves. 2009. *Statistics*, 4th ed. New Delhi: Viva Books.

Kahneman, D. 2011. *Thinking, fast and slow*. India: Penguin Books.

Kennedy, P. 2003. *A guide to econometrics*. Cambridge: The MIT Press.

Maindonald, J., and W.J. Braun. 2010. *Data analysis and graphics using R: an example-based approach*, 3rd ed., Cambridge series in statistical and probabilistic mathematics Cambridge: Cambridge University Press.

Moore, D.S., G.P. McCabe, and B.A. Craig. 2009. *Introduction to the practice of statistics*. New York: W H Freeman and Company.

10
인과적 추론

10.1 소개

다음과 같은 인과적^{causal}/비인과적^{non-causal} 질문에 관심이 생길 수 있다.

서술식^{descriptive}: 직업별로 수입이 어떻게 다른가?

예측식^{forecasting}: 내년 원유 가격은 어떻게 될까?

인과적^{causal}: 학생 대 선생님 비율을 변경하면 학습 점수가 향상될까?

인과적 질문의 답변에 관심이 있다면 인과적 추론^{causal inference}을 활용하고 싶을 것이다. 통계학과 계량경제학 책들은 인과관계^{causality} 처리가 얼마나 명확한지에 따라 달라지곤 한다. 인과적 추론은 프로그램 평가와 밀접한 관련이 있으며, 아바디와 카타네오(Abadie and Cattaneo, 2018, p. 466)에 따르면 다음과 같다. "영역은 정책 개입의 효과를 연구하는 사회, 생의학, 행동과학으로 확장되고 있다. 주요 정책들은 적극적인 노동시장 개입이나 빈곤퇴치 프로그램과 같은 정부 프로그램들이다."

모건과 윈십(Morgan and Winship, 2014)의 명서인 『Counterfactuals and Causal Inference』 뒤표지에는 다음과 같은 게리 킹Gary King의 추천사가 있다. "지난 몇십 년 동안 인과적 추론에 대해 배운 것이 이전 역사시대를 통틀어 인과적 추론에 대해 배운 모든 것보다 많다." 모건과 윈십의 책은 인과적 추론에 두 가지 접근법을 사용한다. (1) 잠재적 결과potential outcome 또는 반사실counterfactual과 (2) 인과 그래프causal graph다. 모건과 윈십은 아바디와 카타네오 같은 저자들처럼 두 접근법이 상호보완적이라고 주장하며 이 두 가지 방법을 모두 사용한다. 10장도 이 관점을 따른다.

10.2 인과 그래프와 잠재적 결과

10.2.1 간단한 데이터 활용 예제

인과 그래프와 잠재적 결과 접근법의 설명을 위해 요통 환자 사례를 가정해보자. 요통 환자들은 통증 완화를 위해 약을 복용한다.

먼저 통증pain은 P, 약medicine은 M으로 표시하고, 환자individual는 i로 색인화한다. P에 미치는 M의 영향을 조사한다. M은 원인cause으로, 통증 완화에 개입intervention하려 한다. 하지만 M이 효과가 있을까? 이를 알기 위해 무작위로 요통 환자들에게 M을 투약한다.

M에 대한 인과적 추론의 이해 기반으로, 펄(Pearl et al., 2016)의 구조적 인과 모형structural causal model을 사용한다. 구조적 인과 모형은 인과 그래프와 현상에 대한 가정을 보여주는 구조방정식을 수반한다. 이 사례의 경우 인과 그래프는 $M \rightarrow P$이고, 구조방정식은 $P = \beta_0 + \beta_M M + U_P$다(그림 10.1 참조). 펄의 접근법은 선형성linearity 가정을 요구하지 않지만, 단순화를 위해 선형성을 가정한다.

M은 무작위로 투약되므로 U_P에 독립적이다. U_P는 P의 다른 원인이나

$$M \longrightarrow P$$

$$P = beta_0 + beta_1 \, M + U_P$$

그림 10.1 구조적 인과 모형: 인과 그래프와 해당 구조방정식

$$P = beta_0 + beta_1 \boxed{M} + \boxed{U_P}$$

그림 10.2 구조방정식: P 값을 고정한 상태에서 M과 U_P 값을 살펴본다. M과 U_P는 확률 변수다. 따라서 상자로 표시한다.

변동 원천에 해당한다.

이전 장에서 확률 변수random variable에 상자 모형box model을 사용했다. 이 번 사례의 구조방정식에는 M용 상자와 U_P용 상자를 사용한다(그림 10.2).

시뮬레이션을 수행한다. 이때 $\beta_0 = 10$, $\beta_M = -3$, $U_P \sim N(0, 1)$을 가 정한다.

```
library(tidyverse)
set.seed(22)
beta0 <- 10
betaM <- -3
num <- 400
U_P <- rnorm(num)
```

M, P, U_P 변수를 포함한 Meds 데이터셋dataset을 생성한다.

```
library(knitr)
set.seed(3)
M <- sample(c(0,1), num, replace = T)
Indiv <- 1:num
P <- beta0 + betaM * M + U_P
Meds <- tibble(Indiv, M, U_P, P)
kable(round(head(Meds),2))
```

Indiv	M	U_P	P
1	0	−0.51	9.49
2	1	2.49	9.49
3	1	1.01	8.01
4	0	0.29	10.29
5	1	−0.21	6.79
6	1	1.86	8.86

생성 데이터에서 환자 1[individual 1]은 대조군[control group][1]인 M = 0에 할당 됐다. M = 0에 할당된 첫 번째 환자의 P 값은 9.49다. 환자 2[individual 2], 즉 M = 1에 할당된 두 번째 환자의 P 값도 9.49다.

이 사례에서 환자의 잠재적 결과는 $P_i(m)$으로 표시하며, 여기서 i는 환자 색인[index]이다. 그리고 m은 M에 할당된 값에 따라 0 또는 1이다. 그림 10.3은 구조적 인과 그래프가 잠재적 결과와 어떻게 관련돼 있는지 보여준다.

$$M \mid m \longrightarrow P(m)$$

그림 10.3 반사실과 잠재적 결과. M 값이 m이면, P의 잠재적 결과는 P(m)이다.

이 경우에 $P_1(0) = 9.49$이고, $P_2(1) = 9.49$다.

그리고 환자의 인과 효과[causal effect]는 $P_i(1) - P_i(0)$이다.

이를 인과적 추론의 근본 딜레마[fundamental dilemma of causal inference]라 부르며, 안타깝게도 두 환자의 잠재적 결과는 관찰하지 않는다. 따라서 이 사례의 경우 약을 투약한 환자 1의 통증값은 관찰하지 않으며, 약을 투약하지 않은 환자 2의 통증값도 관찰하지 않는다. 즉, 반사실은 관찰하지 않는다.

---

1 • 대조군(control group): 어떤 처리도 하지 않은 대상의 집합
  • 처리군(treatment group): 특정 처리에 노출된 대상의 집합. 실험군(experimental group)이라고도 한다.
  – 옮긴이

환자	M	$P_i(0)$	$P_i(1)$
1	0	9.49	?
2	1	?	9.49

평균 처리 효과average treatment effect인 대조군과 처리군이 겪은 통증 간의 차이를 구해야 한다. 추정 방법은 다음과 같다. M에 대한 P의 회귀 방정식 $P = r_0 + r_1 M + e$를 실행한다. 회귀방정식은 구조방정식과 차이가 있다. 이번 경우에 r_1은 실젯값true value인 구조적 모수structural parameter β_M과 유사한 추정값을 제공한다. 하지만 회귀계수regression coefficient가 반드시 인과 효과의 좋은 추정값을 제공하는 것은 아니다.

```
library(texreg)
modd <- lm(P ~ M, data = Meds)
texreg(list(modd), caption = "Regression of P on M",
        caption.above = TRUE,
        include.adjrs = FALSE,
        include.rmse = FALSE)
```

표 10.1 M에 대한 P의 회귀분석

	Model 1
(Intercept)	9.99***
	(0.07)
M	−3.10***
	(0.10)
R^2	0.71
Num. obs.	400

* $p < 0.05$; ** $p < 0.01$; *** $p < 0.001$

추정 계수(−3.1)는 β_M 값(−3)과 유사하다(표 10.1).

[실습]
처리 효과 β_M을 다른 값으로 설정해 데이터를 시뮬레이션한다. 그리고 set.seed() 함수의 값을 변경한다.

10.2.2 처리의 무작위 할당(인과 그래프)

처리treatment를 무작위로 할당하지 않으면, 약과 통증의 수준은 교란 변수confounding variable에 의해 영향받을 수 있다(그림 10.4). 무작위 할당random assignment은 처리군과 대조군이 처리에 의해서만, 즉 관찰 변수와 미관찰 변수 의해서만 달라지게 한다(그림 10.5). R(무작위 할당)이 M 값을 결정하면, 즉 M이 R에 의해 설정되면 C와 M 간의 연결은 끊어진다. 따라서 C는 더 이상 교란 변수로서의 역할을 하지 않는다.

그림 10.4 M을 무작위로 할당하지 않으면, C 변수는 M과 P의 공통원인(common cause)이 될 수 있으며, 교란 변수가 된다.

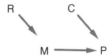

그림 10.5 R(무작위 할당)이 M 값을 결정하면, 즉 M이 R에 의해 설정되면 C와 M 간의 연결은 끊어진다. 따라서 C는 더 이상 교란 변수로서의 역할을 하지 않는다.

10.2.3 처리의 무작위 할당(잠재적 결과)

지금부터 루빈(Rubin, 2008)이 제시한 흥미로운 예제를 살펴본다. 처리, 즉 수술surgery은 수명에 영향을 미친다. 수술을 하지 않은 잠재적 결과는 Y(0), 수술을 한 잠재적 결과는 Y(1)이라 하자. R 코드에서는 각각 Y_po0 과 Y_po1로 표시한다.

데이터를 입력한다.

```
Y_po0 <- c(13,6,4,5,6,6,8,8)
Y_po0
## [1] 13  6  4  5  6  6  8  8
```

```
Y_po1 <- c(14,0,1,2,3,1,10,9)
Y_po1
## [1] 14  0  1  2  3  1 10  9
```

```
Eff <- Y_po1 - Y_po0
```

데이터프레임을 생성한다.

```
surg <- data.frame(Y_po1, Y_po0, Eff)
```

루빈의 완벽한 의사perfect doctor 예제를 위한 데이터를 출력한다(표 10.2).

```
library(xtable)
sable <- xtable(surg, caption = "Patient potential outcomes in
                Rubin's perfect doctor example")
print(sable, caption.placement = "top")
```

표 10.2 루빈의 완벽한 의사 예제에서 환자의 잠재적 결과

	Y_po1	Y_po0	Eff
1	14.00	13.00	1.00
2	0.00	6.00	−6.00
3	1.00	4.00	−3.00
4	2.00	5.00	−3.00
5	3.00	6.00	−3.00
6	1.00	6.00	−5.00
7	10.00	8.00	2.00
8	9.00	8.00	1.00

이 예제에서 효과는 수술 후보인 8명 사이에서 큰 변화를 보였다(표 10.2).

```
library(skimr)
skim1 <- surg %>%
  skim_to_wide()
```

```
skimble <- xtable(skim1[,c(2,6)], caption = "Means")
print(skimble, caption.placement = "top")
```

표 10.3 평균

	Variable	Mean
1	Eff	−2
2	Y_po0	7
3	Y_po1	5

실제 평균 인과 효과는 −2다(표 10.3). 잠재적 결과를 모두 관찰할 수 없다는 점에 유의하라.

처리는 D_i로 표기하며, $D_i = 0$이면 i번째 환자의 $Y_i(0)$을 관찰하고 $Y_i(1)$도 마찬가지 방식으로 관찰한다. Y_i를 i번째 환자를 관찰한 Y라고 하면 다음과 같다.

$$Y_i = D_i \times Y_i(1) + (1 - D_i) \times Y_i(0)$$

다음과 같은 처리 할당treatment assignment을 고려해보자.

```
D <- c(rep(1,4), rep(0,4))
```

처리 할당으로 관찰된 Y들은 표 10.4와 같다.

```
Yi <- D*Y_po1 + (1-D)*Y_po0
surg_D <- data.frame(D,Yi)
surble <- xtable(surg_D, caption = "Treatment assignment and
              observed outcomes")
print(surble, caption.placement = "top")
```

표 10.4 처리 할당과 관찰 결과

	D	Yi
1	1.00	13.00
2	1.00	0.00
3	1.00	1.00
4	1.00	2.00
5	0.00	6.00
6	0.00	6.00
7	0.00	8.00
8	0.00	8.00

처리군과 대조군 간 평균의 차분difference을 추정한다.

```
lm(Yi ~ D)
##
## Call:
## lm(formula = Yi ~ D)
##
## Coefficients:
## (Intercept)            D
##        7.00        -2.75
```

특정 처리 할당 D의 평균 처리 효과는 −2.75다.

다음과 같이 할당을 무작위로 선택한다.

```
sample(D, replace = FALSE)
## [1] 0 0 0 1 0 1 1 1
Ass <- sample(D, replace = FALSE)
Ass
## [1] 1 0 1 0 0 0 1 1
```

할당을 무작위로 하면 어떤 일이 벌어질까? 반복문을 사용해 추정 효과의 표본분포를 살펴본다.

```
iter <- 70
mean_effect <- numeric(iter)
```

```
for(i in 1: iter) {
  Ass <- sample(D, replace = FALSE)
  Out <- Ass*Y_po1 + (1 - Ass)*Y_po0
  mod_r <- lm(Out ~ Ass)
  mean_effect[i] <- mod_r$coeff[2]
}
round(mean(mean_effect),2)
## [1] -1.91
```

여러 추정 효과의 평균은 실제 평균 효과(−2)와 유사하다. 표본분포의
그래프를 그려보자.

```
pdoc <- data.frame(mean_effect)
ggplot(pdoc, aes(y = mean_effect)) +
  geom_boxplot() +
  coord_flip()
```

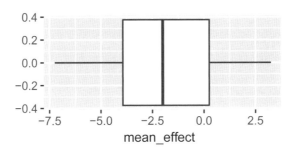

그림 10.6 수술 추정 효과의 상자그림

상자그림(그림 10.6)은 추정 효과의 표본분포를 보여주며, 히스토그램
(그림 10.7)은 갭gap과 여러 피크peak의 분포를 보여준다.

```
ggplot(pdoc, aes(x = mean_effect)) +
  geom_histogram(fill = "grey50") +
  geom_vline(xintercept =
           quantile(mean_effect, probs =
                    c(0.25, 0.5, 0.75)),
           linetype = "dashed")
```

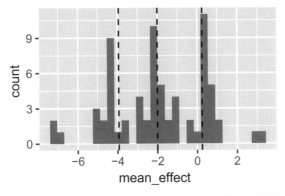

그림 10.7 수술 추정 효과 분포의 히스토그램. 선은 1분위, 2분위, 3분위를 나타낸다.

[실습]

잠재적 결과의 완벽한 지식을 갖춘 완벽한 의사는 수술 효과가 있을 환자에게만 수술을 할당한다(물론 이처럼 완벽한 지식을 갖춘 의사라면 환자에게 미치는 수술의 효과를 연구할 필요가 없을 것이다). 완벽한 의사가 수술을 할당할 경우 수술의 평균 효과는 어떠한가?

10.2.4 공변량 조정

어떤 공변량covariate을 조정해야 하는가? 엘워트(Elwert, 2013, p. 246)는 다음과 같이 말한다. "인과 그래프는 DAG, 즉 방향성 비순환 그래프directed acyclic graph라고도 한다. DAG는 정성적 인과 가정qualitative causal assumption의 시각적 표현이다. ⋯ DAG는 수학적 증명 도출을 위해 정해진 규칙을 갖춘 엄격한 도구다. 하지만 많은 상황에서 실제 DAG를 사용하는 데는 보통의 정해진 훈련과 몇 가지 기초적인 확률 훈련만 필요하다. 따라서 DAG는 응용 연구자들applied researchers이 이해할 수 있는 언어로 현대 방법론 연구의 어렵게 얻은 교훈을 제시하는 데 매우 효과적이다." 인과 그래프는 공변량 조정covariate adjustment 문제를 조명하는 데 특히 유용하다.

x가 y에 영향을 미치고 제3의 변수가 존재하는 경우, x에 대한 y의 회귀분석에서 제3의 변수를 조정해야 할까? 시뮬레이션을 통해 질문에 답하고, 세 가지 경우를 고려한다.

1. y1 ← **공통원인 변수**common cause variable → x1. 공통원인 변수는 y1과 x1 모두에게 영향을 미친다.

2. y2 ← **매개변수**intermediary variable ← x2. x2는 매개변수를 통해 y2에 영향을 미친다.

3. y3 → **충돌변수**collider variable ← x3. x3와 y3는 모두 충돌변수에 영향을 미친다.

공통원인 변수, 매개변수, 충돌변수의 예는 다음과 같다.

1. 공통원인 변수: 더 많은 살인 사건 ← **시간** → 더 많은 항생제

2. 매개변수: 심장병 ← **콜레스테롤** ← 인스턴트 혹은 가공식품 과다 섭취

3. 충돌변수: 배터리 방전 → **자동차 시동 불가** ← 기름 없음

이러한 메커니즘을 믿을 수 있지만, 사실일 수도 사실이 아닐 수도 있다.

시뮬레이션으로 돌아와 공통원인 시나리오 y1 ← com.cause → x1부터 시작해보자.

```
com.cause <- runif(100, min = 10, max = 20)
x1 <- 2 * com.cause + rnorm(100,0,0.5)
y1 <- 2 * com.cause + rnorm(100,0,0.5)
```

(1) x1에 대한 y1의 회귀분석과 (2) x1과 공통원인에 대한 y1의 회귀분석을 수행한다.

```
library(texreg)
m1 <- lm(y1 ~ x1)
m2 <- lm(y1 ~ x1 + com.cause)
texreg(list(m1, m2), caption = "Common cause",
       caption.above = TRUE)
```

표 10.5 공통원인(y1에 대한 x1의 실제 효과는 1이다.)

	Model 1	Model 2
(Intercept)	−0.26 (0.35)	−0.39 (0.26)
x1	1.01*** (0.01)	0.05 (0.10)
com.cause		1.92*** (0.21)
R^2	0.99	0.99
Adj. R^2	0.99	0.99
Num. obs.	100	100
RMSE	0.65	0.48

* $p < 0.05$; ** $p < 0.01$; *** $p < 0.001$

x1에 대한 y1의 회귀분석에 com.cause 변수를 포함하지 않을 경우 통계적으로 유의한 허위 효과spurious effect[2]가 발생한다(표 10.5).

그다음으로 매개변수 시나리오 y2 ← inter ← x2의 데이터를 생성한다.

```
x2 <- runif(100,min=10,max=20)
inter <- 2 * x2 + rnorm(100,0,0.5)
y2 <- 2 * inter + rnorm(100,0,0.5)
inter1 <- lm(y2 ~ x2)
inter2 <- lm(y2 ~ x2 + inter)
texreg(list(inter1, inter2), caption = "Intermediate variables",
       caption.above = TRUE)
```

---

2 허위 변수란 x 변수(독립 변수)와 y 변수(종속 변수) 간에 전혀 관계가 없음에도 불구하고 인과관계가 있는 것처럼 나타내도록 뒤에 숨어서 x 변수와 y 변수 모두에게 영향을 미치는 변수 z를 말한다. 혼란 변수란 x 변수(독립 변수)와 y 변수(종속 변수)에 부분적으로 영향을 미치고, 또 뒤에 숨어 있는 변수 z가 독립 변수와 종속 변수에 영향을 미치는 변수다. 예컨대 x(공직자의 윤리)가 y(부정부패)의 원인으로 추론됐지만, 사실은 z(상벌제도)라는 제3의 변수가 x와 y에 동시에 영향을 미치는 독립 변수(원인)로 작용하고 있기 때문에, 결과적으로 x와 y 간에 인과관계가 있는 것으로 나타났다고 하자. 이때 x와 y 사이에는 전혀 관계가 없는데 z로 인해 그렇게 보였다면 x는 허위 변수이며, x와 y 사이에는 약간의 관계만 있는데 z로 인해 과장됐다면 x는 혼란 변수가 되며, x와 y의 이러한 잘못된 상관관계를 허위 상관관계라고 한다. − 옮긴이

표 10.6 매개변수(y2에 대한 x2의 실제 효과는 4다.)

	Model 1	Model 2
(Intercept)	−0.64 (0.52)	0.03 (0.27)
x2	4.06*** (0.03)	0.34 (0.22)
inter		1.83*** (0.11)
R^2	0.99	1.00
Adj. R^2	0.99	1.00
Num. obs.	100	100
RMSE	1.00	0.50

* $p < 0.05$; ** $p < 0.01$; *** $p < 0.001$

이 시나리오에서 매개변수를 통제해서는 안 된다(표 10.6).

[실습]

위 코드로 y2, x2, inter를 생성한 후, x2에 대한 y2의 회귀분석과 x2와 inter에 대한 y2의 회귀분석을 수행한다. 무엇을 관찰할 수 있는가?

지금부터는 충돌변수 시나리오 y → collider ← x를 살펴보자.

```
x3 <- rnorm(100)
y3 <- rnorm(100)
collider <- 4 * y3 + 4 * x3 + 0.3 * rnorm(100)
m5 <- lm(y3 ~ x3)
m6 <- lm(y3 ~ x3 + collider)
texreg(list(m5, m6), caption = "Collider",
        caption.above = TRUE)
```

표 10.7 충돌변수(y3에 대한 x3의 실제 효과는 0이다.)

	Model 1	Model 2
(Intercept)	0.01 (0.10)	−0.00 (0.01)
x3	0.01 (0.11)	−1.00*** (0.01)
collider		0.25*** (0.00)
R^2	0.01	0.99
Adj. R^2	−0.00	0.99
Num. obs.	100	100
RMSE	0.99	0.07

* $p < 0.05$; ** $p < 0.01$; *** $p < 0.001$

충돌 사례에서 충돌변수를 통제해서는 안 된다(표 10.7).

통제가 항상 좋은 것은 아니라는 사실을 알 수 있다.

좋은 통제: 공통원인 변수 통제는 좋다.

나쁜 통제: 매개변수와 충돌변수 통제는 나쁘다.

겔만과 힐(Gelman and Hill, 2007) 같은 저자들은 후처리[post treatment] 변수 통제를 해서는 안 된다고 강조한다. 이 사례의 경우 x에 의해 영향을 받는 변수가 아니라 x에 영향을 미치는 변수만 통제해야 함을 보여준다. 매개변수의 경우에 inter에 대한 y의 효과, x에 대한 inter의 효과를 얻을 수 있으며 이로부터 x에 대한 y의 효과를 얻는다. 특정 상황에서 이는 유용한 전략일 수 있다.

10.2.5 통계적 유의성에 따른 회귀자 선택

이 절에서는 프리드먼(Freedman, 1983, p. 152)의 다음과 같은 주장을 살펴보고자 한다.

회귀방정식을 실증 연구에 사용할 때, 데이터 지점data point 대 모수 parameter의 비율이 낮은 경우가 많다. 또한 계수가 작은 변수들은 종종 제거되고, 이들 변수 없이 방정식이 재조정된다. … 이러한 수행은 전통적 통계 검정의 유의수준을 왜곡시킬 수 있다. 이 효과의 존재는 잘 알려져 있지만 그 중요성은 숙련된 통계학자조차도 미처 깨닫지 못하는 경우가 많다.

확률 변수 y, 그리고 y와 인과관계가 없는 10개의 회귀자regressor를 생성한다.

```
set.seed(80)
x1 <- rnorm(30)
x2 <- rnorm(30)
x3 <- rnorm(30)
x4 <- rnorm(30)
x5 <- rnorm(30)
x6 <- rnorm(30)
x7 <- rnorm(30)
x8 <- rnorm(30)
x9 <- rnorm(30)
x10 <- rnorm(30)
y <- rnorm(30)
mod1 <- lm(y ~ x1 + x2 + x3 + x4 + x5 + x6 + x7 + x8 + x9 + x10)
```

표 10.8의 Model 1을 기준으로 회귀자 x2와 x10을 선택한다.

```
mod2 <- lm(y ~ x2 + x10)
texreg(list(mod1, mod2), caption = "Selection by statistical
    significance", caption.above = TRUE)
```

y는 x 변수와 관련이 없지만 표 10.8의 Model 2에서 x10 계수의 통계적 유의성이 높다.

표 10.8 통계적 유의성에 따른 선택

	Model 1	Model 2
(Intercept)	0.08 (0.17)	0.02 (0.14)
x1	0.09 (0.21)	
x2	0.28 (0.19)	0.22 (0.15)
x3	0.06 (0.15)	
x4	0.09 (0.17)	
x5	0.02 (0.15)	
x6	0.19 (0.18)	
x7	0.19 (0.21)	
x8	0.13 (0.22)	
x9	−0.10 (0.22)	
x10	−0.36* (0.13)	−0.37** (0.11)
R^2	0.44	0.33
Adj. R^2	0.15	0.28
Num. obs.	30	30
RMSE	0.83	0.76

* $p < 0.05$; ** $p < 0.01$; *** $p < 0.001$

이와 같이 데이터를 생성하되, set.seed() 설정값을 999로 변경한다. y의 x 변수 10개에 대한 회귀분석을 수행한다. 통계적으로 가장 유의한 3개의 x를 선택하고 두 번째 회귀분석을 수행한다. 무엇을 관찰할 수 있는가?

10.3 실험

10.3.1 예제: 정박 효과

카네만[Kahneman]의 저서 『Thinking, Fast and Slow』(2011, p. 119 – 120)에서는 정박 효과[anchoring effect]를 다음과 같이 설명한다. "간디[Gandhi]의 사망 나이가 114세 이상이었는지 질문하면 사망 나이를 35세로 질문했을 때보다 사망 추정 나이가 훨씬 더 높아진다." 정박 효과는 행동경제학에서 사고의 한계를 설명하는 표현이다. 항구에 정박할 때 내리는 '닻[anchor]'이 배를 일정 거리 이상 움직이지 못하게 제어하듯이 인간의 행동 범위도 제한되는 경우를 뜻한다. 첫 이미지가 기억에 박혀 새로운 정보를 수용하거나 크게 수정할 수 없는 경우다.

카네만과 트버스키[Kahneman and Tversky]는 정박 효과 연구를 위해 본래 오리건대학교(Kahneman, 2011) 학생들과 진행한 실험을 수행했다. 학생들에게 다음과 같은 질문에 답하게 했다.[3]

- 0에서 100 사이의 난수[random number]를 (컴퓨터로) 선택한다.
- 선택하여 할당한 수를 X라 한다.

---

3 행동경제학자인 대니얼 카네만(Daniel Kahneman)과 에이모스 트버스키(Amos Tversky)는 UN 가맹국 중 아프리카 국가의 비율이 얼마나 될지 묻는 실험을 실시했다. 실험 참가자들에게 1부터 100까지의 숫자가 적힌 룰렛 게임을 먼저 한 후 정답을 말하게 했다. 그 결과 참가자가 룰렛 게임에서 10을 선택하면 평균적으로 아프리카 국가의 비율을 25%로, 65를 선택하면 45%로 답한다는 사실을 발견했다. – 옮긴이

- UN$^{\text{United Nations}}$ 국가들 가운데, 아프리카 국가들의 비율이 X보다 높거나 낮다고 생각하는가?
- UN 가맹국 가운데 아프리카 국가들의 비율을 추정한다.

숫자 X를 무작위로 클래스^{class} 내에 할당하며, 이때 높은 $X(65)$는 처리군에, 낮은 $X(10)$는 대조군에 할당한다. X는 Prompt 변수에 기록한다.

데이터는 anchor.csv 파일에 있으며, 다음과 같은 변수가 포함돼 있다.

- Prompt: $X = 65$이면 높음^{High}, $X = 10$이면 낮음^{Low}
- African: UN 가맹국 중 아프리카 국가의 비율을 추정한 값
- Class: 학생들이 속한 두 클래스, IES 또는 TERI

데이터를 읽는다.

```
library(tidyverse)
anchor <- read_csv("anchor.csv")
```

클래스별로 처리군과 대조군의 평균을 구한다.

```
anchor %>%
  group_by(Class, Prompt) %>%
  summarize(count = n(),
            mean_AF = mean(African))
## # A tibble: 4 x 4
## # Groups:   Class [2]
##   Class Prompt count mean_AF
##   <chr> <chr> <int>  <dbl>
## 1 IES   High_65    4   58
## 2 IES   Low_10     4   14.8
## 3 TERI  High_65   16   24.5
## 4 TERI  Low_10    17   21.9
```

IES 클래스에서는 처리군과 대조군 간에 평균에서 큰 차이가 있으며 (58 대 15), Prompt의 해당 값을 거의 반영한다. TERI 클래스에서는 평균에서 약간의 차이만 있다(그림 10.8).

```
ggplot(anchor, aes(y = African,
                   x = Prompt)) +
  geom_boxplot() +
  facet_wrap(~ Class) +
  coord_flip()
```

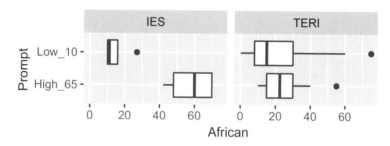

그림 10.8 높거나(High) 또는 낮은(Low) Prompt와 Class별로 UN 가맹국 중 아프리카 국가의 비율을 추정한 상자그림

Class별로 효과를 분석한다. IES 클래스는 8명밖에 되지 않는다. 이러한 소규모 클래스에서는 9장에서 다룬 순열 검정permutation test이나 분포 가정을 하지 않는 무작위 추론randomization inference을 사용하는 편이 더 낫다. 또한 소규모 클래스는 실험의 경우에 무작위 추론을 설명하는 데 도움을 준다. 처음 두 단위unit를 더 자세히 살펴보자.

```
anchor_12 <- anchor %>%
  filter(Class == "IES") %>%
  dplyr::select(Prompt, African)
anchor_12[1:2,]
## # A tibble: 2 x 2
##   Prompt African
##   <chr>    <dbl>
## 1 Low_10      27
## 2 High_65     70
```

첫 번째 사람의 Prompt는 낮다. 즉, 이 사람의 경우 X는 10이다. 이 사람은 아프리카 국가의 비율을 27로 추정했다. 다음 사람의 Prompt(X)는

65이며, 아프리카 국가의 비율을 70으로 추정했다.

두 사람만 고려한다면 처리 효과는 70 − 27 = 43이다.

또 다른 가능한 처리 할당은 첫 번째 사람의 Prompt가 높고 두 번째 사람의 Prompt가 낮은 경우다. 하지만 이 경우에 해당하는 결과는 관찰하지 않았다. 그러나 엄격한 귀무가설하에서 각 사람의 처리 효과는 0이므로, 첫 번째 사람은 10이라는 낮은 Prompt라도 African을 27이라고 추정한다. 두 번째 사람은 높은 Prompt라는 처리를 받더라도 African을 70이라고 추정한다. 따라서 처리 효과는 −43이다. 다수의 무작위 할당을 조사하고 각 할당하에서 평균 처리 효과를 계산한다.

IES 클래스의 데이터를 이용해 무작위 추론을 수행한다.

```
anchor1 <- anchor %>%
  filter(Class == "IES")
```

ri2 패키지(Coppock, 2019)는 무작위 추론을 수행한다. 결과 벡터는 Y에, 처리는 Z에 저장한다.

```
library(ri2)
Y <- anchor1$African
Z <- ifelse(anchor1$Prompt == "High_65", 1, 0)
Z
## [1] 0 1 1 1 0 1 0 0
anchor_IES_P <- data.frame(Y, Z)
```

Y와 Z가 포함된 데이터프레임을 생성했으므로 무작위 할당을 선언한다. 즉, 8개 단위 중 4개를 처리에 할당한다.

```
declaration_1 <- declare_ra(N = 8, m = 4)

ri2_IES_P <- conduct_ri(Y ~ Z,
                        data = anchor_IES_P,
                        declaration = declaration_1
)
```

무작위 추론을 수행한다.

```
summary(ri2_IES_P)
##   term estimate two_tailed_p_value
## 1    Z    43.25          0.02857143
```

효과의 추정값은 43이며, 이때 *p* 값은 0.03이다(그림 10.9).

```
plot(ri2_IES_P)
```

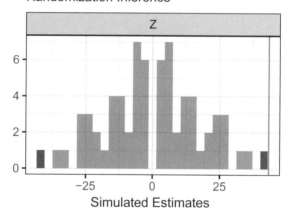

그림 10.9 무작위 추론 분포와 IES 클래스에서 정박 효과의 추정값

더 큰 클래스인 TERI의 데이터를 분석한다.

```
anchor2 <- anchor %>%
  filter(Class == "TERI")

Y <- anchor2$African
Z <- ifelse(anchor2$Prompt == "High_65", 1, 0)

anchor_TERI <- data.frame(Y, Z)
```

```
declaration2 <- declare_ra(N = 33, m = 16)

ri2_TERI <- conduct_ri(Y ~ Z,
                       data = anchor_TERI,
                       declaration = declaration2)

summary(ri2_TERI)
##   term estimate two_tailed_p_value
## 1    Z 2.605882              0.675
```

TERI의 추정값은 2.6이며, 이때 *p* 값은 0.67이다(그림 10.10).

```
plot(ri2_TERI)
```

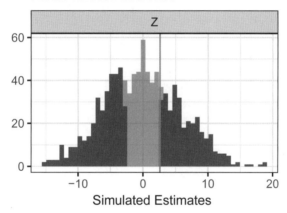

그림 10.10 무작위 추론 분포와 TERI 클래스에서 정박 효과의 추정값

선형 모형linear model을 이용해 유사한 결과를 얻는다(표 10.9).

```
mod2 <- lm(African ~ Prompt, data = anchor2)
library(texreg)
texreg(list(mod2), caption = "Dependent variable is African,
      class TERI", caption.above = TRUE)
```

표 10.9 종속 변수는 African이다(TERI 클래스).

	Model 1
(Intercept)	24.50***
	(4.28)
PromptLow_10	−2.61
	(5.97)
R^2	0.01
Adj. R^2	−0.03
Num. obs.	33
RMSE	17.14

* $p < 0.05$; ** $p < 0.01$; *** $p < 0.001$

[실습]

카네만의 정박 효과 연구를 위해 던진 질문들을 출력하고 몇 부 복사한다. 주변 몇 명의 지인들에게 질문지를 작성하도록 요청한다. 데이터를 기록한 후 분석한다.

10.3.2 예제: 여성 정책 입안자

듀플로와 채토파디아(Duflo and Chattopadhyay, 2004)는 인도의 마을 협의회Village Councils의 지도자 직책 유지가 이들이 추진한 프로젝트의 종류에 미치는 영향을 연구했다. 데이터 중 일부는 Imai(2018)에서 확인할 수 있으며, 이는 서벵골West Bengal주의 버범Birbhum 지역 데이터에 해당한다. 데이터는 다음과 같이 얻을 수 있다(# 기호 제거).

```
#library("devtools")
#install_github("kosukeimai/qss-package", build_vignettes = TRUE)
#data(women, package = "qss")
```

데이터를 PC에 저장했다면 다음과 같이 읽는다.

```
library(tidyverse)
women <- read.csv("~/Documents/R/ies2018/women.csv")
```

살펴볼 women 데이터셋의 변수는 다음과 같다.

- GP: 그램 판차야트^{Gram Panchayat}의 식별자
- village: 각 마을에 대한 식별자
- female: GP에 여성 지도자가 있는지 여부
- water: 할당 정책^{reservation policy}[4]이 시작된 이래로 마을에서 식수 시설을 새롭게 설치했거나 수리한 횟수

여성의석할당^{reservation}은 무작위 할당으로 수행한다.

```
women %>%
  group_by(reserved) %>%
  summarize(count_res = n(),
            mean_female = mean(female),
            mean_water = mean(water))
## # A tibble: 2 x 4
##   reserved count_res mean_female mean_water
##      <int>     <int>       <dbl>      <dbl>
## 1        0       214      0.0748       14.7
## 2        1       108      1            24.0
```

처리군에서 water의 평균은 24이고, 대조군에서는 15다.

```
ggplot(women,aes(y = water, x = factor(reserved))) +
  geom_boxplot() +
  coord_flip()
```

---

4 인도는 1993년 수정헌법 제73조 및 74조에 의거 기존의 2계층 연방제를 분권화해서 3계층제로 전환하면서, 신설된 지방자치단체인 판차야트 라지(Panchayat Raj) 체제에 지정 카스트(SCs)와 지정부족(STs)에 대해 인구학적 비율에 의한 할당과 여성에게 의원 및 의장 1/3 여성의석할당(reservation)을 실시하는 제도를 채택했다(출처: 국회여성가족위원회, 2013.9). – 옮긴이

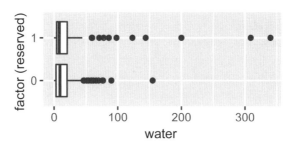

그림 10.11 처리군과 대조군에서 식수의 상자그림

그림 10.11의 상자그림을 통해 일부 처리군 마을의 경우 매우 높은 수준의 식수^{water}를 보유하고 있음을 알 수 있다.

데이터는 군집화할 수 있으므로, ri2 패키지로 무작위 추론을 수행하면서 묶는다.

```
dat <- data.frame(Y = women$water,
                  Z = women$reserved,
                  cluster = women$GP)
head(dat)
##    Y Z cluster
## 1 10 1       1
## 2  0 1       1
## 3  2 1       2
## 4 31 1       2
## 5  0 0       3
## 6  0 0       3
declaration <- with(dat,{
  declare_ra(clusters = cluster)
  })

declaration
## Random assignment procedure: Cluster random assignment
## Number of units: 322
## Number of clusters: 161
## Number of treatment arms: 2
## The possible treatment categories are 0 and 1.
## The number of possible random assignments is approximately
   infinite.
## The probabilities of assignment are constant across units:
```

```
## prob_0 prob_1
##    0.5    0.5
ri2_out <- conduct_ri(
  Y ~ Z,
  sharp_hypothesis = 0,
  declaration = declaration,
  data = dat
)

summary(ri2_out)
##   term estimate two_tailed_p_value
## 1    Z 9.252423              0.015


plot(ri2_out)
```

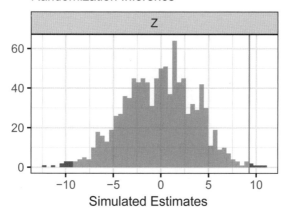

그림 10.12 여성의석할당의 무작위 추론 분포

추정값은 9.25이며, 이때 *p* 값은 0.015로 낮다(그림 10.12).

estimatr 패키지와 선형 모형을 사용하고 군집강건표준오차^{cluster robust} standard error를 추정한다. 표 10.10은 결과 계수와 신뢰구간을 보여준다.

```
women$reserved <- factor(women$reserved)
library(estimatr)
mod_water_r <- lm_robust(water ~ factor(reserved),
                         clusters = GP, data = women)
library(texreg)
texreg(list(mod_water_r),
       caption = "Effect of women on water",
       ci.force = T, ci.test = NULL,
       caption.above = TRUE)
```

표 10.10 식수에 대한 여성의 영향력

	Model 1
(Intercept)	14.74 [11.70; 17.77]
factor(reserved) 1	9.25 [−0.79; 19.29]
R^2	0.02
Adj. R^2	0.01
Num. obs.	322
RMSE	33.45

10.3.3 예제: 교육 프로그램

겔만과 힐(Gelman and Hill, 2007, p. 174–181)이 발표한 1970년경에 실시한 실험 데이터를 살펴본다. 결과는 읽기 시험 점수이며, 처리[treatment]는 교육 TV 프로그램에 대한 노출이다.

```
electric <- read.table("electric.dat", header = T) #str(electric)
```

electric 데이터셋에서의 핵심 변수는 다음과 같다.

* Grade: 학년
* treated.Pretest: 처리 학생의 사전 시험 점수

- control.Pretest:. 대조 학생의 사전 시험 점수
- treated.Posttest: 처리 학생의 사후 시험 점수
- control.Posttest: 대조 학생의 사후 시험 점수

데이터 랭글링을 수행하며, 처리와 대조 학생의 Pretest 변수를 결합하고, 마찬가지로 Posttest 변수에 대해서도 수행한다. 그리고 처리를 위한 지시자indicator를 생성한다.

[실습]
겔만과 힐의 책(『Data Analysis Using Regression and Multilevel/ Hierarchical Models』) 웹사이트에서 electric 데이터를 찾아라. 다음에 나오는 코드를 통해 데이터 랭글링을 수행한다.

```
post.test <- c(electric$treated.Posttest,
                electric$control.Posttest)
pre.test <-
  c(electric$treated.Pretest,
    electric$control.Pretest)
grade <- rep(electric$Grade,2)
grade <- factor(grade)
rep(c(1,0),rep(3,2))
## [1] 1 1 1 0 0 0

treatment <- rep(c(1,0),
                rep(length(electric$treated.Posttest),2))
treatment <- factor(treatment)
n <- length(post.test)
elec <- tibble(post.test,
                pre.test,grade,treatment)
elec
## # A tibble: 192 x 4
##    post.test pre.test grade treatment
##        <dbl>    <dbl> <fct> <fct>
## 1      48.9     13.8 1     1
## 2      70.5     16.5 1     1
## 3      89.7     18.5 1     1
```

```
## 4      44.2      8.8 1      1
## 5      77.5     15.3 1      1
## 6      84.7     15   1      1
## 7      78.9     19.4 1      1
## 8      86.8     15   1      1
## 9      60.8     11.8 1      1
## 10     75.7     16.4 1      1
## # ... with 182 more rows
```

1학년에 초점을 맞춰 데이터를 필터링한다.

```
library(tidyverse)
elec_1 <- elec %>%
  filter(grade==1)
```

처리군 대 대조군의 사후 시험 점수를 상자그림으로 나타낸다(그림 10.13).

```
ggplot(elec_1, aes(y = post.test,
                   x = treatment)) +
  geom_boxplot() +
  coord_flip()
```

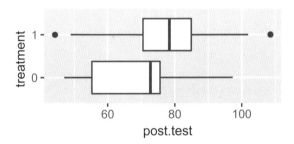

그림 10.13 처리군과 대조군 사후 시험 점수의 상자그림

사후 시험 대 사전 시험 점수를 산점도로 나타낸다(그림 10.14).

```
ggplot(elec_1, aes(x = pre.test,
                   y = post.test,
```

```
                    colour = treatment)) +
geom_point() +
stat_smooth(method = lm,
            se = FALSE)
```

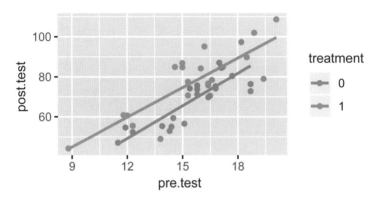

그림 10.14 처리군과 대조군 사후 시험 점수 대 사전 시험 점수의 산점도

본 예제는 실험이므로 사전 시험 점수를 통제하지 않지만, 시전 시험
점수를 포함하면 더 정확한 추정값을 얻을 수 있다.

```
mod1.1 <- lm(post.test ~ treatment,
             data = elec_1)
mod1.2 <- lm(post.test ~ pre.test +
             treatment, data= elec_1)
texreg(list(mod1.1, mod1.2),
       ci.force = TRUE, ci.test = NULL,
       caption = "Effect of programme on scores",
       caption.above = TRUE)
```

표 10.11 프로그램이 점수에 미치는 영향

	Model 1	Model 2
(Intercept)	68.79 [62.38; 75.20]	−11.02 [−28.24; 6.20]
treatment1	8.30 [−0.76; 17.36]	8.79 [3.67; 13.91]
pre.test		5.11 [4.03; 6.19]
R^2	0.07	0.71
Adj. R^2	0.05	0.70
Num. obs.	42	42
RMSE	14.98	8.46

표 10.11에서 처리 계수의 추정값은 두 모형에서 매우 유사하다. 하지만 추정값은 Model 2가 더 정확하다(신뢰구간이 더 좁다).

[실습]
2학년과 4학년의 데이터를 분석하라. 1학년의 결과와 비교하면 어떠한가?

10.3.4 예제: STAR 프로젝트

STAR 프로젝트는 미국의 테네시^{Tennessee}주에서 시행한 대규모 실험이다.[5] 학급 규모에 세 종류의 처리가 할당된다. 학생과 교사는 소규모 학급(13~17명), 일반규모 학급(22~25명), 보조교사가 투입되는 일반규모 학급이라는 세 종류의 학급에 무작위로 배정된다. 이번 절에서의 분석은 힐

---

5 테네시주의 STAR(Student–Teacher Achievement Ratio) 프로젝트는 소규모 학급의 효과를 연구한 대규모 프로젝트로서, 유치원에서 초등학교 3학년에 이르는 약 11,600여 명의 학생들이 이 실험 연구에 참여했다. 이 실험 연구에 따르면, 전 학년에 걸쳐 소규모 학급의 학생들의 성적이 더 우수하고 중도탈락률이 적음을 볼 수 있었다. – 옮긴이

(Hill et al., 2018)의 계량경제학 교재에 기술된 내용을 따르며, 일반규모 학급의 대조군과 비교해 소규모 학급 처리에 중점을 둔다.

```
library(tidyverse)
library(POE5Rdata)
data(star)
#str(star)
```

star 데이터셋의 핵심 변수는 다음과 같다.

- totalscore: 읽기와 수학 점수의 합
- small: 학생이 소규모 학급에 할당되면 1
- boy, white-asian, freelunch: 학생 기술자[descriptor]
- tchexper: 선생님의 경험

치리 중 하나는 보조교사의 투입이다. 하지만 이들 관찰을 무시하고 소규모 대 일반규모에 초점을 맞춘다.

```
star <- star %>%
  filter(aide == 0) %>%
  dplyr::select(totalscore, small, tchexper,
                boy, freelunch, white_asian, schid) %>%
  mutate(small_fac = ifelse(small == 1, "small", "regular"),
         sch_fac = factor(schid))
#str(star)
star <- as_tibble(star)


star %>%
  group_by(small_fac) %>%
  summarize(mscore = mean(totalscore),
            sdscore = sd(totalscore))
## # A tibble: 2 x 3
##   small_fac mscore sdscore
##   <chr>      <dbl>   <dbl>
## 1 regular     918.    73.1
## 2 small       932.    76.4
```

일반규모 학급의 평균 점수는 918점이고, 소규모 학급의 평균 점수는 932점이다.

```
ggplot(star, aes(x = small_fac, y = totalscore)) +
  geom_boxplot() +
  coord_flip()
```

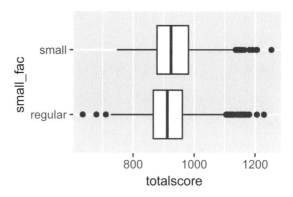

그림 10.15 소규모와 일반규모 학급에 대한 총 점수의 상자그림

그림 10.15에서 totalscore의 분포는 소규모 학급 학생군의 경우 우측으로 이동한다는 사실을 알 수 있다. 또한 상자그림을 통해 하한 이상치 lower outlier들이 소규모 학급에는 없다는 사실도 확인할 수 있다.

일반규모 학급과 소규모 학급 간에 각기 다른 공변량covariate이 어떻게 변하는지 알 수 있다.

```
star %>%
  group_by(small_fac) %>%
  summarize(mboy = mean(boy),
            mlunch = mean(freelunch),
            mw_a = mean(white_asian),
            mexper = mean(tchexper))
## # A tibble: 2 x 5
##   small_fac  mboy mlunch  mw_a mexper
##   <chr>     <dbl>  <dbl> <dbl>  <dbl>
## 1 regular   0.513  0.474 0.681   9.07
## 2 small     0.515  0.472 0.685   9.00
```

처리군과 대조군 간의 공변량 차분은 작다. cobalt 패키지(Greifer, 2019)로 공변량 균형covariate balance을 평가한다(그림 10.16).

```
library(cobalt)
love.plot(small ~ boy + freelunch +
            white_asian + tchexper,
          data = star, stars = "std", abs = TRUE)
```

Note: s.d.denom not specified; assuming pooled.

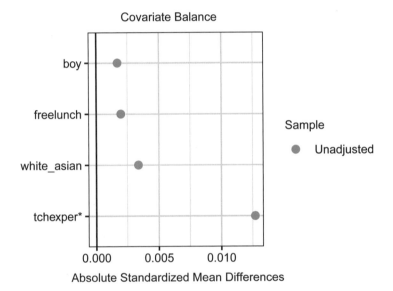

그림 10.16 star 데이터의 공변량 균형

선형 확률 모형linear probability model을 사용해 다음과 같이 균형의 공식적 인 검정을 수행한다(Hill et al., 2018).

```
mod_star_check <- lm(small ~ boy + white_asian + tchexper +
                       freelunch, data = star)
library(texreg)
texreg(mod_star_check, ci.force = TRUE,
       ci.test = NULL, caption = "Checking balance",
       caption.above = TRUE)
```

표 10.12 균형 확인

	Model 1
(Intercept)	0.47 [0.42; 0.52]
boy	0.00 [−0.03; 0.03]
white_asian	0.00 [−0.03; 0.04]
tchexper	−0.00 [−0.00; 0.00]
freelunch	−0.00 [−0.04; 0.03]
R^2	0.00
Adj. R^2	−0.00
Num. obs.	3743
RMSE	0.50

texreg 패키지(Leifeld, 2013)로 생성한 표 10.12를 통해 처리군과 대조군이 균형을 이루고 있음을 확인할 수 있다.

```
mod_star_1 <- lm(totalscore ~ small_fac, data = star)
mod_star_2 <- lm(totalscore ~ small_fac + boy +
                    freelunch + white_asian, data = star)


mod_star_3 <- lm(totalscore ~ small_fac + boy +
                    freelunch + white_asian + tchexper + sch_fac,
                 data = star)


texreg(list(mod_star_1, mod_star_2, mod_star_3),
       omit.coef = "Intercept|sch_fac",
       ci.force = TRUE, ci.test = NULL,
       caption = "Effect of small class on total scores",
       caption.above = TRUE)
```

표 10.13 소규모 학급이 총 점수에 미치는 영향

	Model 1	Model 2	Model 3
small_facsmall	13.90 [9.10; 18.69]	13.81 [9.23; 18.40]	16.06 [11.89; 20.22]
boy		−15.64 [−20.22; −11.06]	−13.46 [−17.56; −9.35]
freelunch		−34.19 [−39.29; −29.09]	−36.34 [−41.24; −31.43]
white_asian		12.58 [7.11; 18.05]	25.26 [16.61; 33.91]
tchexper			0.82 [0.40; 1.25]
R^2	0.01	0.09	0.30
Adj. R^2	0.01	0.09	0.29
Num. obs.	3743	3743	3743
RMSE	74.65	71.43	63.28

소규모 학급의 효과(표 10.13의 Model 1과 Model 2에서 약 14)는 세 명세에서 안정적이다. Model 3에서 추정값은 더 높고 정밀도는 더 크다.

10.4 매칭

매칭matching의 기본 아이디어는 간단하다. 관찰 연구observational study에서 일부 공변량에 대해 처리군과 대조군 단위가 크게 다를 수 있다. 예컨대, 처리 단위인 A와 대조 단위인 B는 나이와 성별 면에서 다를 수 있다. 하지만 대조 단위인 C는 나이와 성별 면에서 A와 유사할 수 있다. 그러면 A와 C를 매칭하고 매칭된 단위 간의 비교를 통해 처리 효과를 평가한다.

실제로 여러 공변량이 있을 때 많은 공변량이 연속적일 수 있어 정확히 매칭할 수 없다. 따라서 더 종합적인 방법을 사용해야 한다.

먼저 결과 데이터를 보지 않고 데이터를 매칭하고 균형을 확인한 다음 처리 효과를 추정한다.

매칭의 세부사항은 다소 기술적일 수 있으므로 매칭에 대한 직관력을
기르기 위해 시뮬레이션된 데이터를 사용한다.

10.4.1 간단한 데이터 활용 예제

매칭의 기본 아이디어는 매우 직관적이다. 작은 시뮬레이션 예제를 살펴
보자.

```
library(tidyverse)
```

데이터를 생성한다.

```
x <- c(rep(0,6),rep(1,6))
w <- c(30,18,20,10,10,17,20,18,10,10,17,3)
y <- (10 * x) + w + (0.2 * w^2) +
  (3 * (rnorm(12,1,1)))
wsq <- w^2
dat_mat <- data.frame(y,x,w,wsq)
dat_mat
##            y x  w wsq
## 1  218.38954 0 30 900
## 2   85.06152 0 18 324
## 3   99.19242 0 20 400
## 4   32.39997 0 10 100
## 5   37.37473 0 10 100
## 6   77.01007 0 17 289
## 7  109.19882 1 20 400
## 8   91.67818 1 18 324
## 9   37.42884 1 10 100
## 10  41.30772 1 10 100
## 11  83.10518 1 17 289
## 12  18.43934 1  3   9
# 티블(tibble)은 매칭에 방해가 된다.
```

dat_mat에서 첫 번째 관찰값은 x = 0일 때 w = 30이고, 12번째 관찰
값은 x = 1일 때 w = 3이다. 중첩의 부족lack of overlap은 그림 10.17에서

254

확인할 수 있다.

```
ggplot(dat_mat, aes(x = w, y = y,
                    shape = factor(x),
                    linetype = factor(x))) +
    geom_point() +
    geom_smooth(method = "lm", se = FALSE, col = "black")
```

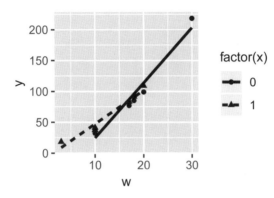

그림 10.17 비매칭 데이터(unmatched data)인 y 대 w의 산점도

세 가지 회귀분석을 실행한다.

```
library(texreg)
mod1 <- lm(y ~ x + w + wsq, data = dat_mat)
mod2 <- lm(y ~ x + w, data = dat_mat)
mod3 <- lm(y ~ x , data = dat_mat)
texreg(list(mod1, mod2, mod3),
       caption = "Effect of omitting w and wsq",
       ci.force = T, ci.test = NULL,
       caption.above = TRUE)
```

x, w, wsq에 대한 y의 회귀분석을 수행하면 x에 대한 y의 효과 추정값은 실제 추정값과 유사하다(표 10.14). x와 w에 대한 y의 회귀분석을 수행하더라도 합리적인 추정값을 제공한다. 하지만 x에 대한 y의 단순 회귀분석은 매우 편향된 추정값을 제공한다.

표 10.14 w와 wsq 생략의 영향(y에 대한 x의 실제 효과 = 10)

	Model 1	Model 2	Model 3
(Intercept)	11.46 [5.94; 16.97]	−38.48 [−68.28; −8.68]	91.57 [48.26; 134.89]
x	6.05 [3.51; 8.59]	5.40 [−15.01; 25.80]	−28.05 [−89.30; 33.21]
w	−0.11 [−0.75; 0.54]	7.43 [5.92; 8.95]	
wsq	0.23 [0.21; 0.25]		
R^2	1.00	0.92	0.07
Adj. R^2	1.00	0.92	−0.02
Num. obs.	12	12	12
RMSE	2.11	17.00	54.13

정확 매칭exact matching을 사용해 x = 0의 관찰값을 정확히 동일한 w로 x = 1에 해당하는 관찰값과 매칭한다. MatchIt 패키지와 matchit() 함수를 사용하며 method = "exact"로 설정한다.

```
library(MatchIt)
match.1 <- matchit(x ~ w, data = dat_mat,
                   method = "exact", replace = FALSE)
match.1
##
## Call:
## matchit(formula = x ~ w, data = dat_mat, method = "exact",
##         replace = FALSE)
##
## Exact Subclasses: 4
##
## Sample sizes:
##           Control Treated
## All             6       6
## Matched         5       5
## Unmatched       1       1
```

정확 매칭은 처리군 관찰값 5개를 대조군과 매칭했다. 1개는 매칭하지 못했다.

cobalt 패키지에 있는 love.plot 함수로 매칭 전후의 공분산 균형 그래
프를 그린다(그림 10.18).

```
library(cobalt)
love.plot(match.1, stars = "std", abs = TRUE)
```

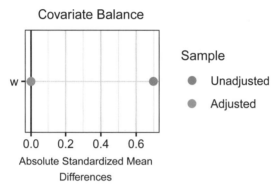

그림 10.18 공분산 균형

이제 매칭 데이터를 추출한다.

```
match_dat <- match.data(match.1)
match_dat
##            y x  w wsq weights subclass
## 2   85.06152 0 18 324       1        2
## 3   99.19242 0 20 400       1        1
## 4   32.39997 0 10 100       1        3
## 5   37.37473 0 10 100       1        3
## 6   77.01007 0 17 289       1        4
## 7  109.19882 1 20 400       1        1
## 8   91.67818 1 18 324       1        2
## 9   37.42884 1 10 100       1        3
## 10  41.30772 1 10 100       1        3
## 11  83.10518 1 17 289       1        4
```

앞서 실행한 것과 동일한 회귀분석을 수행한다. 정확 매칭을 사용한 회

귀분석 명세에 있는 추정값은 동일하다(표 10.15).

```
mod_m1 <- lm(y ~ x + w + wsq, data = match_dat)
mod_m2 <- lm(y ~ x + w, data = match_dat)
mod_m3 <- lm(y ~ x, data = match_dat)
texreg(list(mod_m1, mod_m2, mod_m3),
        caption = "Regressions with matched data",
        ci.force = T, ci.test = NULL,
        caption.above = TRUE)
```

표 10.15 매칭 데이터를 이용한 회귀분석(y에 대한 x의 실제 효과 = 10)

	Model 1	Model 2	Model 3
(Intercept)	2.87	−31.79	66.21
	[−30.62; 36.37]	[−38.30; −25.28]	[39.25; 93.16]
x	6.34	6.34	6.34
	[3.53; 9.14]	[2.95; 9.72]	[−31.78; 44.45]
w	1.30	6.53	
	[−3.70; 6.30]	[6.13; 6.94]	
wsq	0.18		
	[0.01; 0.35]		
R^2	1.00	0.99	0.01
Adj. R^2	0.99	0.99	−0.11
Num. obs.	10	10	10
RMSE	2.26	2.73	30.75

```
ggplot(match_dat, aes(x = w, y = y,
                        shape = factor(x),
                        linetype = factor(x))) +
    geom_point() +
    geom_smooth(method = "lm", se = FALSE, col = "black")
```

```
rm(list=ls())
```

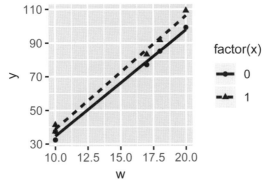

그림 10.19 매칭 후 w에 대한 y의 산점도

앞서 살펴본 비매칭 데이터의 그림 10.17과 매칭 데이터의 그림 10.19를 비교한다. 호(Ho et al., 2011)는 모형 의존성을 줄이기 위한 비모수적 방법non-parametric method으로 매칭을 권한다(표 10.15 참조).

10.4.2 예제: 노동 훈련 프로그램

라론드(Lalonde, 1986)는 노동 훈련 프로그램인 NSWD^{National Supported Work Demonstration}의 관찰 데이터를 활용한 실험적 평가와 계량경제학 평가가 다른 결론에 도달했음을 보여준다.[6] 하지만 이후에 데헤자와 와바(Dehejia and Wahba, 1999)는 매칭을 사용해 관찰 연구가 실험 연구의 결과에 도달할 수 있음을 보여줬다.[7]

---

6 라론드(1986)는 실험적 데이터를 이용해 실험적 방법과 비실험적 방법, 서로 다른 유형의 비실험적 평가 기법들이 보여주는 결과를 비교했는데, 평가 대상 프로그램은 NSWD로 미국 내 10개 지역의 취약계층 노동자들을 돕는 프로그램을 사용했다. 대상 인원은 처리집단과 대조집단 총 6,616명으로, 소득(earnings)을 성과 지표로 삼아 처리 전/후 변화를 비교했는데, 1년의 사전 프로그램 기간과 2년의 처리 기간 이후 연도(1978)의 두 그룹 간 연간 소득을 측정한 결과 처리집단이 대조집단에 비해 약 900달러 정도 높게 나타나 정책이 효과적이었던 것으로 결론을 내렸다. 또한 PSID(The Panel Study of Income Dynamics)와 CPS(Current Population Survey)-SSA(Social Security Administration)로부터 서로 다른 비실험적 추정 기법을 통해 처리집단과 대조집단을 구성한 후 각각의 추정 기법으로 분석한 결과 유의한 수준으로 다른 결과가 나왔을 뿐만 아니라 평가 결과가 참가 결정 및 소득 함수에 의존하는 문제가 발생하여 비실험적 방법론에서 사용되는 통상적인 추정 방법들이 실험론적 방법론에 따른 결과와 유의미하게 다른 결과를 보여주는 것을 지적했다(홍승헌, 원종학, 2013). - 옮긴이

7 데헤자와 와바의 연구에 따르면 직업훈련 참여와 같은 처리(treatment)는 무작위로 배정되지 않으므로 일반적인 분석 방법을 통해서는 내생성 문제를 해결하기 어렵다. 성향점수 매칭법(PSM, propensity score matching)은 일반적인 회귀분석 방법론보다 처리가 무작위인 경우에 생성된 결과와 유사한 추정이 가능한 것으로 알려져 있다. - 옮긴이

MatchIt 패키지에 있는 데이터를 사용해 작업한다.

```
data(lalonde, package = "MatchIt")
#write.csv(l1,"l1.csv")
#l1 <- read.csv("l1.csv")
str(lalonde)
## 'data.frame':   614 obs. of  10 variables:
##  $ treat   : int  1 1 1 1 1 1 1 1 1 1 ...
##  $ age     : int  37 22 30 27 33 22 23 32 22 33 ...
##  $ educ    : int  11 9 12 11 8 9 12 11 16 12 ...
##  $ black   : int  1 0 1 1 1 1 1 1 1 0 ...
##  $ hispan  : int  0 1 0 0 0 0 0 0 0 0 ...
##  $ married : int  1 0 0 0 0 0 0 0 0 1 ...
##  $ nodegree: int  1 1 0 1 1 1 0 1 0 0 ...
##  $ re74    : num  0 0 0 0 0 0 0 0 0 0 ...
##  $ re75    : num  0 0 0 0 0 0 0 0 0 0 ...
##  $ re78    : num  9930 3596 24909 7506 290 ...
```

결과 변수는 1978년의 소득인 re78이다. 처리는 treat다. 인구통계학적 공변량demographic covariate과 과거 1974년 소득인 re74와 1975년 소득인 re75가 있다.

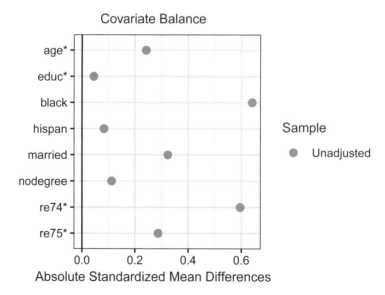

그림 10.20 매칭 전 l1의 공변량 균형

lalonde를 다른 이름의 변수에 저장한다.

```
ll <- lalonde
```

```
love.plot(treat ~ age + educ + black + hispan + married +
          nodegree + re74 + re75, data = ll, stars = "std",
          abs = TRUE)
```

공변량은 불균형하다. 특히 black과 re74가 불균형하다(그림 10.20).

```
mod_la1 <- lm(re78 ~ treat, data = ll)
mod_la2 <- lm(re78 ~ treat + age + educ + black + hispan +
              married + nodegree + re74 + re75, data = ll)
texreg(list(mod_la1, mod_la2),
       caption = "Regression with lalonde data",
       ci.force = T, ci.test = NULL)
```

표 10.16에서 Model 1과 Model 2의 추정값이 매우 다르다.

이제 균형을 개선하기 위해 알고리즘을 통합하는 유전 매칭genetic matching을 사용한다(Sekhon, 2011). 섹혼(Sekhon, 2011, p. 3)에 따르면, "마할라노비스 거리Mahalanobis distance와 성향점수propensity score 방법 같은 일반적인 매칭 방법의 중요한 단점은 측정된 잠재적 교란 변수 간에 균형을 악화시킬 수 있다는 점이다(실제로 자주 일어난다)." 유전 매칭의 장점은(Sekhon, 2011, p. 1) "처리군과 대조군에서 잠재적 교란 변수의 분포 간 불일치discrepancy를 최소화하는 매칭 집합을 자동으로 찾는다. 즉, 공변량 균형이 최대화된다."는 것이다. MatchIt 패키지는 유전 매칭을 위해 Matching 패키지를 사용한다.

```
set.seed(123)
match.ll <- matchit(treat ~ age + educ + black + hispan +
                    married + nodegree + re74 + re75,
                    data = ll, method = "genetic",
                    replace = FALSE, pop.size = 50, print = 0)
```

```
## Loading required namespace: rgenoud
```

표 10.16 lalonde 데이터의 회귀분석

표 10.16 lalonde 데이터의 회귀분석

	Model 1	Model 2
(Intercept)	6984.17 [6277.19; 7691.15]	66.51 [−4709.42; 4842.45]
treat	−635.03 [−1922.99; 652.94]	1548.24 [16.96; 3079.52]
age		12.98 [−50.70; 76.65]
educ		403.94 [92.49; 715.39]
black		−1240.64 [−2747.39; 266.11]
hispan		498.90 [−1347.28; 2345.07]
married		406.62 [−956.48; 1769.72]
nodegree		259.82 [−1401.14; 1920.77]
re74		0.30 [0.18; 0.41]
re75		0.23 [0.03; 0.44]
R^2	0.00	0.15
Adj. R^2	−0.00	0.14
Num. obs.	614	614
RMSE	7471.13	6947.92

```
match.l1
## match.l1
##
## Call:
## matchit(formula = treat ~ age + educ + black + hispan + married +
##     nodegree + re74 + re75, data = l1, method = "genetic",
##     replace = FALSE, pop.size = 50, print = 0)
##
## Sample sizes:
```

```
##          Control Treated
## All          429     185
## Matched      185     185
## Unmatched    244       0
## Discarded      0       0
```

총 185개의 처리 관찰값이 매칭됐다.

```
love.plot(match.l1, stars ="std", abs = TRUE)
```

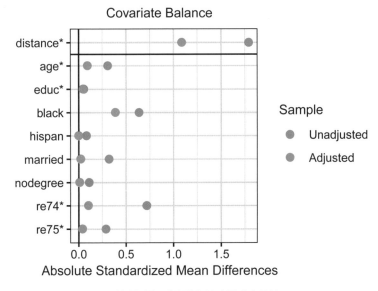

그림 10.21 매칭 전후 l1의 공변량 균형

공변량 균형은 매칭 후 개선됐다(그림 10.21).

```
match_dat <- match.data(match.l1)
```

```
ggplot(l1, aes(x = factor(treat),
               y = re78)) +
  geom_boxplot() + coord_flip()
```

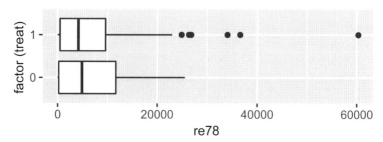

그림 10.22 비매칭 데이터의 처리군과 대조군 관찰값의 상자그림

```
ggplot(match_dat, aes(x = factor(treat),
                      y = re78)) +
  geom_boxplot() + coord_flip()
```

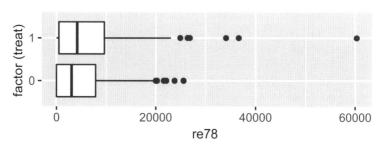

그림 10.23 매칭 데이터의 상자그림

비매칭 데이터의 경우 re78의 중앙값과 75번째 백분위수의 값이 대조군에서 더 높다. 매칭 데이터의 경우는 그 반대다(그림 10.22와 그림 10.23). 처리군과 대조군의 이상치도 주목하라.

```
mod_la_match1 <- lm(re78 ~ treat, data = match_dat)
mod_la_match2 <- lm(re78 ~ treat + age + educ + black + hispan +
                        married + nodegree + re74 + re75,
                    data = match_dat)
texreg(list(mod_la_match1, mod_la_match2),
       caption = "Regression with matched lalonde data",
       ci.force = T, ci.test = NULL)
```

표 10.17 매칭된 lalonde 데이터의 회귀분석

	Model 1	Model 2
(Intercept)	5593.26 [4549.36; 6637.16]	−1150.87 [−7660.86; 5359.13]
treat	755.88 [−720.41; 2232.18]	1220.33 [−375.69; 2816.35]
age		7.89 [−78.16; 93.94]
educ		597.52 [169.16; 1025.87]
black		−1139.82 [−2923.53; 643.89]
hispan		278.15 [−3013.04; 3569.34]
married		940.61 [−1042.30; 2923.51]
nodegree		79.29 [−2139.55; 2298.12]
re74		0.03 −0.17; 0.23]
re75		0.35 [0.03; 0.67]
R^2	0.00	0.09
Adj. R^2	0.00	0.07
Num. obs.	370	370
RMSE	7244.29	6994.93

표 10.17에서 매칭된 데이터로 평균의 차분을 추정해 756의 처리 효과를 얻는다는 사실을 알 수 있다. 회귀분석에 대조군들을 포함하면 1220의 추정값을 얻는다(표 10.17).

10.4.3 민감도 분석

실험에서 처리는 무작위로 할당된다. 무작위 할당의 결과, 처리와 대조 단위는 관찰과 미관찰 공변량에 대해 균형을 이룬다.

반면에 관찰 연구에서 처리는 무작위로 할당되지 않는다. 관찰 공변량에 대해서 처리와 대조 단위 간의 균형을 이루기 위해 매칭한다. 하지만 미관찰 공변량이 처리에 영향을 줄 수 있다. 미관찰 요인을 관찰할 수는 없지만 민감도 분석sensitivity analysis을 수행할 수 있다.

로젠바움(Rosenbaum, 2005, p. 1809)은 민감도 분석을 다음과 같이 설명했다.

> 민감도 분석은 매칭이나 층화stratification 이전의 모집단에서 대상자subjects는 알지 못하는 확률로 처리군이나 대조군에 독립적으로 할당된다고 가정한다. 특히, 처리 전 기준선에서 동일하게 보이는 두 대상자, 즉 관찰 공변량이 동일한 두 대상자는 그럼에도 불구하고 미관찰 공변량의 관점에서 다를 수 있다. 따라서 한 대상자의 처리 오즈odds는 최대 $\Gamma \geq 1$까지로 또 다른 대상자의 오즈보다 크다. 가장 간단한 무작위 실험에서 모든 사람은 처리받을 확률이 동일하므로 $\Gamma = 1$이다. 관찰 연구에서 $\Gamma = 2$인 경우 미관찰 전처리 차이unobserved pre-treatment difference로 인해 한 대상자는 다른 대상자에 비해 처리받을 가능성이 두 배일 수 있다. 민감도 분석은 연구의 질적 결론이 바뀌기 전에 얼마나 많은 숨겨진 편향bias이 존재할 수 있는지, 즉 Γ가 얼마나 클 수 있는지 묻는다. 연구는 결론이 Γ가 1보다 약간 큰 경우에 변하면 숨겨진 편향에 매우 민감하며, 결론이 Γ 값이 상당히 큰 경우에만 변한다면 민감하지 않다.

R 패키지 rbounds(Keele, 2014)는 유전 매칭 수행을 위해 Matching 패키지를 사용한 다음 민감도 분석을 수행한다. 앞서 분석한 MatchIt 패키지의 lalonde 데이터에 대해 이 작업을 수행한다.

데이터를 Matching에 특정 형식으로 제공해야 한다. 아래에서 Y는 결과, Tr은 처리, X는 공분산이다.

```
library(rbounds)
```

```
Y <- l1$re78
Tr <- l1$treat # 관심 있는 처리

X <- cbind(l1$age, l1$educ, l1$black, l1$hispan,
          l1$married, l1$nodegree, l1$re74, l1$re75)

BalanceMat <- cbind(l1$age, I(l1$age^2), l1$educ, I(l1$educ^2),
                    l1$black, l1$hispan, l1$married,
                    l1$nodegree, l1$re74, I(l1$re74^2), l1$re75,
                    I(l1$re75^2), I(l1$re74*l1$re75),
                    I(l1$age*l1$nodegree), I(l1$educ*l1$re74),
                    I(l1$educ*75))
```

GenMatch() 함수는 유전 매칭을 수행한다.

```
# 유전 가중치(genetic weights)
gen1 <- GenMatch(Tr=Tr, X=X, BalanceMat=BalanceMat, pop.size=50,
                 data.type.int=FALSE, print=0, replace=FALSE)

# 매칭
mgen1 <- Match(Y=Y, Tr=Tr, X=X, Weight.matrix=gen1, replace=FALSE)
summary(mgen1)
##
## Estimate...  765.56
## SE........   699.76
## T-stat.....  1.094
## p.val......  0.27394
##
## Original number of observations.............  614
## Original number of treated obs..............  185
## Matched number of observations..............  185
## Matched number of observations  (unweighted).  185
```

매칭이 제공한 평균의 차분 추정값은 765이고, 이때 아바디-임벤스 표준오차Abadie-Imbens standard error는 699다. psens() 함수로 민감도 분석을 수행한다. 감마(Γ)가 변경되면 윌콕슨 부호 순위Wilcoxon Signed Rank p 값은 어떻게 변할까? Gamma = 1인 경우에도 p 값은 0.05나 0.1보다 훨씬 높다. 결측 공변량missing covariate으로 인해 있을 수 있는 숨겨진 편향에 대한 민감도가 크다.

```
psens(mgen1, Gamma = 1.5, GammaInc = 0.1)
##
##   Rosenbaum Sensitivity Test for Wilcoxon Signed Rank P-Value
##
## Unconfounded estimate ....   0.274
##
##   Gamma Lower bound Upper bound
##    1.0       0.2740      0.2740
##    1.1       0.1280      0.4732
##    1.2       0.0519      0.6627
##    1.3       0.0187      0.8074
##    1.4       0.0061      0.9006
##    1.5       0.0019      0.9530
##
##   Note: Gamma is Odds of Differential Assignment To
##   Treatment Due to Unobserved Factors
```

hlsens() 함수로 호지스-레만 점추정Hodges-Lehmann point estimate에 의한 민감도 분석을 수행한다. Gamma가 1.1로 낮은 경우 하한값lower bound과 상한값upper bound은 각각 −0.017과 547이다.

```
hlsens(mgen1, Gamma = 1.5, GammaInc = 0.1)
##
##   Rosenbaum Sensitivity Test for Hodges-Lehmann Point Estimate
##
## Unconfounded estimate ....   401.3827
##
##   Gamma Lower bound Upper bound
##    1.0 401.380000      401.38
##    1.1   -0.017264      547.18
##    1.2 -211.320000      910.18
##    1.3 -443.520000     1160.60
##    1.4 -702.620000     1382.90
##    1.5 -959.620000     1581.90
##
##   Note: Gamma is Odds of Differential Assignment To
##   Treatment Due to Unobserved Factors
##
```

10.4.4 예제: 납 노출

로젠바움(Rosenbaum, 2017, p. 216)은 다음과 같이 말했다.

> 매칭은 많은 관찰 공변량 x의 균형을 맞추기 위해 기술적인 도구들을 사용할 수 있지만, 처리군과 대조군을 각각 측정한 공변량 측면에서 비교할 수 있는 매칭된 쌍matched pairs과 같은 단순한 구조를 남긴다. 측정 공변량에 대한 우려가 그림에서 제거됨에 따라 관찰 연구가 설득력이 있는지 여부를 결정하는 어려운 문제에 주목한다.

직장에서 아버지의 납 노출이 자녀에게 영향을 줄까? 어떤 종류의 비교가 이를 밝혀줄 수 있을까? 로젠바움(2017)이 발표한 예제에서 아버지는 오클라호마 배터리 공장에서 일했다.

DOS 패키지에 있는 데이터와 관찰값은 이미 매칭돼 있다.

```
data(lead, package = "DOS")
head(lead)
##   control exposed level  hyg    both dif
## 1      13      14  high good high.ok   1
## 2      16      13  high good high.ok  -3
## 3      11      25  high good high.ok  14
## 4      18      41  high  mod high.ok  23
## 5      24      18  high  mod high.ok  -6
## 6       7      49  high  mod high.ok  42
```

첫 번째 비교는 매칭된 대조군 자녀와 아버지가 배터리 공장에서 일하는 자녀의 비교다.

```
child_lead <- c(lead$control, lead$exposed)
treat <- c(rep("control",33), rep("exposed",33))
child_lead_dat <- data.frame(child_lead, treat)

ggplot(child_lead_dat,
       aes(x = treat, y = child_lead)) +
  geom_boxplot() +
  ylim(0,80) +
  coord_flip()
```

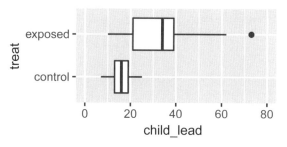

그림 10.24 아버지가 배터리 공장에서 일하는 자녀와 같은 연령의 매칭된 대조군 자녀의 납 농도를 비교한 상자그림

그림 10.24는 아버지가 배터리 공장에서 일하는 자녀exposed의 납 농도 lead level 분포가 훨씬 크다는 사실을 보여준다.

두 번째 비교는 아버지가 배터리 공장에서 다른 납 농도에 노출된 자녀의 비교다.

```
library(forcats)
llevel <- c(
  "low", "medium", "high"
)

lead$F_level <- factor(lead$level,
                       levels = llevel)


ggplot(lead,
       aes(x = F_level, y = exposed)) +
  geom_boxplot() +
  ylim(0,80) + coord_flip()
```

아버지의 납 노출 농도가 높은 자녀가 납 농도가 높다(그림 10.25).

세 번째 비교는 매칭된 처리 자녀의 아버지의 노출에 따라 분리된 대조군 자녀들 간의 비교다.

```
ggplot(lead,
       aes(x = F_level, y = control)) +
  geom_boxplot() +
  ylim(0,80) + coord_flip()
```

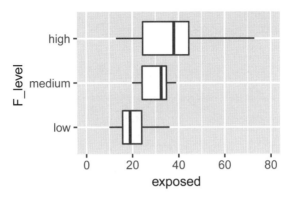

그림 10.25 아버지의 납 노출 농도에 따른 자녀들의 납 농도

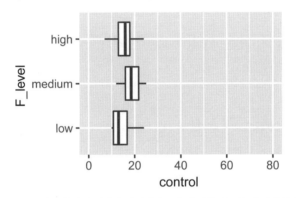

그림 10.26 매칭된 처리 자녀의 아버지의 노출에 따른 대조군 자녀의 납 농도

그림 10.25에서는 명백히 영향이 있으며, 그림 10.26에서는 그렇지 않다.

마지막으로, 아버지의 납 노출 농도가 높은 자녀군 내에서 아버지의 위생hygiene을 기준으로 자녀를 비교한다.

```
lead$Hyg <- ifelse(lead$hyg == "poor",
                   "poor", "ok")

lead %>%
  filter(F_level == "high") %>%
  ggplot(aes(x = Hyg, y = exposed)) +
```

```
geom_boxplot() +
ylim(0,80) + coord_flip()
```

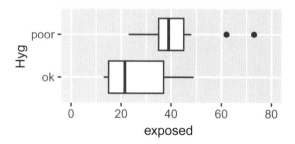

그림 10.27 아버지의 납 노출 농도가 높은 자녀 가운데 아버지의 위생을 기준으로 비교

그림 10.27은 아버지의 위생 상태가 나쁜 자녀의 납 농도가 더 높다는 사실을 보여준다.

10.4.5 예제: 상해 보상

근로자 보상법worker compensation laws이 근로자가 상해injury 후 실직 기간에 미치는 영향을 조사한다. 메이어, 비스쿠시, 더빈(Meyer, Viscusi and Durbin, 1995)이 수행한 이 연구는 로젠바움Rosenbaum(2017)이 인용했다. 1980년 7월, 켄터키Kentucky는 주당 최대 수급 금액maximum benefit amount을 131에서 217달러로 높였다. 이러한 증가는 이전 한도를 초과한 근로자인 고소득자high earners에게만 영향을 주었다.

```
library(wooldridge)
data(injury)
#str(injury)
```

결측값이 있는 관찰값을 제거한다.

```
injury <- injury %>%
  na.omit()
```

켄터키에 있는 고소득자를 선별한다.

```
# 고소득자 선별
library(tidyverse)
inj_ky_h <- injury %>%
  filter(ky == 1, highearn == 1)
```

저소득자[low earners]를 선별한다.

```
inj_ky_l <- injury %>%
  filter(ky == 1, highearn == 0)
```

afchnge 변수는 정책 변경 후 관찰을 위한 더미 변수[dummy variable]다. 데이터를 매칭한다.

```
# 고소득자를 위한 매칭과 분석
match.ky.h <- matchit(afchnge ~ male + married + hosp + indust +
                        injtype + age + lprewage,
                      data = inj_ky_h, method = "genetic",
                      replace = FALSE, pop.size = 50, print = 0)
match.ky.h
##
## Call:
## matchit(formula = afchnge ~ male + married + hosp + indust +
##     injtype + age + lprewage, data = inj_ky_h, method = "genetic",
##     replace = FALSE, pop.size = 50, print = 0)
##
## Sample sizes:
##           Control Treated
## All          1128    1103
## Matched      1103    1103
## Unmatched      25       0
## Discarded       0       0
```

모든 1103개의 처리된 관찰값이 매칭됐다(그림 10.28).

```
love.plot(match.ky.h, stars ="std", abs = TRUE)
```

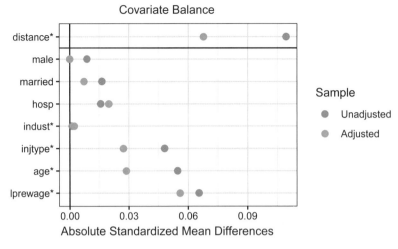

그림 10.28 매칭 전/후 공변량 균형

```
match_dat_ky_h <- match.data(match.ky.h)
```

매칭 데이터에서 전/후 그룹 간의 기간에 대한 로그[log]를 비교한다(그림 10.29).

```
ggplot(match_dat_ky_h, aes(y = ldurat,
                           x = factor(afchnge))) +
  geom_boxplot() +
  coord_flip()
```

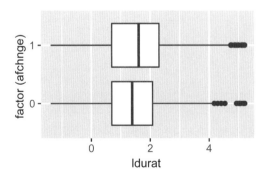

그림 10.29 고소득자의 전/후 기간에 대한 로그

```
match_dat_ky_h %>%
  group_by(afchnge) %>%
  summarize(mean_ld = mean(ldurat),
            median_ld = median(ldurat))

## # A tibble: 2 x 3
##    afchnge mean_ld median_ld
##      <int>   <dbl>     <dbl>
## 1        0    1.36      1.39
## 2        1    1.60      1.61
```

ldurat 평균은 전/후 각각 1.36과 1.60이다.

rbounds 패키지를 사용해 전/후 그룹의 평균 차분을 추정한다.

```
attach(match_dat_ky_h)

Y <- ldurat
Tr <- afchnge

X <- cbind(male, married,
           hosp, indust,
           injtype, age,
           lprewage)

gen1 <- GenMatch(Tr = Tr, X = X,
                 pop.size = 50,
                 print = 0)

mgen1 <- Match(Y = Y, Tr = Tr, X = X,
               Weight.matrix = gen1,
               replace = FALSE)

summary(mgen1)
##
## Estimate...  0.24846
## SE........   0.048414
## T-stat.....  5.1319
## p.val......  2.8676e-07
##
## Original number of observations..............  2206
## Original number of treated obs...............  1103
```

```
## Matched number of observations............... 1103
## Matched number of observations (unweighted). 1103
```

추정값은 0.25이며, 이때 표준오차는 0.05다.

```
psens(mgen1, Gamma = 1.5, GammaInc = 0.1)
##
##  Rosenbaum Sensitivity Test for Wilcoxon Signed Rank P-Value
##
## Unconfounded estimate ....  0
##
##  Gamma Lower bound Upper bound
##   1.0          0      0.0000
##   1.1          0      0.0002
##   1.2          0      0.0083
##   1.3          0      0.0951
##   1.4          0      0.3801
##   1.5          0      0.7355
##
##  Note: Gamma is Odds of Differential Assignment To
##  Treatment Due to Unobserved Factors
##
```

Gamma = 1.3일 때 민감도 분석에서 p 값이 0.05를 초과한다.

```
hlsens(mgen1, Gamma = 1.5, GammaInc = 0.1)
##
##  Rosenbaum Sensitivity Test for Hodges-Lehmann Point Estimate
##
## Unconfounded estimate ....  0.259
##
##  Gamma Lower bound Upper bound
##   1.0   0.258960      0.25896
##   1.1   0.158960      0.35896
##   1.2   0.058965      0.35896
##   1.3  -0.041035      0.45896
##   1.4  -0.041035      0.55896
##   1.5  -0.041035      0.55896
##
##  Note: Gamma is Odds of Differential Assignment To
##  Treatment Due to Unobserved Factors
##
```

H-L 추정값은 Gamma = 0일 때 0.259이고, 경계는 Gamma = 1.3일 때 0을 교차한다.

[실습]
저소득자에 대해서도 유사한 분석을 수행하라(이미 앞에서 inj_ky_1 을 얻기 위해 데이터를 필터링했다).

로젠바움은 저소득자를 대응체counterparts라고 부른다. 이들은 보상법 변경에 영향을 받지 않기 때문에 저소득자의 실직 기간이 증가했는지 여부를 살펴봄으로써 고소득자의 결과를 확인할 수 있다.

10.5 회귀 불연속

회귀 불연속regression discontinuity 설계에서 처리 할당은 변수의 임곗값cutoff value에 따라 다르다. 처리 할당의 지식을 활용해 인과 효과를 추정한다.

10.5.1 간단한 데이터 활용 예제

시뮬레이션을 수행한다. 이를 위해 합성 데이터를 생성한다.

```
library(tidyverse)
set.seed(12)
# 표본 크기
s_size <- 1000
```

배정 변수running variable run은 균등 분포uniform distribution에서 추출한다.

```
# 배정 변수
run <- runif(s_size, min = 10, max = 50)
```

처리 변수treatment variable treat는 run < 20인 경우 0이고, 그 외에는

treat = 1이다.

```
# 처리, 임곗값 = 20
treat <- ifelse(run < 20, 0, 1)
```

결과는 outcome $= 10 \times$ treat $- 0.4 \times$ run $+$ 잡음[noise]으로 계산한다.

```
outcome <- 10 * treat - 0.4 * run + 3 * rnorm(s_size)
```

변수가 포함된 데이터프레임을 생성한다.

```
# 데이터프레임 생성
rd_data <- data.frame(
  treat = factor(treat), run, outcome)
```

데이터를 그래프로 나타낸다.

```
ggplot(rd_data) +
  geom_point(aes(x = run, y = outcome, shape = treat), col = "grey60") +
  geom_smooth(aes(x = run, y = outcome, linetype = treat), col = "black") +
  geom_vline(xintercept = 20)
```

'geom_smooth()' using method = 'loess' and formula 'y ~ x'

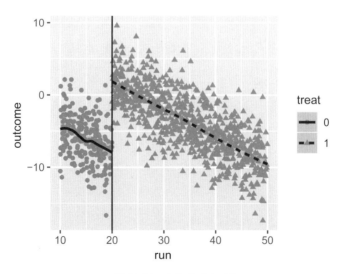

그림 10.30 결과 대 배정 변수

임계점^{cutoff point}에서 뚜렷한 갑작스런 증가가 있음을 확인할 수 있다(그림 10.30).

처리 변수(treat)와 배정 변수(run)에 대한 결과 변수(outcome)의 회귀분석을 수행하면 실제 효과(10)와 유사한 추정값을 얻는다.

```
lm(outcome ~ treat + run)
##
## Call:
## lm(formula = outcome ~ treat + run)
##
## Coefficients:
## (Intercept)        treat          run
##      -0.3362       9.8786      -0.3855
```

10.5.2 예제: 최소 법적 음주 연령

이제부터 R 코드를 통해 앵그리스트와 피쉬케(Angrist and Pischke, 2015)가 발표한 최소 법적 음주 연령^{MLDA, minimum legal drinking age}과 관련된 데이터를 분석한다. 21세인 최소 법적 음주 연령이 미국의 사망률에 영향을 미쳤을까?

```
# Stata 데이터 읽기
library(foreign)
mlda=read.dta("AEJfigs.dta")
#str(mlda)
```

모든 원인으로 인한 사망률인 all, 월 단위 연령인 agecell의 데이터가 있다. 21세 이상을 위한 더미 변수를 생성한다.

```
mlda$over21 = mlda$agecell>=21
```

데이터를 그래프로 나타낸다(그림 10.31).

```
library(ggplot2)
age3=ggplot(mlda, aes(x = agecell, y = all, colour = over21)) +
```

```
  geom_point() +
  geom_vline(xintercept=21)
age3
```

```
## Warning:
## Removed 2 rows containing missing values (geom_point).
```

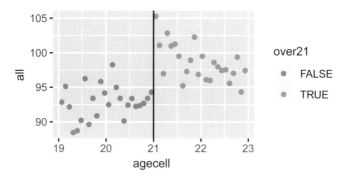

그림 10.31 모든 원인으로 인한 사망률 대 월 단위 연령의 산점도

평활곡선smooth curve을 추가한다. 평활곡선의 유형과 무관하게 최소 법
적 음주 연령의 명확한 효과를 확인할 수 있다(그림 10.32).

```
age4=age3 + stat_smooth(method = "lm") +
  stat_smooth(method = "loess")
age4
```

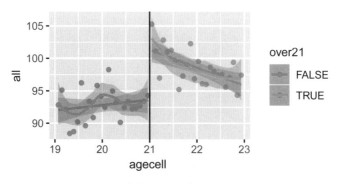

그림 10.32 all 대 agecell

지금부터 회귀 불연속에 대한 R의 특화된 패키지 중 하나인 rddtools (Stigler and Quast, 2015)를 사용한다.

```
library(rddtools)
```

결측값이 있는 행을 제거한다.

```
mlda <- mlda %>%
  na.omit()
```

회귀 불연속 데이터를 '선언'해야 한다.

```
rd_data_2 <- rdd_data(y = all,
                      x = agecell,
                      data = mlda,
                      cutpoint = 21)
summary(rd_data_2)
## ### rdd_data object ###
##
## Cutpoint: 21
## Sample size:
##         -Full : 48
##         -Left : 24
##         -Right: 24
## Covariates: no
```

먼저 모수적 회귀분석parametric regression을 사용해 처리 효과를 추정한다.

```
reg_para <- rdd_reg_lm(rd_data_2, order=1)
reg_para
## ### RDD regression: parametric ###
##  Polynomial order:  1
##  Slopes:  separate
##  Number of obs: 48 (left: 24, right: 24)
##
##  Coefficient:
##    Estimate Std. Error t value  Pr(>|t|)
## D   7.6627     1.3187  5.8108 6.398e-07 ***
## ---
## Signif. codes:
## 0 '***' 0.001 '**' 0.01 '*' 0.05 '.' 0.1 ' ' 1
```

추정값은 7.7이다. 모수적 회귀선을 그린다(그림 10.33).

```
plot(reg_para)
```

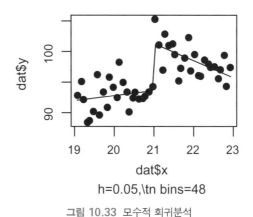

h=0.05,\tn bins=48

그림 10.33 모수적 회귀분석

이제 비모수적 회귀분석^{non-parametric regression}을 수행한다. 먼저 최적 대역폭^{optimal bandwidth}을 구한다.

```
bw_ik <- rdd_bw_ik(rd_data_2)
bw_ik
##     h_opt
## 1.558202
```

비모수적 회귀분석을 수행하고 그래프를 그린다(그림 10.34).

```
reg_nonpara <- rdd_reg_np(rdd_object=rd_data_2, bw=bw_ik)
reg_nonpara
## ### RDD regression: nonparametric local linear###
##  Bandwidth:  1.558202
##  Number of obs: 38 (left: 19, right: 19)
##
##  Coefficient:
##   Estimate Std. Error z value  Pr(>|z|)
## D   9.1894     1.7371 5.2902 1.222e-07 ***
## ---
```

```
## Signif. codes:  0 '***' 0.001 '**' 0.01 '*' 0.05 '.' 0.1 ' ' 1
plot(reg_nonpara)
```

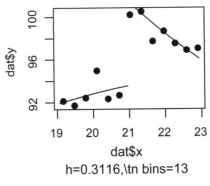
h=0.3116,\tn bins=13

그림 10.34 비모수적 회귀분석

플라시보placebo와 민감도 검정을 수행한다.

```
plotPlacebo(reg_nonpara)
```

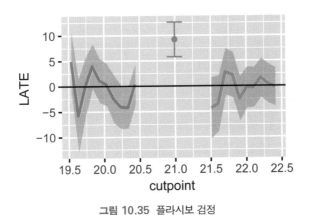

그림 10.35 플라시보 검정

그림 10.35는 21과 다른 임계점을 사용하는 것은 통계적으로 유의한
효과를 제공하지 못한다는 사실을 보여준다.

```
plotSensi(reg_nonpara, from=0.05, to=3, by=0.15)
```

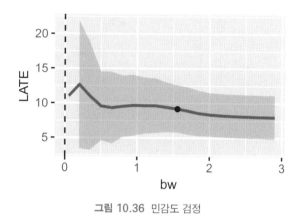

그림 10.36 민감도 검정

그림 10.36은 결과가 대역폭에 민감하지 않다는 사실을 보여준다.

10.6 이중차분법

이중차분법difference-in-difference은 정책 분석에 자주 사용된다. 먼저 울드리지(Wooldridge, 2013)의 예제를 통해 기본적인 아이디어를 알아보자.

10.6.1 예제: 불량률과 직업훈련

이번 예제에서 결과는 1987년과 1988년 동안 미시간주 제조회사의 불량률scrap rate이다. 이때 불량률은 결함으로 폐기해야 하는 제품의 수를 의미한다. 처리는 직업훈련보조금grant for job training 수령이다.

1988년도 불량률은 다음과 같다.

$$scrap_{1988} = \beta_0 + \delta_0 1 + \beta_1 grant_{i\,1988} + a_i + u_{i\,1988}$$

여기서 i는 회사를 나타내고, a_i는 회사 고유 요인firm-specific factor이다.
1987년도 불량률은 다음과 같다.

$$scrap_{1987} = \beta_0 + \beta_1 grant_{i\,1987} + a_i + u_{i\,1987}$$

1988년과 1987년 간의 불량률 차분은 다음과 같다.

$$scrap_{1988} - scrap_{1987} = \Delta scrap_i = \delta_0 + \beta_1 \Delta grant_i + \Delta u_i$$

차분을 통해 교란 효과confounding effect a_i를 제거할 수 있다.
데이터는 wooldridge 패키지에 있다.

```
library(wooldridge)
data("jtrain")
```

1989년도 데이터를 제거한다.

```
jtrain <- jtrain %>%
  filter(year != 1989)
```

plm 패키지를 사용해 패널 데이터panel data를 처리한다.

```
library(plm)
jtrain_p <- pdata.frame(jtrain,
                        index = c("fcode","year"))
```

diff() 함수를 사용해 차분을 계산한다.

```
# 차분 계산
jtrain_p$scrap_d <-
  diff(jtrain_p$scrap)

jtrain_p$grant_d <-
  diff(jtrain_p$grant)
```

불량률에 대한 보조금의 효과를 추정한다.

```
mod_did <- lm(scrap_d ~ grant_d,
```

```
            data = jtrain_p)
library(texreg)
texreg(list(mod_did), caption = "Dependent variable is scrap",
       caption.above = TRUE)
```

표 10.18 종속 변수는 불량률이다.

	Model 1
(Intercept)	−0.56
	(0.40)
grant_d	−0.74
	(0.68)
R^2	0.02
Adj. R^2	0.00
Num. obs.	54
RMSE	2.40

* $p < 0.05$; ** $p < 0.01$; *** $p < 0.001$

추정값은 −0.74이지만, 통계적으로 유의하지 않다(표 10.18).

10.6.2 시뮬레이션

이전 절에서 결과와 처리의 공통원인인 고정 효과fixed effect가 있다고 가정
했다. 이를 A 경우라고 하자. 차분은 고정 효과를 제거한다.

하지만 결과의 초깃값이 결과와 처리의 현재 값에 영향을 미치면 어떻
게 해야 할까? 이를 B 경우라 하자. 결과의 초깃값은 통제할 수 있다.

그러나 데이터가 A 경우와 B 경우 중 어떤 것과 일치하는 과정process에
의해 성성되는지 알 수 없다.

따라서 시뮬레이션을 통해 A 경우와 B 경우의 초깃값을 차분하거나
통제할 때 어떤 일이 발생하는지 확인한다.

A 경우의 데이터를 생성한다.

'고정fixed'과 오차error 항으로 구성된 선형 함수의 시점 0에서의 결과는 다음과 같다.

$$y_0 = fixed + u_{y0}$$

시점 1에서는 고정에 따라 결정되는 처리가 있다.

$$treat = 1, if : fixed < 0, else = 0$$

처리에는 효과 eff가 있으며, 이는 고정과 더불어 결과에 영향을 미친다.

$$y_1 = fixed + eff \times treat + u_{y1}$$

다음 코드로 합성 데이터를 생성한다.

```
ss <- 3000 # 표본 크기
eff <- 3 # 효과는 3이다.
fixed <- rnorm(ss) # 정규분포(random normal)
treat <- ifelse(fixed < 0, 1, 0)
uy1 <- rnorm(ss)
uy0 <- rnorm(ss)
y1 <- fixed + eff * treat + uy1
y0 <- fixed + uy0
```

m_d1에서는 평균의 차분을 추정한다. m_d2에서는 y의 초깃값 y0을 통제한다. m_d3에서는 이중차분법을 사용한다.

```
# 평균의 차분
m_d1 <- lm(y1 ~ treat)
# y0 통제
m_d2 <- lm(y1 ~ y0 + treat)
# 이중차분법
m_d3 <- lm(I(y1 - y0) ~ treat)
texreg(list(m_d1, m_d2, m_d3), caption = "Case A results",
       caption.above = TRUE)
```

표 10.19 A 경우의 결과(treat의 실제 효과는 3이다.)

	Model 1	Model 2	Model 3
(Intercept)	0.78***	0.57***	−0.00
	(0.03)	(0.03)	(0.04)
treat	1.40***	1.81***	2.92***
	(0.04)	(0.05)	(0.05)
y0		0.27***	
		(0.02)	
R^2	0.26	0.32	0.52
Adj. R^2	0.26	0.32	0.52
Num. obs.	3000	3000	3000
RMSE	1.17	1.12	1.41

* $p < 0.05$; ** $p < 0.01$; *** $p < 0.001$

표 10.19에서 Model 3(이중차분법)이 실제 효과에 가깝다. Model 2(초 깃값 통제)는 과소추정underestimate했으며, Model 1(평균의 차분)은 실제 효 과와 거리가 멀다.

B 경우의 데이터를 생성한다.

확률 변수인 시점 0에서의 결과가 있다.

$$y_0 = u_{y0}$$

초기 결과는 처리에 영향을 미친다.

$$treat = 1, if : y_0 < 2.5, else = 0$$

시점 1에서는 효과 *eff*가 있으며, 이는 초기 결괏값과 더불어 결과에 영향을 미친다.

$$y_1 = beta \times y_0 + eff \times treat + u_{y1}$$

다음 코드로 합성 데이터를 생성한다.

```
ss <- 3000
eff <- 3
```

```
y0 <- runif(ss, min = 1, max = 4)
treat <- ifelse(y0 < 2.5,1,0)
uy1 <- rnorm(ss)
uy0 <- rnorm(ss)
y1 <- 0.3 * y0 + eff * treat + uy1


# 평균의 차분
m_d4 <- lm(y1 ~ treat)
# y0 통제
m_d5 <- lm(y1 ~ y0 + treat)
# 이중차분법
m_d6 <- lm(I(y1 - y0) ~ treat)
texreg(list(m_d4, m_d5, m_d6), caption = "Case B results",
        caption.above = TRUE)
```

표 10.20 B 경우의 결과(treat의 실제 효과는 3이다.)

	Model 1	Model 2	Model 3
(Intercept)	0.98***	0.13	−2.27***
	(0.03)	(0.14)	(0.03)
treat	2.55***	2.94***	4.04***
	(0.04)	(0.07)	(0.04)
y0		0.26***	
		(0.04)	
R^2	0.61	0.62	0.79
Adj. R^2	0.61	0.62	0.79
Num. obs.	3000	3000	3000
RMSE	1.01	1.00	1.05

* $p < 0.05$; ** $p < 0.01$; *** $p < 0.001$

표 10.20에서 Model 3(이중차분법)은 과대추정overestimate했으며, Model 2(초깃값 통제)가 실제 효과에 가깝다. Model 1(평균의 차분)은 크게 과소추정했다.

따라서 이중차분법은 처리군과 대조군이 평행 추세parallel trend라는 핵심적인 가정이 존재한다. 이는 그래프로 조사할 수 있다.

그러므로 회귀 불연속에서처럼 그래프 조사를 통해 주어진 상황에서 이중차분법의 타당성을 판단할 수 있다.

10.6.3 예제: 영업 중인 은행들

이번에는 앵그리스트와 피쉬케(Angrist and Pischke, 2015)의 예제를 통해 미국 연방준비제도US Federal Reserve system의 여러 지역에서 대공황 동안 통화 정책의 역할을 조사한다. 제6지역을 운영하는 애틀랜타 연방준비은행이 시행한 부실 은행에 대한 쉬운 대출의 효과를 제8지역을 운영하는 세인트 루이스 연방준비은행의 엄격한 정책과 비교한다. 결과 변수는 영업 중인 은행들의 수다. 처리군은 제6구역이고 대조군은 제8구역이다.

데이터를 얻는다.

```
library(readr)
banks <- read_csv("banks.csv")

## 열 명세:
## cols(
##   date = col_double(),
##   weekday = col_character(),
##   day = col_double(),
##   month = col_double(),
##   year = col_double(),
##   bib6 = col_double(),
##   bio6 = col_double(),
##   bib8 = col_double(),
##   bio8 = col_double()
## )
#str(banks)
```

제6지역과 제8지역에서 매년 영업 중인 평균 은행 수를 계산한다.

```
library(tidyverse)
bankag <- banks %>%
  group_by(year) %>%
  summarize(bib6m=mean(bib6),
            bib8m=mean(bib8))
```

```
head(bankag)
## # A tibble: 6 x 3
##     year bib6m bib8m
##    <dbl> <dbl> <dbl>
## 1  1929   141  170.
## 2  1930  136.  165.
## 3  1931  120.  132.
## 4  1932  113.  120.
## 5  1933  105.  112.
## 6  1934   102  110.
```

앞서 계산한 제6구역과 제8구역에서 매년 영업 중인 평균 은행 수를 한 열로 합친다.

```
bankag2 <- gather(bankag,
                  "bty", "num", 2:3)
```

1930년도와 1931년도를 필터링한다.

```
bankag3 <- filter(bankag2,
                  year == 1930 | year == 1931)
bankag3
## # A tibble: 4 x 3
##     year bty      num
##    <dbl> <chr>  <dbl>
## 1  1930 bib6m   136.
## 2  1931 bib6m   120.
## 3  1930 bib8m   165.
## 4  1931 bib8m   132.
```

1930년도와 1931년도의 영업 중인 평균 은행 수를 그래프로 나타낸다(그림 10.37). 이중차분법으로 계산한 추정값은 $(120 - 136) - (132 - 165) = -16 - (-33) = 17$이다.

```
ggplot(bankag3, aes(
  x = year,
  y = num,
  colour = bty)) +
  geom_line()
```

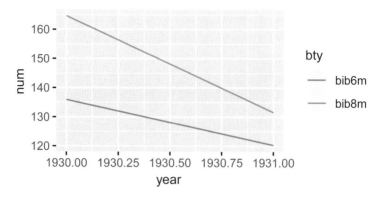

그림 10.37 1930년도와 1931년도에 대한 이중차분법

평행 추세 가정을 확인한다. 그림 10.38은 추세가 1930년 이전과 1931년 이후에 실제 평행함을 보여준다.

```
ggplot(bankag2, aes(
  x = year,
  y = log(num),
  colour = bty)) +
  geom_line()
```

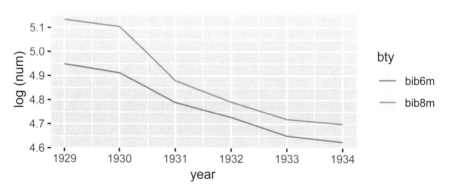

그림 10.38 그래프를 통한 평행 추세 가정 확인

10.7 범죄와 법에 관한 맨스키 경계

맨스키와 페퍼(Manski and Pepper, 2018)는 범죄에 대비한 운송권RTC, right to carry 법령의 효과를 연구했다. 이번 절에서는 이 연구를 간략하게 소개한다.

버지니아주는 1989년에 총기휴대를 허용했다(운송권 시행). 대조적으로 메릴랜드는 연구기간(1970~2007)에 총기휴대를 허용하지 않았다.

연구에서 사용한 데이터의 일부인 연도별 버지니아와 메릴랜드의 살인율을 로드한다.

```
Manski <- read_csv("Manski.csv")

## 열 명세:
## cols(
##   Year = col_double(),
##   V_mur = col_double(),
##   M_mur = col_double()
## )
```

살인율과 관련된 데이터를 그래프로 나타낸다(그림 10.39).

```
ggplot(Manski) +
  geom_line(aes(x = Year,
                y = V_mur), linetype = "solid") +
  geom_line(aes(x = Year,
                y = M_mur), linetype = "dashed") +
  geom_vline(xintercept = 1989,
             linetype = "dotted")
```

1970년대의 몇 년을 제외하고는 메릴랜드의 살인율이 버지니아 살인율보다 더 높으며, 훨씬 더 높은 경우도 많다. 살인율은 1980년대에 증가한 후 1990년대 중반에 급격히 감소했다(그림 10.39). 운송권 이전 버지니아의 살인율은 상당히 다르다는 것을 알 수 있다. 버지니아의 살인율은 메릴랜드의 살인율과 평행하게 움직이지 않는다. 따라서 이중차분법은 타당하지 않다.

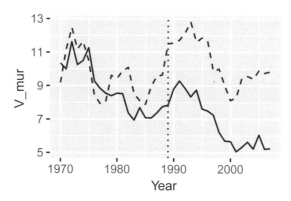

그림 10.39 버지니아(실선)와 메릴랜드(점선)의 살인율. 버지니아는 1989년(수직 점선)에 운송권 법령을 제정했다.

Y로 범죄 결과(살인)를 나타낸다. 버지니아를 VA로 표시하고 처리를 (1)로 표시하면, 버지니아주에서 1990년도 살인율의 잠재적 결과를 다음과 같이 나타낼 수 있다.

$$Y_{VA,1990}(1)$$

버지니아는 운송권 법령이 1989년도에 통과된 이후 운송권이 시행된 1990년도 버지니아 범죄의 잠재적 결과를 관찰할 수 있다. 하지만 운송권이 시행되지 않았을 경우의 1990년도 버지니아주 범죄의 잠재적 결과는 관찰할 수 없다. (0)을 이용해 처리가 없음을 표시하면, 처리 효과는 다음과 같이 나타낼 수 있다.

$$Y_{VA,1990}(1) - Y_{VA,1990}(0)$$

일반적인 이중차분법이 타당하지 않다는 점을 감안할 때 맨스키와 페퍼는 반사실적 수량과 관찰 데이터를 연계한 가정을 적용하고 점이나 추정값이 아닌 경계bound를 제공한다.

10.7.1 반사실로서의 메릴랜드 경계

$Y_{VA,1990}(0)$은 관찰할 수 없으므로 메릴랜드, 즉 $Y_{MD,1990}(0)$과의 비교를 통해 가정하는 값을 채울 수 있다.

$$Y_{VA,1990}(0) - Y_{MD,1990}(0) = 0$$

$Y_{VA,1990}(0)$은 관찰할 수 없으므로 그 타당성을 직접 알 수 없다.
하지만 1970년도부터 1988년도까지는 관찰할 수 있다.

$$Y_{VA,d}(0) - Y_{MD,d}(0) = \delta_{VAMD,d}$$

```
ggplot(Manski[1:19,]) +
  geom_line(aes(x = Year,
                y = V_mur - M_mur))
```

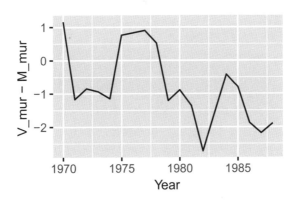

그림 10.40 1970년도와 1988년도 사이 버지니아와 메릴랜드의 살인율 차분

차분인 $Y_{VA,d}(0) - Y_{MD,d}(0) = \delta_{VAMD,d}$의 값은 높게는 1까지, 낮게는 -2.7까지 움직인다. 따라서 1990년부터는 $Y_{MD,d}(0)$을 사용해 $Y_{VA,d}(0)$을 채울 수 있지만 처리 효과의 한 경계는 1씩 올리고 처리 효과의 또 다른 경계는 2.7씩 낮춘다(그림 10.40).

```
ggplot(Manski[20:38,]) +
  geom_line(aes(x = Year,
                y = V_mur),
            linetype = "solid") +
  geom_line(aes(x = Year,
                y = M_mur),
            linetype = "dashed") +
  geom_line(aes(x = Year,
                y = M_mur + 1),
            linetype = "dotted") +
  geom_line(aes(x = Year,
                y = M_mur - 2.7),
            linetype = "dotted")
```

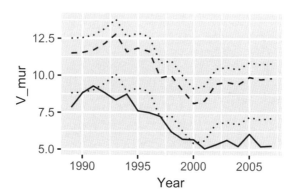

그림 10.41 실선은 버지니아의 살인율이고, 점선은 메릴랜드의 살인율이다. 상단 점선은 메릴랜드의 비율 +1, 하단 점선은 메릴랜드 비율 −2.7이다.

그림 10.41은 버지니아의 살인율(실선), 메릴랜드의 살인율(점선)을 보여주며, 상단 점선은 메릴랜드 비율 +1, 하단 점선은 메릴랜드 비율 −2.7을 나타낸다.

```
ggplot(Manski[20:38,]) +
  geom_line(aes(x = Year,
                y = V_mur - M_mur - 1),
            linetype = "solid") +
  geom_line(aes(x = Year,
```

```
              y = V_mur - M_mur + 2.7),
          linetype = "dashed") +
geom_hline(yintercept = 0,
          linetype = "dotted")
```

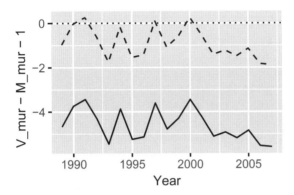

그림 10.42 메릴랜드 범죄율 +1과 메릴랜드 범죄율 -2.7을 반사실로 사용한 처리 효과

그림 10.42는 추정 처리 효과의 상단 경계와 하단 경계를 보여준다.

10.7.2 이중차분법에 기반한 경계

$Y_{VA,1990}(0)$은 관찰할 수 없으므로 일반적인 이중차분법$^{DID,\ difference-in-difference}$ 가정의 경계 방식을 사용한다.

$$I_{diff} = [Y_{VA,1990}(0) - Y_{VA,1989}(0)] - [Y_{MD,1990}(0) - Y_{MD,1989}(0)] = 0$$

여기서 I_{diff}는 0인 경우 처리 효과를 확인하기 위한 차분이다.

$Y_{VA,1990}(0)$은 관찰할 수 없으므로 그 타당성을 직접 알 수 없다.
하지만 1970년도부터 1988년도까지는 관찰할 수 있다.

$$|[Y_{VA,d+1}(0) - Y_{VA,d}(0)] - [Y_{MD,d+1}(0) - Y_{MD,d}(0)]| = \delta_{d+1}$$

이제 이를 계산하고 그래프로 나타낸다. 시계열$^{time\ series}$은 ts 객체를 사용하면 편리하다(그림 10.43).

```
Manski_ts <- ts(Manski[2:3],
                start = 1970, end = 2007)
Manski_ts2 <- window(Manski_ts,
                     start = 1970, end = 1988)
head(Manski_ts2)
##       V_mur M_mur
## [1,] 10.34  9.18
## [2,]  9.99 11.16
## [3,] 11.62 12.47
## [4,] 10.25 11.19
## [5,] 10.49 11.64
## [6,] 11.27 10.51


Manski_ts2_d <- diff(Manski_ts2)

diff_V_M <- Manski_ts2_d[,1] -
  Manski_ts2_d[,2]

library(ggfortify)

autoplot(abs(diff_V_M))
```

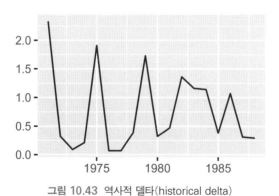

그림 10.43 역사적 델타(historical delta)

δ_{d+1}의 계열에서 적절한 값을 선택할 수 있다. 그중 하나는 계열의 0.75분위수quantile로, $\delta_{0.75}$(delta_0.75)로 표기하며 값은 1.155다.

```
quantile(abs(diff_V_M),
         probs = c(0,0.25,0.5,0.75,1))
##    0%   25%   50%   75%  100%
## 0.070 0.295 0.380 1.155 2.330
delta_0.75 <- quantile(abs(diff_V_M),
                       probs = c(0.75))
delta_0.75
##   75%
## 1.155
```

이중차분법 가정은 1970년부터 1988년까지 데이터에 포함되지 않으므로, 1990년도부터 경계를 사용해 운송권 효과에 대한 버지니아의 처리 효과를 연구한다.

$$|[Y_{VA,d}(0) - Y_{VA,1988}(0)] - [Y_{MD,d}(0) - Y_{MD,1988}(0)]| <= \delta_{0.75}$$

다음 코드는 계산을 수행한다.

```
Manski_ts3 <- window(Manski_ts,
                     start = 1990, end = 2007)

Manski_ts3
## Time Series:
## Start = 1990
## End = 2007
## Frequency = 1
##      V_mur M_mur
## 1990  8.81 11.55
## 1991  9.28 11.72
## 1992  8.84 12.16
## 1993  8.34 12.79
## 1994  8.74 11.61
## 1995  7.62 11.86
## 1996  7.50 11.63
## 1997  7.25  9.86
## 1998  6.22 10.00
## 1999  5.70  8.99
## 2000  5.67  8.12
## 2001  5.06  8.30
## 2002  5.33  9.44
## 2003  5.64  9.56
```

```
## 2004  5.23  9.41
## 2005  6.06  9.90
## 2006  5.22  9.75
## 2007  5.26  9.84
window(Manski_ts, start = 1988, end = 1988)
## Time Series:
## Start = 1988
## End = 1988
## Frequency = 1
##        V_mur M_mur
## 1988  7.75  9.64
TE_strong <- Manski_ts3[,1] - 7.75 -
  Manski_ts3[,2] + 9.64


TE_lb <- TE_strong - delta_0.75


TE_ub <- TE_strong + delta_0.75


Manski_eff <- cbind(TE_lb, TE_strong, TE_ub)


Manski_eff <- round(Manski_eff,1)


Manski_eff_d <- data.frame(Year = 1990:2007, Manski_eff)



library(xtable)
teff <- xtable(Manski_eff_d,
                caption = "Treatment effect with strong
                difference-in-difference assumption, and lower
                and upper bound DID assumption.")
print(teff, caption.placement = "top")
```

표 10.21은 xtable 패키지(Dahl et al., 2019)를 사용한 결과를 보여준다. 이에 상응하는 그래프는 그림 10.44와 같다.

```
autoplot(Manski_eff, facets = F) +
  geom_hline(yintercept = 0,
              linetype = "dotted")
```

표 10.21 강한 이중차분법 가정과 하단 및 상단 경계 이중차분법 가정을 사용한 처리 효과

	Year	TE_lb	TE_strong	TE_ub
1	1990	−2.00	−0.80	0.30
2	1991	−1.70	−0.60	0.60
3	1992	−2.60	−1.40	−0.30
4	1993	−3.70	−2.60	−1.40
5	1994	−2.10	−1.00	0.20
6	1995	−3.50	−2.30	−1.20
7	1996	−3.40	−2.20	−1.10
8	1997	−1.90	−0.70	0.40
9	1998	−3.00	−1.90	−0.70
10	1999	−2.60	−1.40	−0.20
11	2000	−1.70	−0.60	−0.60
12	2001	−2.50	−1.40	−0.20
13	2002	−3.40	−2.20	−1.10
14	2003	−3.20	−2.00	−0.90
15	2004	−3.40	−2.30	−1.10
16	2005	−3.10	−1.90	−0.80
17	2006	−3.80	−2.60	−1.50
18	2007	−3.80	−2.70	−1.50

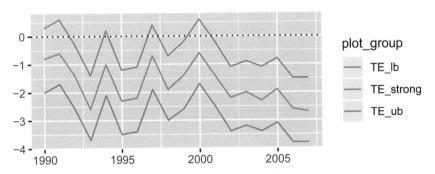

그림 10.44 강한 이중차분법 가정과 하단 및 상단 경계 이중차분법 가정을 사용한 처리 효과

그림 10.42와 그림 10.43은 반사실적 값에 대해 다른 데이터 기반 가정을 채택했다. 두 수치에서 운반권으로 인해 살인율이 전반적으로 감소했으며 효과는 여러 해에 걸쳐 변한다. 맨스키와 페퍼(2018)는 처리 효과가 범죄 유형과 시간에 따라 변한다는 사실을 발견했다.

10.8 도구 변수

$y = \beta_0 + \beta_1 x + e$이고 $cov(x, e) \neq 0$이면 x에 대한 y의 회귀분석은 β_1의 비편향 추정값을 제공하지 않는다.

하지만 $cov(z, x) \neq 0$이고 $cov(z, e) = 0$과 같은 방식으로 x에 영향을 미치는 변수 z가 있다면 z를 도구 변수IV, instrumental variable로 사용할 수 있다.

위와 같이 간단한 경우 $\beta_1 = cov(z, y)/cov(z, x)$다.

10.8.1 시뮬레이션

다음과 같은 데이터를 시뮬레이션한다.

$U \rightarrow X$, $U \rightarrow Y$; 도구 변수는 U가 관찰할 수 없는 변수인 경우 필요하다.

$X \rightarrow Y$

$Z \rightarrow X$

표본 크기와 X에 대한 Z의 효과 강도는 도구 변수에 핵심적인 역할을 한다. 데이터를 생성한다(참고: $\beta_X = 1$).

```
library(tidyverse)
library(AER)
sample_size = 300
coef_Z = 0.9
viol = 0

Z <- runif(sample_size,
```

```
            min = 1, max = 5)
U <- runif(sample_size,
            min = 1, max = 5) + viol*Z
X <- U + rnorm(sample_size) + coef_Z *Z
Y <- U + X + rnorm(sample_size)



mod1OLS <- lm(Y ~ X)
mod2OLS <- lm(Y ~ X + U)
texreg(list(mod1OLS, mod2OLS), caption = "OLS results for Y",
        caption.above = TRUE)
```

표 10.22 Y에 대한 OLS(Ordinary Least Squares) 결과(X의 실제 효과는 1이다.)

	Model 1	Model 2
(Intercept)	0.79**	−0.06
	(0.26)	(0.20)
X	1.40***	0.98***
	(0.04)	(0.04)
U		1.05***
		(0.07)
R^2	0.77	0.88
Adj. R^2	0.77	0.88
Num. obs.	300	300
RMSE	1.37	1.02

* $p < 0.05$; ** $p < 0.01$; *** $p < 0.001$

표 10.22는 Model 1에서 U는 관찰하지 않은 상태에서 β_X의 편형 추정값을 얻으며, 통계적으로 유의하다. U를 관찰할 경우 U를 통제하면 β_X의 비편향 추정값을 제공한다(Model 2).

이제 도구 변수[IV] 회귀분석을 사용한다.

```
library(AER)
ModIV <- ivreg(Y ~ X | Z)
texreg(list(ModIV), caption = "IV results for Y",
        caption.above = TRUE)
```

표 10.23 Y에 대한 IV 결과(X의 실제 효과는 1이다.)

	Model 1
(Intercept)	3.21***
	(0.52)
X	0.98***
	(0.09)
R²	0.70
Adj. R²	0.70
Num. obs.	300
RMSE	1.57

* $p < 0.05$; ** $p < 0.01$; *** $p < 0.001$

표 10.23에서 도구 변수 회귀분석은 β_X의 비편향 추정값을 제공한다. 이제 도구 변수 시뮬레이션을 수행하는 함수를 생성한다.

```
IVsamD <- function(sample_size,
                   coef_Z,viol = 0) {
  num_loops = 300
  #sample_size = 30
  #coef_Z = 0.5

  OLS1 <- numeric(num_loops)
  OLS2 <- numeric(num_loops)
  IV <- numeric(num_loops)
  for (i in 1: num_loops) {
    U <- runif(sample_size,
               min = 1, max = 5)
    Uy <- rnorm(sample_size)
    Z <- runif(sample_size,
               min = 1, max = 5) + viol*Uy
    X <- U + rnorm(sample_size) + coef_Z *Z
    Y <- U + X + Uy
    OLS1[i] <- summary(lm(Y ~ X))$coef[2]
    OLS2[i] <- summary(lm(Y ~ X + U))$coef[2]
    IV[i] <- summary(ivreg(Y ~ X | Z))$coef[2]
  }
  reg_IV <- tibble(OLS1, OLS2, IV)
  reg_IV
```

```
library(tidyr)
reg_IV_s <- reg_IV %>%
  gather(Estimator,value,OLS1:IV)
reg_IV_s
library(ggplot2)
ggplot(reg_IV_s, aes(value,
                     colour = Estimator)) +
  geom_density() +
  xlim(c(-1,2)) +
  geom_vline(xintercept = 1, lty = 2)
}
```

도구 변수 함수를 사용한다.

```
IVsamD(sample_size = 30,
       coef_Z = 1, viol = 0)
```

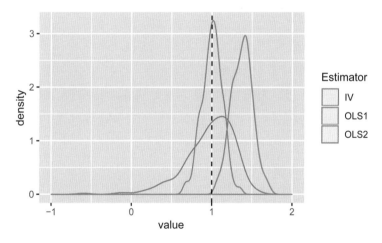

그림 10.45 Y에 대한 X 추정량의 표본분포다. 실제 효과는 1이다. IV는 Z를 도구로 사용하며, OLS1은 오직 X에 대한 Y의 회귀분석의 결과이고, OLS2는 X와 U에 대한 Y의 회귀분석의 결과다.

도구 변수 표본분포는 일관되지만 더 넓게 퍼져 있다(그림 10.45).

[실습]

도구 변수 시뮬레이션 함수 코드를 복사한다. 다음 시나리오를 수
행하라(R 코드는 주석으로 되어 있으므로 해시(#)를 제거해야 한다).

```
# 큰 표본 크기
#IVsamD(sample_size = 300, coef_Z = 1, viol = 0)
# 약한 도구
#IVsamD(sample_size = 300, coef_Z = 0.2, viol = 0)
# 배제 제약(exclusion restriction) 위반
#IVsamD(sample_size = 300, coef_Z = 1, viol = 0.5)
```

10.8.2 예제: 담배 수요

공공 정책은 건강에 미치는 영향으로 인해 흡연 감소를 목표로 하는 경
우가 많다. '세금이 흡연을 제한하는 데 사용된다면 소비는 어떤 영향을
받을까?'라는 의문이 제기될 수 있다. 이 예제는 스톡과 왓슨(Stock and
Watson, 2011)의 책에서 발췌했다.

AER 패키지에 있는 담배 데이터를 사용해 작업하며 편의를 위해 이름
을 변경한다. 데이터는 1985년과 1995년도 미국 주에 대한 것이다.

```
library(AER)
data("CigarettesSW", package = "AER")
# 편의상 데이터프레임 이름을 변경한다.
Cig <- CigarettesSW
```

갑pack 단위의 연간 1인당 담배 판매량인 packs, 가격인 price, 소비자
물가 지수consumer price index인 cpi에 관한 데이터가 있다(그림 10.46).

```
library(ggplot2)
ggplot(Cig, aes(x=log(packs),
                y=log(price/cpi))) +
  geom_point() +
  stat_smooth(method = "lm")
```

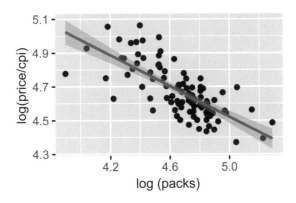

그림 10.46 로그 가격 대 로그 갑

차분으로 고정 효과를 제거하고 차분 데이터에 대해 도구 변수 추정을 사용한다.

mutate 함수로 새로운 변수를 생성한다. 아래에서 가격^{price}, 수입^{income}, 세금^{tax} 변수를 실질적인 값으로 변환한다.

```
Cig <-
  Cig %>%
  mutate(rprice = price/cpi)

Cig <-
  Cig %>%
  mutate(rincome =
       income/population/cpi)

# taxs는 판매세(sales tax)를, tax는 세금(tax)을 의미한다.
Cig <-
  Cig %>%
  mutate(rtaxs=
       (taxs-tax)/cpi)

Cig <-
  Cig %>%
  mutate(rtax=
       tax/cpi)
```

데이터 동사 filter로 1985년과 1995년을 별도의 데이터프레임으로 생성한다.

```
Cig85 <-
  Cig %>%
  filter(year==1985)
Cig95 <-
  Cig %>%
  filter(year==1995)
```

transmute는 mutate와 유사하게 동작하지만 다른 데이터에는 추가하지 않는다. 1985년과 1995년의 변수를 추출해 차분을 구한다.

```
pack_85 <-
  Cig85 %>%
  transmute(pack_85 = log(packs))

pack_95 <-
  Cig95 %>%
  transmute(pack_95=log(packs))

# 1995년과 1985년 간의 차분
pack_diff <- pack_95$pack_95 - pack_85$pack_85
```

마지막 줄에서 1995년과 1985년 간의 담뱃갑 수의 장기적인 차이를 계산한다. 즉, 장기 탄력성long-term elasticity을 연구한다.

가격에 대한 계산을 수행한다.

```
rprice85 <-
  Cig85 %>%
  transmute(rprice85 = log(rprice))

rprice95 <-
  Cig95 %>%
  transmute(rprice95 = log(rprice))

rpricediff <- rprice95$rprice95 - rprice85$rprice85
```

수입과 세금에 대해서도 계산을 수행한다.

```
i85 <-
  Cig85 %>%
  transmute(i85 = log(rincome))

i95 <-
  Cig95 %>%
  transmute(i95 = log(rincome))

idiff <- i95$i95 - i85$i85

ts85 <-
  Cig85 %>%
  transmute(ts85 = rtaxs)

ts95 <-
  Cig95 %>%
  transmute(ts95 = rtaxs)

tsdiff <- ts95$ts95 - ts85$ts85

t85 <-
  Cig85 %>%
  transmute(t85 = rtax)

t95 <-
  Cig95 %>%
  transmute(t95 = rtax)

tdiff <- t95$t95 - t85$t85
```

종속 변수는 담배 수량으로 내인성endogenous인 가격과 외인성exogenous인 수입에 대한 회귀분석의 결과다. 도구는 일반 판매세sales tax다. 모든 변수는 1995년과 1985년 간의 차분이다.

```
# 편의 함수(convenience function): HC1 공분산
library(estimatr)
hc1 <- function(x) vcovHC(x, type = "HC1")
mod1 <- iv_robust(pack_diff ~ rpricediff +
                  idiff | idiff + tsdiff,
```

```
                      diagnostics = TRUE)
mod2 <- iv_robust(pack_diff ~ rpricediff +
                      idiff | idiff + tdiff)
mod3 <- iv_robust(pack_diff ~ rpricediff +
                      idiff | idiff + tsdiff + tdiff,
                  diagnostics = TRUE)

library(texreg)
texreg(list(mod1, mod2, mod3),
      caption = "Instrumental variable estimates",
      caption.above = TRUE)
```

표 10.24 도구 변수 추정값

	Model 1	Model 2	Model 3
(Intercept)	−0.12	−0.02	−0.05
	[−0.26; 0.02]	[−0.16; 0.13]	[−0.18; 0.08]
rpricediff	−0.94*	−1.34*	−1.20*
	[−1.37; −0.51]	[−1.84; −0.85]	[−1.62; −0.78]
idiff	0.53	0.43	0.46
	[−0.18; 1.23]	[−0.19; 1.05]	[−0.18; 1.10]
R^2	0.55	0.52	0.55
Adj. R^2	0.53	0.50	0.53
Num. obs.	48	48	48
RMSE	0.09	0.09	0.09

* 0 신뢰구간 밖

추정값은 표 10.24와 같다. 도구의 타당성^{validity}에 대한 과대식별 ^{overidentification} 검정을 수행한다. Model 3에는 2개의 도구가 있다.

```
summary(mod3)$diagnostic_overid_test
##      value        df      p.value
## 4.08518901 1.00000000 0.04326061
```

두 도구 모두 외인성이라는 귀무가설을 5% 수준에서 기각한다. 스톡과 왓슨(Stock and Watson, 2011, p. 448)은 Model 1의 주장을 펼쳤다. "일반 판매세의 외인성이 담배 관련 세금의 외인성보다 더 강한 경우다. 정

310

치 과정^{political process}은 담배 관련 세금의 변화를 담배 시장과 흡연 정책과
연결할 수 있기 때문이다."

Model 1의 F 통계량은 양호하다.

```
summary(mod1)$diagnostic_first_stage_fstatistic
#       value        nomdf        dendf      p.value
# 3.201544e+01 1.000000e+00 4.500000e+01 1.001477e-06
```

장기 탄력성은 약 −0.9로, 어느 정도 탄력적이다.

10.9 참고자료

보충학습

실험과 잠재적 결과 접근법^{potential outcomes approach}의 이해를 위해, 인과
그래프는 로젠바움(Rosenbaum, 2017), 프로그램 평가는 펄(Pearl et al.,
2016), 인과적 추론의 계량경제학 모형은 조슬랭과 르 모(Josselin and Le
Maux, 2017), 앵그리스트와 피쉬케(Angrist and Pischke, 2015)의 연구를
참고하기 바란다.

심화학습

모건과 윈십(Morgan and Winship, 2014), 아바디와 카타네오(Abadie and
Catteneo, 2018), 맨스키와 페퍼(Manski and Pepper, 2018)의 연구를 참고
하기 바란다.

참고문헌

Abadie, A., and M.D. Catteneo. 2018. Econometricmethods for
   program evaluation. *Annual Review of Economics* 10: 465–503.

Angrist, J.D., and J. Pischke. 2015. *Mastering 'metrics - The path from cause to effect.* Princeton: Princeton University Press.

Chattopadhyay, R., and E. Duflo. 2004. Women as policy makers: Evidence from a randomized policy experiment in India. *Econometrica* 72 (5): 1409 – 1443.

Coppock, A. 2019. ri2: Randomization inference for randomized experiments. R package version 0.1.2. https://CRAN.R-project.org/package=ri2.

Dahl, D.B., D. Scott, C. Roosen, A. Magnusson, and J. Swinton. 2019. xtable: Export Tables to LaTeX or HTML. R package version 1.8-4. https://CRAN.R-project.org/package=xtable.

Dehejia, R.H., and S. Wahba. 1999. Causal effects in nonexperimental studies: Reevaluating the evaluation of training programs. *Journal of the American Statistical Association* 94 (448): 1053 – 1062.

Elwert, F. 2013. Graphical causal models. In *Handbook of causal analysis for social research*, ed. S.L. Morgan, 245 – 274. New York: Springer.

Freedman, D.A. 1983. A note on screening regression equations. *The American Statistician* 37 (2): 152 – 155.

Gelman, A., and J. Hill. 2007. *Data analysis using regression and multilevel/ hierarchical models(Analytical methods for social research).* Cambridge: Cambridge University Press.

Greifer, N. 2019. cobalt: Covariate balance tables and plots. R package version 3.8.0. https://CRAN.R-project.org/package=cobalt.

Hill, R.C., W.E. Griffiths, and G.C. Lim. 2018. *Principles of econometrics.* New York: Wiley.

Ho, D.E., K. Imai, G. King, and E.A. Stuart. 2011. MatchIt: Nonparametric preprocessing for parametric causal inference. *Journal of Statistical Software* 42 (8): 1 – 28. https://www.jstatsoft.org/v42/i08/.

Imai, K. 2018. *Quantitative social science - An introduction.* Princeton: Princeton University Press.

Josselin, J.-M., and B. Le Maux. 2017. *Statistical tools for program evaluation: Methods and applications to economic policy, public health, and education.* Berlin: Springer.

Kahneman, D. 2011. *Thinking, fast and slow.* London: Penguin Books.

Keele, L.J. 2014. rbounds: Perform Rosenbaum bounds sensitivity tests formatched and unmatched data. R package version 2.1.

https://CRAN.R-project.org/package=rbounds.

Lalonde, R.J. 1986. Evaluating the econometric evaluations of training programs with experimental data. *The American Economic Review* 76 (4): 604–620.

Leifeld, P. 2013. texreg: Conversion of statistical model output in R to LaTeX and HTML tables. *Journal of Statistical Software* 55 (8): 1–24. http://www.jstatsoft.org/v55/i08/.

Manski, C.F., and J.V. Pepper. 2018. How do right-to-carry laws affect crime rates? Coping with ambiguity using bounded variation assumptions. *Review of Economics and Statistics* 100 (2): 232–244.

Meyer, B.D., W.K. Viscusi, and D.L. Durbin. 1995. Workers' compensation and injury duration: Evidence from a natural experiment. *The American Economic Review* 85 (3): 322–340.

Morgan, S.L., and C. Winship. 2014. *Counterfactuals and causal inference: Methods and principles for social research (Analytical methods for social research).* Cambridge: Cambridge University Press.

Pearl, J., M. Glymour, and N.P. Jewell. 2016. *Causal inference in statistics: A primer.* New York: Wiley.

Rosenbaum, P. 2005. Sensitivity analysis in observational studies. In *Encyclopedia of statistics in behavioural science,* ed. B.S. Everitt, D.C. Howell, 1809–1814. New York: Wiley.

Rosenbaum, P. 2017. *Observation and experiment - An introduction to causal inference.* London: Harvard University Press.

Rubin, D.B. 2008. Statistical inference for causal effects, with emphasis on applications in epidemiology and medical statistics. In *Handbook of Statistics,* vol. 27, ed. C.R. Rao, J.P. Miller, D.C. Rao. 2008. Amsterdam: Elsevier.

Sekhon, J.S. 2011. Multivariate and propensity score matching software with automated balance optimization: The matching package for R.

Stigler, M., and B. Quast. 2015. rddtools: Toolbox for Regression Discontinuity Design ('RDD'). R package version 0.4.0. https://CRAN.R-project.org/package=rddtools.

Stock, J.H., and M.W. Watson. 2011. *Introduction to econometrics.* Boston: Addison-Wesley.

Wooldridge, J. 2013. *Introductory econometrics: A modern approach.* Delhi: Cengage.

## 제5부

성장 데이터 접근, 분석, 해석

11
성장 데이터와 모형

11.1 소개

성장growth은 경제 정책의 핵심적인 고려사항이다. 11장에서는 데이터와 모형의 상호작용을 기반으로 하는 존스(Jones, 2018)가 제시한 직관적인 성장 분석 방식을 따른다. 존스가 제시한 아이디어의 발전 단계는 다음과 같다.

1. 매디슨Maddison 프로젝트의 장기 성장 데이터를 살펴본다.
2. 국가별 1인당 GDP의 차이를 이해하기 위한 간단한 생산 모형의 개발과 이 모형의 관점을 통해 펜 월드 테이블Penn World Tables 데이터를 살펴본다.
3. 경제 성장의 소로우 모형Solow model을 시뮬레이션하고 그 속성을 이해한다.
4. 매우 단순화한 버전의 로머 모형Romer model을 시뮬레이션하고 아

이디어의 개념을 성장에 통합하는 데 어떠한 도움이 되는지 살펴본다.

5. 또한 세계개발지표^{World Development Indicators} 데이터를 사용해 최근 수십 년간의 성장을 시각화한다.

11.2 예제: 성장

maddison 패키지(Persson, 2015)를 설치한 다음 tidyverse 패키지 (Wickham, 2017)와 함께 로드한다.

```
library(tidyverse)
library(maddison)
str(maddison)
## tibble [45,318 x 9] (S3: tbl_df/tbl/data.frame)
##  $ year            : Date[1:45318], format: "0001-01-01"
   "0730-01-01" ...
##  $ country_original: chr [1:45318] "Austria" "Austria"
   "Austria" "Austria" ...
##  $ gdp_pc          : num [1:45318] NA NA NA NA NA NA NA NA NA
   NA ...
##  $ country         : chr [1:45318] "Austria" "Austria"
   "Austria" "Austria" ...
##  $ iso2c           : chr [1:45318] "AT" "AT" "AT" "AT" ...
##  $ iso3c           : chr [1:45318] "AUT" "AUT" "AUT" "AUT" ...
##  $ continent       : chr [1:45318] "Europe" "Europe" "Europe"
   "Europe" ...
##  $ region          : chr [1:45318] "Western Europe"
   "Western Europe" "Western Europe" "Western Europe" ...
##  $ aggregate       : logi [1:45318] FALSE FALSE FALSE FALSE
   FALSE FALSE ...
```

먼저 미국의 값을 살펴본다. 이를 위해 데이터를 필터링한다. 항상 그렇듯 데이터 랭글링과 그래프 작업은 함께 수행한다.

```
mad1 <- maddison %>%
```

```
  filter(iso2c == "US")
ggplot(mad1, aes(x = year, y = gdp_pc)) +
  geom_line()
```

```
## Warning: Removed 33 rows containing missing values (geom_path).
```

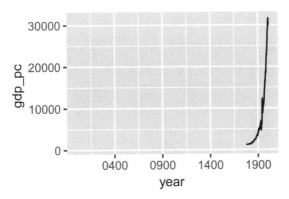

그림 11.1 시간 경과에 따른 미국의 성장 그래프

그림 11.1은 데이터의 전체적인 현황을 보여준다. 하지만 1800년 이후의 값을 살펴보는 것이 가장 좋다.

```
mad2 <- maddison %>%
  filter(iso2c == "US" & year >= as.Date("1800-01-01"))
```

[실습]
필터링한 티블 mad2를 이용해 1800년 이후 미국의 1인당 GDP를 그래프로 나타내라. x 변수는 연도이고, y 변수는 gdp_pc다. 이 그래프 다음에 1800년 이후 미국의 1인당 GDP를 로그 척도로 y축 (scale_y_log10())에 표시한 그래프를 그린다.

이제 선택한 몇몇 국가의 데이터를 그래프로 나타낸다. 이는 풍부한 역사적 비교를 제공한다.

```
mad3 <- maddison %>%
  filter(country %in% c("India", "China",
                        "Argentina", "Japan", "United States",
                        "United Kingdom") &
           year >= as.Date("1800-01-01"))

ggplot(mad3, aes(x = year, y = gdp_pc,
                 colour = country)) +
  geom_line() +
  scale_y_log10()
```

```
## Warning: Removed 90 rows containing missing values (geom_path).
```

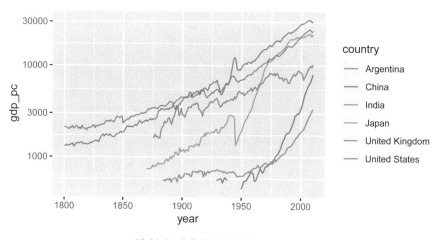

그림 11.2 선택한 국가의 장기 성장 그래프

그림 11.2를 통해 장기 성장의 몇 가지 특징을 명확히 확인할 수 있다. 미국과 영국은 장기간에 걸쳐 꾸준한 성장을 경험했다. 시간이 경과할수록 미국이 영국보다 부유해졌다. 2차 세계대전 후 일본은 충격을 받았지만 빠르게 성장해 미국과 영국을 따라잡았다. 중국의 부상은 세계의 주목을 끌었다. 최근 수십 년간 인도 역시 빠르게 성장했다. 아르헨티나는 초반에 상대적으로 번창했지만 성장세가 꺾였다.

11.3 예제: 생산 모형과 국가 간 데이터

존스는 생산 모형production model을 공개했으며 이를 데이터로 가져온다.

생산을 Y라 하면 $Y = AK^aL^{1-a}$로 구할 수 있다.

여기서 A는 생산 파라미터이며, K와 L은 자본과 노동이다.

L로 나누면 $Y/L = AK^a/L^a$와 같다.

즉, 인당 기준으로 $y = Ak^{1/3}$이다.

이 모형을 데이터에 적용하고 모형의 관점으로 데이터를 살펴볼 수 있다. 일부 경제의 생산요소 간 분배factor shares를 관찰하면 $a = 1/3$이다. 존스(2018, p. 79)에 따르면, 미국과 다른 나라의 경험적 관찰로부터 비율은 $a = 1/3$이고, $1 - a = 2/3$이다. 이는 매우 합리적인 근사치다. 다만 k와 y에 대한 데이터는 있지만 A는 없다.

$A = 1$이면, 모형은 예측 y인 $y_{PREDICTED} = k^{1/3}$이라고 예측한다. 예측 y가 실제 y보다 크면 파라미터 A는 1보다 작음을 의미한다. 또한 예측 y와 실제 y 간의 차이가 클수록 전체 생산에서 A의 역할이 커지고, 1인당 자본per capita capital은 작아진다.

모형을 데이터에 적용하고 미국의 값을 1로 간주해 데이터를 정규화한다.

펜 월드 테이블을 제공하는 pwt9 패키지를 사용한다.

```
library(pwt9)
data("pwt9.0")
pwt <- force(pwt9.0)
rm(pwt9.0)
pwt <- as_tibble(pwt)
```

펜 월드 테이블에는 국가별 성장 조사와 관련된 많은 데이터가 포함돼 있다. 여기서는 2014년 데이터를 집중적으로 살펴본다.

```
pwt2 <- pwt %>%
  filter(year==2014)
```

핵심 변수를 선택한다.

```
pwt3 <- pwt2 %>%
  select("cgdpo","emp","pop","ck",
         "country","isocode")
```

노동자당 생산량output per worker과 노동자당 자본capital per worker에 대한 변수를 생성한다.

```
pwt4 <- pwt3 %>%
  mutate(out_per_worker = cgdpo/pop,
         cap_per_worker = ck/pop)
```

미국의 값을 가져온다.

```
pwt5 <- pwt4 %>%
  filter(isocode=="USA")
USout <- pwt5$out_per_worker
UScap <- pwt5$cap_per_worker
```

미국의 값을 기준으로 정규화한다.

```
pwt6 <- pwt4 %>%
  mutate(out = out_per_worker/USout,
         cap = cap_per_worker/UScap,
         pred = cap^(1/3))
```

선택한 몇몇 국가의 데이터를 살펴본다.

```
pwt7 <- pwt6 %>%
  filter(country %in% c("United States of America", "Japan",
                        "Italy", "India", "Brazil", "Spain"))

pwt7 %>%
  select("country", "out", "pred", "cap")

## # A tibble: 6 x 4
##   country                 out  pred   cap
##   <fct>                 <dbl> <dbl> <dbl>
```

```
## 1 Brazil                      0.284 0.737 0.401
## 2 Spain                       0.629 1.03  1.10
## 3 India                       0.104 0.472 0.105
## 4 Italy                       0.676 1.10  1.32
## 5 Japan                       0.683 0.954 0.869
## 6 United States of America 1     1     1
```

이제 예측 생산량 대 실제 생산량의 그래프를 그린다(그림 11.3).

```
ggplot(pwt6, aes(x = out,
                 y = pred)) +
  geom_point(col = "grey40") +
  geom_line(aes(x = out,
                y = out)) +
  scale_x_log10() +
  scale_y_log10()
```

```
## Warning: Removed 2 rows containing missing values (geom_point).
```

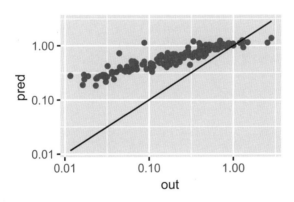

그림 11.3 예측 생산량 대 실제 생산량

예측 생산량과 실제 생산량에는 큰 차이가 있음을 알 수 있다. 그리고 빈민국일수록 그 격차는 더 크다. 빈민국은 1인당 자본 때문에 미국과 격차가 있을 뿐만 아니라 1인당 자본의 생산성도 떨어지기 때문에 더 가난하다.

11.4 소로우 모형 시뮬레이션

이제 모형의 함수를 그래프로 나타내고 소로우 모형의 수치 시뮬레이션 numerical simulation을 수행한다. 일반적으로 성장 경제학자들은 소로우 모형을 벤치마크 모형으로 간주한다. 존스(2013, p. 2)의 설명은 다음과 같다. "거시경제학자들이 한 이 질문에 대한 현대적인 조사는 1950년대와 MIT[Massachusetts Institute of Technology] 로버트 소로우[Robert Solow]의 두 유명한 논문의 발표로 거슬러 올라간다."

소로우 모형에서 총생산production $Y = AK^aL^{1-a}$이고, 자본 축적capital accumulation $K_{t+1} = K_t + sY_t - dK_t$다.

숫자를 생성한다.

```
a <- 1/3
A <- 2
L <- 200
Klow <- 0
Khigh <- 4000
Knumber <- 100
K <- seq(from = Klow, to = Khigh,
         length.out = Knumber)
Y <- A * (K^a) * (L^(1-a))

Prod <- data.frame(K, Y)
```

Y 대 K의 그래프를 그린다(그림 11.4).

```
ggplot(Prod, aes(x = K,
                 y = Y)) +
geom_line()
```

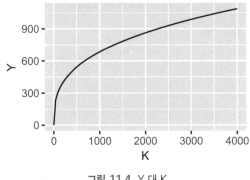

그림 11.4 Y 대 K

생산 함수 그래프를 그린 후 소로우 다이어그램을 그래프로 나타내어 저축^{saving}과 감가상각^{depreciation}이 자본에 따라 어떻게 변하는지 살펴본다 (그림 11.5).

```
s <- 0.25
S <- s * Y
d <- 0.1
dep <- d * K

Y <- A * (K^a) * (L^(1-a))

Solow <- data.frame(S, dep, K)

ggplot(Solow) +
  geom_line(aes(x = K, y = S)) +
  geom_line(aes(x = K, y = dep))
```

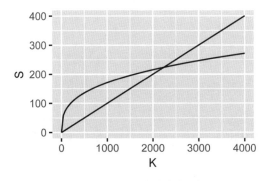

그림 11.5 소로우 다이어그램

s가 증가하면 소로우 다이어그램과 안정상태^{steady-state}의 값이 어떻게 변하는지 확인할 수 있다(그림 11.6).

```
s2 <- 0.35
S2 <- s2 * Y

Solow <- data.frame(S, S2, dep, K)

ggplot(Solow) +
  geom_line(aes(x = K, y = S)) +
  geom_line(aes(x = K, y = dep)) +
  geom_line(aes(x = K, y = S2),
            linetype = "dashed")
```

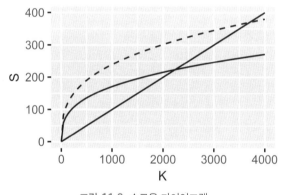

그림 11.6 소로우 다이어그램

마지막으로, 시간 경과에 따라 Y 값이 어떻게 변하는지 그래프로 나타낸다(그림 11.7).

```
d <- 0.1
L <- 200
a <- 1/3
A <- 2
s <- 0.35
d <- 0.1
Kt <- numeric(100)
Kt[1] <- 500
```

```
for(i in 2:100) {
  Kt[i] <- Kt[i-1] +
    s * (A * (Kt[i -1]^a) * (L^(1-a)) ) -
    d * Kt[i - 1]
}

Yt <- A * (Kt^a) * (L^(1-a))

motion <- data.frame(Yt,Kt)
ggplot(motion, aes(x = 1:100,
                   y = Yt)) +
  geom_line()

ls()
##  [1] "a"       "A"        "d"        "dep"
##  [5] "i"       "K"        "Khigh"    "Klow"
##  [9] "Knumber" "Kt"       "L"        "mad1"
## [13] "mad2"    "mad3"     "motion"   "Prod"
## [17] "pwt"     "pwt2"     "pwt3"     "pwt4"
## [21] "pwt5"    "pwt6"     "pwt7"     "s"
## [25] "S"       "s2"       "S2"       "Solow"
## [29] "UScap"   "USout"    "Y"        "Yt"
rm(list=ls())
ls()
## character(0)
```

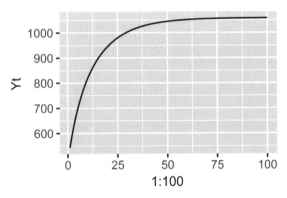

그림 11.7 시간 경과에 따른 Y

11.5 로머 모형 시뮬레이션

소로우 모형은 수익 감소 때문에 자본 축적에 의존할 때 점차 쇠퇴하는 성장에 이른다.

로머Romer는 경제 성장의 원천을 아이디어라 여겼다. 아이디어는 물적 대상object과 다르다. 아이디어는 비경합성non-rivalry이라는 특징을 갖는다.

존스(2018, p. 138)는 다음과 같은 예들 들어 명확히 설명했다. "폴 로머 Paul Romer는 경제적 상품goods의 세계를 물적 대상과 아이디어로 나누어 더 근본적인 구분을 제안했다. 물적 대상은 토지, 휴대폰, 석유, 제트기, 컴퓨터, 연필, 종이와 소로우 모형에서의 자본과 노동력 같이 친숙한 대부분의 상품을 포함한다. 반면에 아이디어는 설명서instruction나 레시피recipe다. 아이디어는 물적 대상을 만들기 위한 디자인을 포함한다. 예컨대 모래(이산화규소)는 해수욕을 즐기는 사람, 삽을 갖고 노는 아이, 유리세공사에게 항상 가치 있는 존재다. 하지만 1960년대에 모래를 컴퓨터칩으로 변환하는 레시피가 발견되면서 모래의 새롭고 특별히 생산적인 사용처가 생겼다. 그 밖의 아이디어로는 휴대폰이나 제트기의 디자인, 석유를 플라스틱으로 변환하는 제조기술, 나무를 종이로 변환하는 설명서 등이 있다."

로머 모형의 단순화한 버전을 시뮬레이션해 어떻게 아이디어가 성장으로 이어질 수 있는지에 대한 핵심 내용을 살펴본다.

아래에서는 아이디어를 W라 하고, 아이디어는 생산되며 수익 감소의 대상이 아니다.

물적 대상의 생산 함수는 다음과 같다.

$$Y_t = W_t(1 - l)L$$

여기서 t는 시간을, $1 - l$은 물적 대상을 생산하는 전체 노동자 L의 비율을 의미한다.

아이디어의 생산 함수는 다음과 같다.

$$W_t = W_{t-1} + z_t W_{t-1} lL$$

여기서 z는 생산성 파라미터를, l은 아이디어를 생산하는 노동자의 비율을 의미한다.

로머 모형에서 연속 성장^{continuous growth}을 얻을 수 있다(그림 11.8).

```
W <- numeric(100)
Y <- numeric(100)
W[1] <- 100
l <- 0.10
L <- 100
z <- 1/500
Y[1] <- W[1] * (1 - l) * L
for(i in 2:100){
  W[i] <- W[i - 1] + z * W[i - 1] * l*L
  Y[i] <- W[i] * (1 - l) * L
}
Romer <- data.frame(W, Y, Time = 1:100)
ggplot(Romer, aes(x = Time,
                  y = Y)) +
geom_line()
```

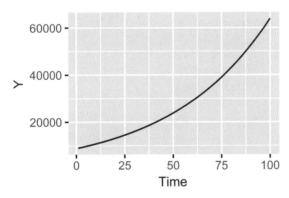

그림 11.8 로머 모형에서의 Y 대 시간

```
rm(list = ls())
```

11.6 예제: 최근 10년간의 성장

이 절에서는 wdi 데이터를 사용해 최근 10년간의 성장을 조사한다. 앞서
3장에서 살펴본 세계개발지표 데이터에 관한 WDI 패키지를 사용한다. 초
기 랭글링은 동일한 단계를 따른다.

```
library(WDI)
#new_wdi_cache <- WDIcache()
WDIsearch("gdp.*capita.*PPP")
##       indicator
## [1,] "6.0.GDPpc_constant"
## [2,] "NY.GDP.PCAP.PP.KD.ZG"
## [3,] "NY.GDP.PCAP.PP.KD.87"
## [4,] "NY.GDP.PCAP.PP.KD"
## [5,] "NY.GDP.PCAP.PP.CD"
##       name
## [1,] "GDP per capita, PPP (constant 2011 international $) "
## [2,] "GDP per capita, PPP annual growth (%)"
## [3,] "GDP per capita, PPP (constant 1987 international $)"
## [4,] "GDP per capita, PPP (constant 2011 international $)"
## [5,] "GDP per capita, PPP (current international $)"

wdi_data <- WDI(indicator =
                c("NY.GDP.PCAP.PP.KD"),
                start = 1990,
                end = 2017,
                extra = TRUE)

library(tidyverse)

wdi_data <- wdi_data %>%
  filter(region != "Aggregates")

wdi_data <- wdi_data %>%
  rename(GDP_pc =
         NY.GDP.PCAP.PP.KD)


wdi <- as.tibble(wdi_data)

## Warning: 'as.tibble()' is deprecated, use 'as_tibble()'
```

```
(but mind the new semantics).
## This warning is displayed once per session.
```

이제 1990년, 2004년, 2017년에 대한 1인당 GDP의 상자그림 그래
프를 그린다(그림 11.9).

```
wdi_sel <- wdi %>%
  filter(year == 1990 |
         year == 2004 |
         year == 2017)

ggplot(wdi_sel, aes(y = GDP_pc,
                    x = factor(year))) +
  geom_boxplot() +
  coord_flip()

## Warning: Removed 102 rows containing non-finite values
## (stat_boxplot).
```

```
#str(wdi)
```

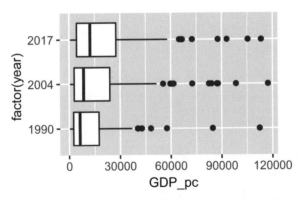

그림 11.9 1990년, 2004년, 2017년 1인당 GDP(PPP, 국제달러 2011년 고정가)의 상
자그림

그림 11.9에서 1인당 GDP 분포가 오른쪽으로 이동했음을 알 수 있다.
분포는 왼쪽으로 치우쳐 있다.

1990년과 2017년 데이터를 필터링한다.

```
wdi_1990 <- wdi %>%
  filter(year == 1990) %>%
  select(country, year, region, GDP_pc,
         iso3c) %>%
  rename(GDP_pc_1990 = GDP_pc)
#str(wdi_1990)

wdi_2017 <- wdi %>%
  filter(year == 2017) %>%
  select(country, year, region, GDP_pc) %>%
  rename(GDP_pc_2017 = GDP_pc)
#str(wdi_2017)
```

left_join()을 사용한다.

```
wdi_1990_2017 <- wdi_1990 %>%
  left_join(wdi_2017, by = "country")

#str(wdi_1990_2017)
wdi_1990_2017
## # A tibble: 216 x 8
##    country year.x region.x GDP_pc_1990 iso3c
##    <chr>   <int>  <fct>         <dbl> <fct>
## 1 Andorra  1990 Europe ~        NA   AND
## 2 United~  1990 Middle ~    112350.  ARE
## 3 Afghan~  1990 South A~        NA   AFG
## 4 Antigu~  1990 Latin A~     17473.  ATG
## 5 Albania  1990 Europe ~      4458.  ALB
## 6 Armenia  1990 Europe ~      3742.  ARM
## 7 Angola   1990 Sub-Sah~     4761.  AGO
## 8 Argent~  1990 Latin A~    11373.  ARG
## 9 Americ~  1990 East As~        NA   ASM
## 10 Austria 1990 Europe ~    31342.  AUT
## # ... with 206 more rows, and 3 more variables:
## #   year.y <int>, region.y <fct>,
## #   GDP_pc_2017 <dbl>
```

이제 1990년 1인당 GDP 대비 2017년 1인당 GDP 비율 대 1990년 1인당 GDP의 산점도를 그린다(그림 11.10). 대부분 국가의 1990년 1인

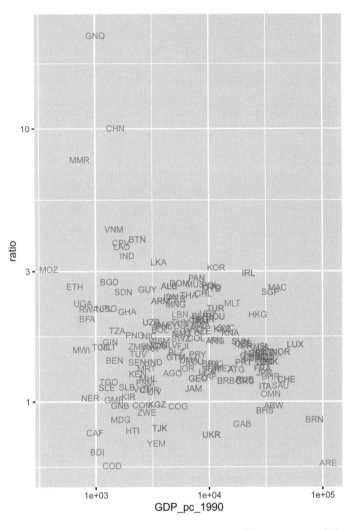

a	East Asia & Pacific	a	Latin America & Caribbean
a	Europe & Central Asia	a	Middle East & North Africa

a	North America	a	Sub-Saharan Africa
a	South Asia		

그림 11.10 1990년 1인당 GDP 대비 2017년 1인당 GDP 비율 대 1990년 1인당 GDP

당 GDP 대비 2017년 1인당 GDP 비율은 1에서 3 사이에 있다.

```
library(ggrepel)

wdi_1990_2017 <- wdi_1990_2017 %>%
```

```
  mutate(ratio = GDP_pc_2017 / GDP_pc_1990)

ggplot(wdi_1990_2017, aes (x = GDP_pc_1990,
                           y = ratio,
                           label = iso3c,
                           colour = region.x)) +
  geom_text(size = 3) +
  scale_x_log10() +
  scale_y_log10() +
  theme(legend.position = "bottom")
```

Warning: Removed 53 rows containing missing values (geom_text).

1990년 1인당 GDP 대비 2017년 1인당 GDP 비율이 3보다 큰 국가를 추출한다(표 11.1).

```
wdi_1990_2017 %>%
  filter(ratio > 3) %>%
  select(ratio, country) %>%
  arrange(desc(ratio)) %>%
  kable(caption = "Ratio of GDP per capita in 2017 to GDP per
        capita in 1990, countries with ratio greater than three",
        digits = 2)
```

표 11.1 1990년 1인당 GDP 대비 2017년 1인당 GDP 비율이 3보다 큰 국가

Ratio	Country
21.91	Equatorial Guinea
10.02	China
7.68	Myanmar
4.28	Vietnam
3.93	Bhutan
3.81	Cabo Verde
3.69	Lao PDR
3.42	India
3.24	Sri Lanka
3.09	Korea, Rep.
3.05	Mozambique

1990년 1인당 GDP 대비 2017년 1인당 GDP 비율이 0.95보다 작은 국가를 추출한다(표 11.2).

```
wdi_1990_2017 %>%
  filter(ratio < 0.95) %>%
  select(ratio, country) %>%
  arrange(desc(ratio)) %>%
  kable(caption = "Ratio of GDP per capita in 2017 to GDP per
        capita in 1990, countries with ratio less than 0.95",
        digits = 2)
```

표 11.2 1990년 1인당 GDP 대비 2017년 1인당 GDP 비율이 0.95보다 작은 국가

Ratio	Country
0.93	The Bahamas
0.91	Zimbabwe
0.86	Madagascar
0.86	Brunei Darussalam
0.83	Gabon
0.80	Tajikistan
0.78	Haiti
0.77	Central African Republic
0.76	Ukraine
0.70	Yemen, Rep.
0.65	Burundi
0.59	United Arab Emirates
0.58	Congo, Dem. Rep.

group_by와 summarize를 이용해 지역별로 1인당 GDP의 중앙값을 구한다.

```
wdi_median <- wdi %>%
  group_by(year, region) %>%
  summarize(reg_med = median(GDP_pc,
                             na.rm = TRUE))
```

최근 수십 년간 지역별 1인당 GDP의 중앙값을 그래프로 나타낸다(그
림 11.11).

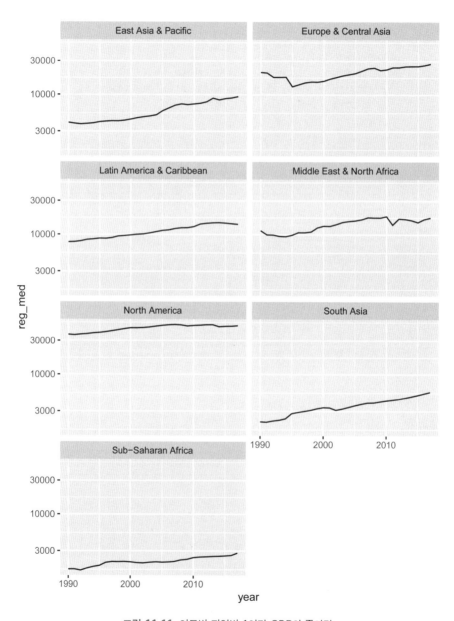

그림 11.11 연도별 지역별 1인당 GDP의 중앙값

```
ggplot(wdi_median, aes(x = year,
                        y = reg_med)) +
  geom_line() +
  scale_y_log10() +
  facet_wrap(~ region, ncol = 2)
```

11.7 참고자료

존스(Jones, 2018)의 연구는 장기 성장 이론을 명확하고 이해하기 쉽게 설명한다.

실습 해답

[11.2절 실습]
필터링한 티블 mad2를 이용해 1800년 이후 미국의 1인당 GDP를 그래프로 나타내라. x 변수는 연도이고, y 변수는 gdp_pc다. 이 그래프 다음에 1800년 이후 미국의 1인당 GDP를 로그 척도로 y축 (scale_y_log10())에 표시한 그래프를 그린다.

```
ggplot(mad2, aes(x = year, y = gdp_pc)) +
  geom_line()
```

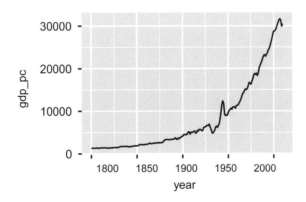

```
ggplot(mad2, aes(x = year, y = gdp_pc)) +
  geom_line() +
  scale_y_log10()
```

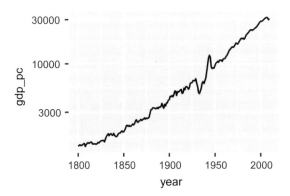

참고문헌

Jones, C.I. 2013. Introduction to economic growth. Indian edition. Viva. New Delhi in arrangement with Norton.

Jones, C.I. 2018. *Macroeconomics*. New York: W W Norton and Company.

Persson, E. 2015. Maddison: Maddison project database. *R package version 0.1*. https://CRAN.Rproject.org/package=maddison.

Wickham, H. 2017. Tidyverse: Easily install and load the 'Tidyverse'. *R package version 1.2.1*. https://CRAN.R-project.org/package=tidyverse.

12

성장 원인

12.1 소개(제도와 성장 예제)

제도institution와 성장growth에 관한 에이스모글루, 존슨, 로빈슨(Acemoglu, Johnson and Robinson(이하 AJR), 2004)의 논문은 큰 파장을 일으켰으며, 이후 많은 논문에 영향을 미쳤다.

아세노바와 레겔레(Assenova and Regele, 2017)는 AJR의 후속 논문을 발표했는데, AJR의 결과를 재현하고 자체 변수도 추가했다. R 코드와 하버드 데이터버스(https://dataverse.harvard.edu)에서 얻을 수 있는 아세노바와 레겔레(2017)의 논문 데이터를 사용한다.

```
library(tidyverse)
ajr <- read_csv("complete.data.iv.csv")
```

산출output의 측정치 대 제도의 측정치에 대한 산점도와 제도와 다른 변수들에 대한 OLSOrdinary Least Squares 회귀분석을 통해 제도와 성장 간의 관계를 살펴본다. 산출의 측정치는 1995년의 로그 1인당 GDP PPP^{GDP per} capita Purchasing Power Parity(logpgp95)이고 제도의 측정치는 1985~1995년간 평균 수용 위험^{average risk of expropriation}(avexpr)이다.

baseco라는 더미 변수를 1로 설정해 AJR이 사용하는 데이터만 고려하도록 데이터를 필터링한다.

```
ajrb <- ajr %>%
  filter(baseco == 1)
```

```
library(ggrepel)
ggplot(ajrb, aes(x = avexpr, y = logpgp95,
                 label = shortnam)) +
  geom_text_repel(size = 3) +
  geom_point() +
  geom_smooth(method = "lm", se = FALSE)
```

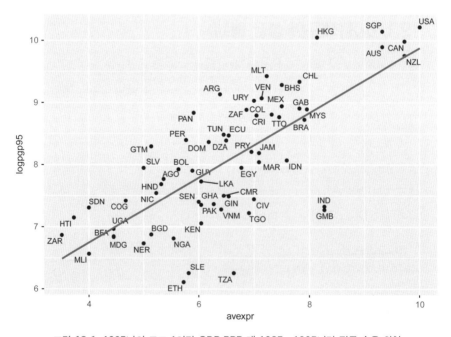

그림 12.1 1995년의 로그 1인당 GDP PPP 대 1985~1995년간 평균 수용 위험

그림 12.1은 1995년의 로그 1인당 GDP PPP 대 1985~1995년간 평
균 수용 위험의 산점도로, 강한 양의 상관관계가 존재한다.

```
library(texreg)
ol1 <- lm(logpgp95 ~ avexpr, data = ajrb)
ol2 <- lm(logpgp95 ~ avexpr + lat_abst, data = ajrb)
ol3 <- lm(logpgp95 ~ avexpr + lat_abst + asia +
            africa + other, data = ajrb)
texreg(list(ol1, ol2, ol3), caption = "OLS Regressions,
        Dependent variable is log GDP per capita in 1995",
        caption.above = TRUE)
```

표 12.1 OLS 회귀분석으로, 종속 변수는 1995년의 로그 1인당 GDP다.

	Model 1	Model 2	Model 3
(Intercept)	4.66*** (0.41)	4.73*** (0.40)	5.74*** (0.40)
avexpr	0.52*** (0.06)	0.47*** (0.06)	0.40*** (0.06)
lat_abst		1.58* (0.71)	0.88 (0.63)
Asia			−0.58* (0.23)
Africa			−0.88*** (0.17)
Other			0.11 (0.38)
R^2	0.54	0.57	0.71
Adj. R^2	0.53	0.56	0.69
Num. obs.	64	64	64
RMSE	0.71	0.69	0.58

* $p < 0.05$; ** $p < 0.01$; *** $p < 0.001$

그림 12.1과 표 12.1(texreg(Leifeld, 2013)로 작성)에서 보듯이 상관관
계는 강하지만, 역 인과관계reverse causality가 예상되고 생략된 변수도 있다.
이러한 문제를 극복하기 위해 AJR은 다음과 같이 요약할 수 있는 이론

을 제안했다. (잠재적) 정착민 사망률settler mortality ⟶ 정착settlements ⟶ 초기 제도 early institutions ⟶ 현재 제도current institutions ⟶ 현재 성과current performance

정착민 사망률을 제도의 도구instrument로 사용한다. 소득과 정착민 사망률 사이의 감소되는 형태의 관계를 그래프로 나타내면(그림 12.2), 매우 강한 음의 상관관계가 존재한다.

```
ggplot(ajrb, aes(x = logem4, y = logpgp95,
                 label = shortnam)) +
  geom_text_repel(size = 3) +
  geom_point() +
  geom_smooth(method = "lm", se = FALSE)
```

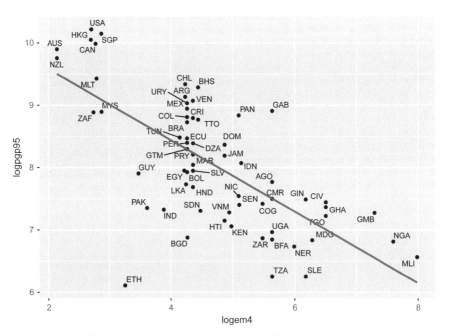

그림 12.2 1995년 로그 1인당 GDP PPP 대 정착민 사망률 로그의 산점도

1985~1995년간 수용 위험에 대한 평균 보호가 어떠한지는 정착민 사망률과 관련이 있다.

```
olA <- lm(avexpr ~ logem4, data = ajrb)
olB <- lm(avexpr ~ logem4 + lat_abst, data = ajrb)
texreg(list(olA, olB), caption = "Dependent variable is
       Average Protection Against Expropriation Risk from
       1985 to 1995", caption.above = TRUE)
```

표 12.2 종속 변수는 1985~1995년간 수용 위험에 대한 평균 보호다.

	Model 1	Model 2
(Intercept)	9.34***	8.53***
	(0.61)	(0.81)
logem4	−0.61***	−0.51***
	(0.13)	(0.14)
lat_abst		2.00
		(1.34)
R^2	0.27	0.30
Adj. R^2	0.26	0.27
Num. obs.	64	64
RMSE	1.26	1.25

* $p < 0.05$; ** $p < 0.01$; *** $p < 0.001$

AER 패키지(Kleiber and Zeileis, 2008)를 사용해 도구 변수[IV, instrumental variable] 추정(표 12.3)을 진행한다.

```
library(AER)
mod1 <- ivreg(logpgp95 ~ avexpr | logem4, data = ajrb)
mod2 <- ivreg(logpgp95 ~ avexpr +
               lat_abst | logem4 +
               lat_abst, data = ajrb)
mod3 <- ivreg(logpgp95 ~ avexpr + lat_abst + asia +
               africa + other | logem4 + lat_abst + asia +
               africa + other, data = ajrb)
library(texreg)
texreg(list(mod1, mod2, mod3),
       include.rsq = FALSE, include.adjrs = FALSE,
       include.rmse = FALSE, caption = "IV regressions of log
       GDP per capita", caption.above = TRUE)
```

표 12.3 로그 1인당 GDP의 도구 변수 회귀분석

	Model 1	Model 2	Model 3
(Intercept)	1.91 (1.03)	1.69 (1.29)	1.44 (2.84)
avexpr	0.94*** (0.16)	1.00*** (0.22)	1.11* (0.46)
lat_abst		−0.65 (1.34)	−1.18 (1.76)
Asia			−1.05 (0.52)
Africa			−0.44 (0.42)
Other			−0.99 (1.00)
Num. obs.	64	64	64

* $p < 0.05$; ** $p < 0.01$; *** $p < 0.001$

표 12.3의 명세에서 로그 1인당 GDP에 대한 평균 수용 위험의 영향은 안정적이고 표 12.1의 OLS 추정값보다 높다. AJR 논문의 핵심 구절(p. 1387)은 다음과 같다.

수용 위험이 높고 낮은 두 '전형적인' 국가인 나이지리아와 칠레를 비교해보자(이들 국가는 실제 회귀선에 있다는 의미에서 도구 변수 회귀분석에서 전형적이다). 2SLS^two Stage Least Squares 추정값은 0.94다. 이는 두 국가 간의 수용 위험의 차이는 2.24이고 로그값으로 환산하면 차이는 206(약 7배)이라는 의미다. 실제로 측정 오차가 있으면 해석이 복잡해진다. 나이지리아와 칠레의 수용 지수의 차이 중 일부는 측정 오차를 반영할 수 있기 때문이다. 따라서 7배 차이가 상한^upper bound이다.

12.2 지리와 성장

로드릭(Rodrik et al., 2004)은 AJR의 후속 연구를 수행했으며, 결과를 확장했다. 지리geography가 제도와 소득 수준에 미치는 영향도 고려했다. 주요 내용은 다음과 같다.

- 지리는 소득 수준에 직접적인 영향을 미친다.
- 지리는 제도에 영향을 미치며 제도와 소득은 양방향bi-directional 관계에 있다.

분명 로드릭(2004)의 접근법은 합리적이다. 하지만 논문에서 밝혔듯이 경제 성장에 관한 문헌의 아이디어 중 하나는 지리가 핵심 결정요인이라는 것이다. 아세노바와 레겔레(2017)의 논문은 AJR에 의문을 제기한다. 이들 주장의 요점은 지리가 정착민 사망률 및 경제적 산출과 상관관계가 있다는 것이다(그림 12.3). 하지만 이는 로드릭(2004)의 아이디어와 일맥상통한다고 생각할 수 있다.

```
p1 <- ggplot(ajrb, aes(x = meantemp, y = logem4)) +
  geom_point() +
  geom_smooth(method = "lm", se = FALSE)
p2 <- ggplot(ajrb, aes(x = meantemp, y = logpgp95)) +
  geom_point() +
  geom_smooth(method = "lm", se = FALSE)

library(gridExtra)
grid.arrange(p1, p2, ncol = 2)

## Warning: Removed 4 rows containing non-finite values
## (stat_smooth).
## Warning: Removed 4 rows containing missing values
## (geom_point).
## Warning: Removed 4 rows containing non-finite values
## (stat_smooth).
## Warning: Removed 4 rows containing missing values
## (geom_point).
```

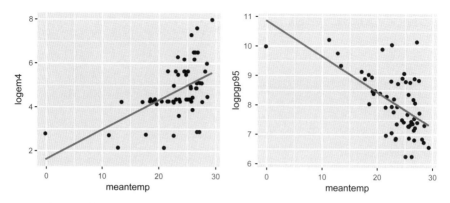

그림 12.3 왼쪽: 정착민 사망률 대 평균 온도의 산점도. 오른쪽: 로그 1인당 GDP 대 평균 온도의 산점도

지리는 정착민 사망률의 대륙별 변화에서도 나타난다(그림 12.4).

```
ggplot(ajrb, aes(x = continent, y = logem4)) +
  geom_boxplot() +
  coord_flip()
```

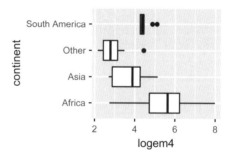

그림 12.4 대륙별 정착민 사망률의 상자그림

사망률과 제도 사이의 대륙별 관계와 사망률과 소득 수준 사이의 대륙별 관계를 다음과 같이 확인할 수 있다(그림 12.5와 그림 12.6).

```
ggplot(ajrb, aes(col = continent, x = logem4,
                 y = avexpr, shape = continent)) +
  geom_point() +
```

```
geom_smooth(method = "lm", se = FALSE,
            aes(linetype = continent))


ggplot(ajrb, aes(col = continent, x = logem4,
                 y = logpgp95, shape = continent)) +
    geom_point() +
    geom_smooth(method = "lm", se = FALSE,
                aes(linetype = continent))
```

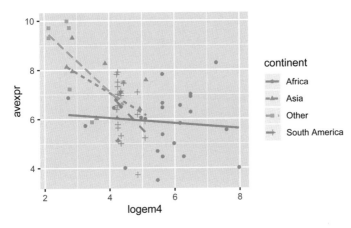

그림 12.5 1985년에서 1995년까지 평균 수용 위험 대 정착민 사망률의 산점도

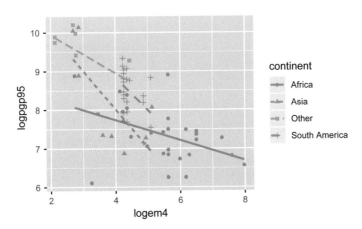

그림 12.6 1995년의 로그 1인당 GDP PPP 대 정착민 사망률의 산점도

12.3 배제 제약 시뮬레이션

아세노바와 레겔레(2017)가 제기한 한 가지 문제는 도구 변수의 배제 제약exclusion restriction 검정 문제다. 로드릭(Rodrik et al., 2004)은 "AER American Economic Review 검정이라 불리는 것을 통과했다."고 말하며 도구 변수를 직접 평가하지 않았다.

내생 변수endogenous variable와 도구 변수에 대해 결과 변수를 직접 회귀분석하여 도구의 타당성 여부를 검정할 수 없다(Morgan and Winship, 2014). 도구 변수가 타당하더라도 이러한 회귀분석은 내생 변수를 통제하고 있음에도 불구하고 도구 변수의 계수가 통계적으로 유의하다고 나타낼 수 있다. 이를 시뮬레이션으로 증명해보자.

U를 X와 Y의 공통원인이라 하고 $X \leftarrow U \rightarrow Y$로 표기한다. Z는 X와 Y의 타당한 도구valid instrument라 하고 $Z \rightarrow X \rightarrow Y$라 표기한다.

```
U <- rnorm(300)
Z <- rnorm(300, mean = 3)
X <- Z + 2 * U + rnorm(300)
Y <- X + 2 * U


modex1 <- lm(Y ~ X)


library(AER)
modex2 <- ivreg(Y ~ X | Z)
texreg(list(modex1, modex2),
       caption = "OLS of Y on X (Model 1),
       IV regression of Y on X (Model 2)",
       caption.above = TRUE)
```

X에 대한 Y의 회귀분석은 편향된 추정값을 제공하지만, 도구 변수는 X에 대한 Y의 실제 효과를 얻는 데 성공적이다(표 12.4).

하지만 다음에서 Z는 타당한 도구 변수이지만, X와 Z에 대한 Y의 회귀분석을 통해 통계적으로 유의한 Z의 계수를 제공한다는 사실을 알 수 있다(표 12.5).

표 12.4 X에 대한 Y의 OLS(Model 1)와 X에 대한 Y의 도구 변수 회귀분석(Model 2)

	Model 1	Model 2
(Intercept)	−2.10***	0.20
	(0.11)	(0.45)
X	1.69***	0.95***
	(0.03)	(0.14)
R^2	0.92	0.75
Adj. R^2	0.92	0.75
Num. obs.	300	300
RMSE	1.12	2.04

* $p < 0.05$; ** $p < 0.01$; *** $p < 0.001$

표 12.5 X와 Z에 대한 Y의 회귀분석

	Model 1
(Intercept)	−0.28
	(0.16)
X	1.80***
	(0.02)
Z	−0.72***
	(0.05)
R^2	0.95
Adj. R^2	0.95
Num. obs.	300
RMSE	0.89

* $p < 0.05$; ** $p < 0.01$; *** $p < 0.001$

```
modex3 <- lm(Y ~ X + Z)
texreg(list(modex3),
       caption = "Regression of X on Z",
       caption.above = TRUE)
```

배제 가정exclusion assumption을 밝히는 검정은 과대식별overidentification 검정
이며, AJR 역시 이를 수행했다.

그럼에도 불구하고 디톤(Deaton, 2010)은 AJR의 연구를 포함해 도구 변수를 사용한 일부 연구에 대해 회의적이지만 신중하고 합리적으로 평가했다. 그는 외부 변수external variable와 외생 변수exogenous variable의 차이를 구별해야 한다고 지적했다. 외부 변수는 반드시 외생적이다. 또한 과대식별 검정과 관련해서 디톤은 다음과 같이 말했다.

> 외생성exogeneity은 데이터 분석 전에 수행해야 하는 식별 가정identifying assumption이므로 경험적 검정empirical test은 문제를 해결할 수 없다. 이는 종종 만족스러운 과대식별 검정을 타당한 식별의 증거로 잘못 해석함으로써 문헌의 많은 시도를 막지 못한다. 이러한 검정은 가능한 도구의 집합에서 다른 하위 집합을 선택할 때 추정값의 변경 여부를 알려준다. 검정은 분명 유용하고 유익하지만, 채택acceptance은 모든 도구가 타당하지 않다는 것과 일치하는 반면, 실패failure는 하위 집합이 옳다는 것과 일치한다.

12.4 AJR 관련 기타 연구

에이스모글루의 연구를 뒷받침하는 다른 관찰이 있다. 이들 논문의 시작 부분에서 남한과 북한, 동독과 서독의 사례를 들어 제도의 중요성을 보여줬다. 이러한 경우는 자연 대응짝nature-matched pairs으로 간주할 수 있다.

분석가가 매칭matching을 사용해 생성한 대응짝의 경우, 로젠바움(Rosenbaum, 2010, p. 322)은 심층적인 기술thick descriptions을 제공하면서 몇 가지 대응짝을 면밀히 살펴봐야 한다고 제안했다.

에이스모글루와 로빈슨(2013)의 저서 『Why Nations Fail』은 노갈레스Nogales와 두 지역, 미국의 애리조나주와 멕시코의 소노라주의 설명으로 시작한다. 소노라주 노갈레스의 평균 가구 소득은 애리조나주 노갈레스의 1/3 정도다. 교육, 건강 등에서도 차이가 존재한다.

폴 로젠바움Paul Rosenbaum은 여러 사례의 연구가 모호함을 제거할 수는 없지만, 각기 다른 장단점을 가진 여러 연구를 통해 모호함을 줄일 수 있다고 설득력 있게 제시했다. AJR에서 도구 변수의 배제 제약에 대한 모호함이 남아 있을 수 있지만 각기 다른 장단점을 가진 그 밖의 관찰과 연구를 통해 제도가 경제 성장의 핵심 요소임을 확신할 수 있다.

12.5 참고자료

에이스모글루와 로빈슨(Acemoglu and Robinson, 2013)의 저서 『Why Nations Fail』은 노벨 경제학상 수상자들에게 찬사를 받았다.

모건과 윈쉽(Morgan and Winship, 2014)의 저서는 도구 변수를 이해하는 데 큰 도움이 된다.

참고문헌

Acemoglu, D., and J.A. Robinson. 2013. *Why nations fail*. London: Profile Books.

Acemoglu, D., S. Johnson, and J.A. Robinson. 2001. The colonial origins of comparative development: An empirical investigation. *The American Economic Review* 91 (5): 1369 – 1401.

Assenova, A.V., and M. Regele. 2017. Revisiting the effect of colonial institutions on comparative economic development. *Plos One* 12 (5): 1 – 16.

Deaton, A. 2010. Instruments, randomization and learning about development. *Journal of Economic Literature* 48 (June 2010): 424 – 455.

Kleiber, C., and A. Zeileis. 2008. *Applied econometrics with R*. New York: Springer. https://CRAN.R-project.org/package=AER.

Leifeld, P. 2013. texreg: Conversion of statistical model output in R to LaTeX and HTML tables. *Journal of Statistical Software* 55 (8): 1 – 24. http://www.jstatsoft.org/v55/i08/.

Morgan, S.L., and C. Winship. 2014. *Counterfactuals and causal inference: Methods and principles for social research.*, Analytical methods for social research Cambridge: Cambridge University Press.

Rodrik, D., A. Subramanian, and F. Trebbi. 2004. Institutions rule: The primacy of institutions over geography and integration in economic development. *Journal of Economic Growth* 9: 131 – 165.

Rosenbaum, P. 2010. *Design of observational studies.*, Springer series in statistics New York: Springer.

Wickham, H. 2017. Tidyverse: Easily install and load the 'Tidyverse'. *R package version 1.2.1.* https://CRAN.R-project.org/package=tidyverse.

## 제6부

시계열 데이터

13
시계열 그래프

13.1 소개

시계열time series 그래프를 작성하면 시계열의 다양한 모양과 크기를 이해할 수 있다. 따라서 시계열 그래프를 분석하면 경제 동향을 파악할 수 있다.

13.2 간단한 데이터 활용 예제

forecast 패키지(Hyndman et al., 2019)는 ggplot2 패키지를 기반으로 하므로 간단하게 forecast 패키지만 로드한다. 그런 다음 ts 함수로 시계열을 생성한다. 시계열은 2000년에 시작하며 연 단위다(frequency = 1).

```
library(forecast)
Years5 <- ts(c(138, 91, 54, 222, 56),
```

```
                start = 2000, frequency = 1)
Years5
## Time Series:
## Start = 2000
## End = 2004
## Frequency = 1
## [1] 138  91  54 222  56
```

autoplot()을 이용해 시계열 그래프를 그린다(그림 13.1).

```
autoplot(Years5)
```

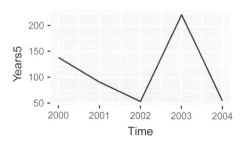

그림 13.1 시계열 그래프

[실습]

2003년부터 시작하는 quanty라는 연간 시계열이 있으며, quanty의
값은 14, 21, 16, 12, 34다. ts로 시계열 객체를 생성하고 autoplot
으로 그래프를 그려라.

13.3 예제: 항공기 탑승객

카우퍼트웨이트와 멧칼페(Cowpertwait and Metcalfe, 2009, p. 4)가 제시
한 항공기 탑승객air passenger 데이터의 그래프를 그린다. 이들의 설명은 다
음과 같다. "미국 항공사 팬암Pan Am의 월별 국제선 탑승객 예약 인원을

천 명 단위로 기록한 수다. … 데이터 출처는 미국 연방항공국[Federal Aviation Administration]이며 기간은 1949년부터 1960년까지다."

데이터는 R에 내장돼 있는 AirPassengers를 사용한다. AirPassengers를 로드해 이름을 변경한다.

```
data("AirPassengers")
APass <- AirPassengers
str(APass)
## Time-Series [1:144] from 1949 to 1961:
   112 118 132 129 121 135 148 148 136 119 ...
## class(APass)
## [1] "ts"
## head(APass)
##      Jan Feb Mar Apr May Jun
## 1949 112 118 132 129 121 135
autoplot(APass)
```

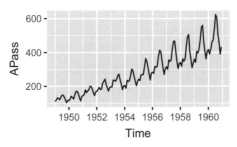

그림 13.2 월별 항공기 탑승객 수(단위: 천 명)

항공기 탑승객 데이터는 계절성^{seasonality}이 뚜렷한 상승 추세를 보인다(그림 13.2). 계절성을 명확하게 확인하기 위해 window 함수로 1958년 이후 데이터를 확대하고 ggseasonplot 함수를 사용한다(그림 13.3).

```
ggseasonplot(window(APass, start = 1958))
```

다음과 같이 다른 연도의 데이터들을 월별로 합산해 표시할 수도 있다.

```
ggsubseriesplot(APass)
```

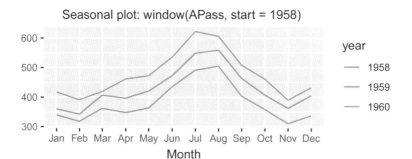

그림 13.3 1958년부터 1960년까지 월별 항공기 탑승객 수(단위: 천 명)

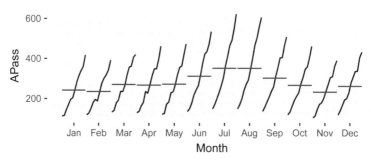

그림 13.4 월 단위로 나타낸 월별 항공기 탑승객 수(단위: 천 명)

7월과 8월은 항공기 탑승객 수가 가장 많은 달이며, 수년에 걸쳐 매월 증가하고 있다(그림 13.4).

13.4 예제: 주식시장의 변동성

스톡과 왓슨(Stock and Watson, 2011) 데이터를 사용하며 AER 패키지에서 제공한다. 선 그래프는 주식시장의 변동성^{volatility}을 설명하는 훌륭한 도구다. 시계열은 1990년부터 2005년까지 일별 뉴욕증권거래소^{New York Stock Exchange} 주가지수다.

```
data("NYSESW", package = "AER")
nyse <- 100 * diff(log(NYSESW))
str(nyse)
## 'zoo' series from 1990-01-03 to 2005-11-11
##   Data: num [1:4002] -0.101 -0.766 -0.844 0.354 -1.019 ...
##   Index:  Date[1:4002], format: "1990-01-03" "1990-01-04"
"1990-01-05" "1990-01-08" "1990-01-09" ...
```

데이터를 그래프로 나타낸다.

```
autoplot(nyse) +
  geom_smooth(method = "loess")
```

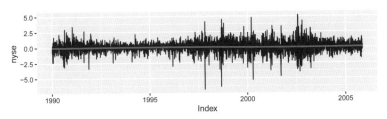

그림 13.5 뉴욕증권거래소 지수의 일별 백분율 변동

상당한 변동성이 존재하며, 시간에 따라 변한다(그림 13.5). 변동성을 그래프로 나타내기 위해 월 단위로 표준편차를 추정하고, xts 패키지 (Ryan and Ulrich, 2018)를 사용한다.

```
library(xts)
nyse5 <- as.xts(nyse)
nyse_sd_monthly <- apply.monthly(nyse5, sd)

autoplot(nyse_sd_monthly) +
  geom_hline(yintercept = 1.5,
             linetype = "dashed")
```

월별 표준편차를 그래프로 나타낸다(그림 13.6). 변동성은 1990년대 후반과 2000년대 초반에 높았다.

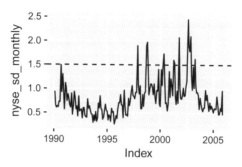

그림 13.6 뉴욕증권거래소 지수의 일별 백분율 변동의 월별 표준편차

13.5 예제: 인플레이션과 실업률

스톡과 왓슨(2011)의 책에서 인용한 인플레이션과 실업률 관련 데이터를 사용한다. 데이터는 AER 패키지(Kleiber and Zeileis, 2008)에서 얻을 수 있다.

```
data("USMacroSW", package = "AER")
```

인플레이션율을 계산하고 기존 열들과 결합한다. ts.intersect는 차분difference을 사용하므로 빈 행을 방지할 수 있다. 소비자물가지수cpi, consumer price index 로그에 차분을 취하면 인플레이션율을 구할 수 있다. 이 값에 100을 곱해 백분율을 구하고, 데이터는 분기 단위이므로 4를 곱해 분기별 인플레이션율을 구한다.

```
usm <- ts.intersect
usm <- ts.intersect(USMacroSW,
                    4*100*diff(log(USMacroSW[,"cpi"]))))
```

infl(inflation)이라는 이름을 열 이름에 추가한다.

```
colnames(usm) <- c((colnames(USMacroSW)),"infl")
colnames(usm)
## [1] "unemp"  "cpi"     "ffrate" "tbill"  "tbond"
## [6] "gbpusd" "gdpjp"  "infl"
```

데이터 처리를 위해 tidyverse 패키지(Wickham, 2017)를 사용한다. tsbox 패키지(Sax, 2019)를 이용해 시계열 객체를 시계열 티블로 변환한다.

```
library(tidyverse)
library(tsbox)
usm2 <- ts_tbl(usm)
glimpse(usm2)
## Rows: 1,536
## Columns: 3
## $ id    <chr> "unemp", "unemp", "unemp", "unemp...
## $ time  <date> 1957-04-01, 1957-07-01, 1957-10-...
## $ value <dbl> 4.100000, 4.233333, 4.933333, 6.3...
table(usm2$id)
##
##    cpi ffrate gbpusd  gdpjp   infl  tbill  tbond  unemp
##    192    192    192    192    192    192    192    192
```

인플레이션과 실업률을 추출하고 합친다.

```
usm_infl <- usm2 %>%
  filter(id == "infl")
usm_unemp <- usm2 %>%
  filter(id == "unemp")
usm3 <- usm_infl %>%
  left_join(usm_unemp, by = "time")
glimpse(usm3)
## Rows: 192
## Columns: 5
## $ id.x    <chr> "infl", "infl", "infl", "infl...
## $ time    <date> 1957-04-01, 1957-07-01, 1957...
## $ value.x <dbl> 3.3937128, 3.5538940, 1.92951...
## $ id.y    <chr> "unemp", "unemp", "unemp", "u...
## $ value.y <dbl> 4.100000, 4.233333, 4.933333,...
```

날짜 및 시간과 수행하는 lubridate 패키지를 사용한다.

```
library(lubridate)
usm4 <- usm3 %>%
  mutate(Year = year(time) - 1900,
```

```
        after_70 = ifelse(Year < 70,
                           "70before", "after70"),
        decade = ifelse(Year < 60, "1950s",
                        ifelse(Year < 70, "1960s",
                               ifelse(Year < 80, "1970s",
                                      ifelse(Year < 90, "1980s",
                                             ifelse(Year < 100,
                                                    "1990s",
                                                    "2000s"))
                                      )))) %>%
  rename(inflation = value.x,
         unemployment = value.y)
```

인플레이션과 실업률 간에 상충관계tradeoff가 있는가? 리머(Leamer, 2010)의 설명에 따라 그래프를 통해 필립스 곡선Phillips curve[1]이 시간에 따라 어떻게 변하는지 살펴본다.

```
ggplot(usm4, aes(x = unemployment,
                 y = inflation)) +
  geom_point() +
  geom_smooth(method = "lm", se = FALSE) +
  facet_wrap(~ after_70)
```

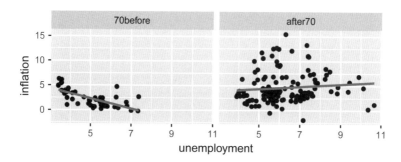

그림 13.7 인플레이션과 실업률 간의 관계 변화

---

1 필립스 곡선(Phillips curve)은 인플레이션율과 실업률 간에 상충관계(역의 상관관계)가 있음을 나타내는 곡선이다. 그래프의 세로축에 인플레이션율(물가상승률), 가로축에 실업률을 두면 우하향하는 곡선이 된다. 정부가 실업률을 낮추려면 인플레이션 압력이 높아지고, 인플레이션을 낮추려면 실업률이 높아지는 상호충돌이 발생하기 때문이다. – 옮긴이

리머(2010, p. 4)의 말을 인용해 그림 13.7의 의미를 설명하면 다음과
같다.

> 왼쪽 그림에서 필립스 곡선을 명확하게 볼 수 있다. 필립스 곡선은 정
> 부에게 원치 않는 인플레이션에 대해 매우 입에 쓴 약, 즉 실업률 증가
> 를 제안했다. 전 세계 노동자들에게는 다행스럽게도, 필립스 곡선의 이
> 야기는 그다지 설득력이 없었으며 이후 미국 데이터의 움직임은 곡선
> 을 훨씬 더 보기 어렵게 만들었다(오른쪽 그림 참조).

geom_path 함수로 인플레이션과 실업률의 경로를 추적한다. 그림 13.8
에서 10년 단위로 인플레이션과 실업률, 그리고 양상을 확인할 수 있다.
그림 13.9의 상단 그림은 인플레이션과 실업률에 대한 그래프로, 색상으

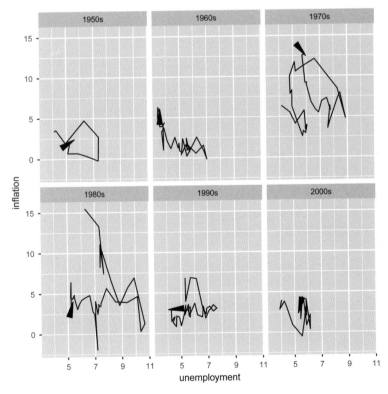

그림 13.8 수십 년에 걸친 10년 단위의 인플레이션과 실업률

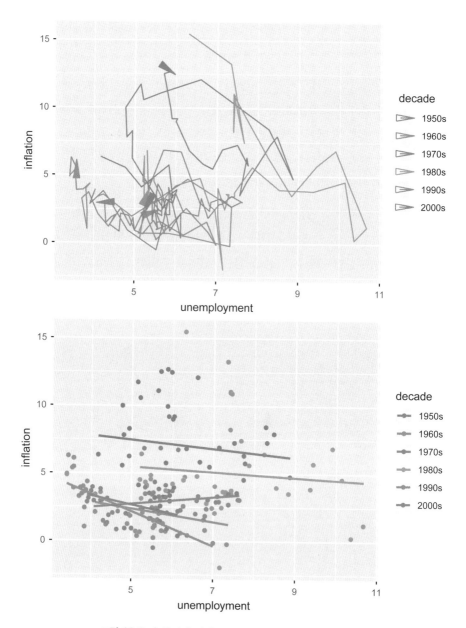

그림 13.9 수십 년에 걸친 10년 단위의 인플레이션과 실업률

로 10년 단위를 구분했다. 그림 13.9의 하단 그림은 10년 단위로 인플레이션과 실업률을 점으로 표시하고 적합 선$^{fit\ line}$을 그렸으며, 색상으로 10년 단위를 구분했다. 적합 선은 수십 년에 걸쳐 변하고 일부 기간에는 평탄하거나 양의 기울기를 보인다.

```
ggplot(usm4, aes(x = unemployment,
                 y = inflation,
                 label = Year)) +
  geom_path(arrow =
            arrow(angle = 10,
                  type = "closed",
                  ends = "last")) + facet_wrap(~ decade)


GGi1 <- ggplot(usm4, aes(x = unemployment,
                         y = inflation,
                         label = Year,
                         colour = decade)) +
  geom_path(arrow =
            arrow(angle = 10,
                  type = "closed",
                  ends = "last"))

GGi2 <- ggplot(usm4, aes(x = unemployment,
                         y = inflation,
                         label = Year,
                         colour = decade)) +
  geom_point() +
  geom_smooth(method = "lm", se = FALSE)

library(gridExtra)
grid.arrange(GGi1, GGi2, ncol = 1)
```

13.6 역사적 실업률 데이터

헨드리(Hendry, 2015)는 1870년으로 거슬러 올라가 영국과 관련된 거시 데이터를 수집했으며, 데이터는 참고문헌에 있는 헨드리의 책 웹사이트에서 확인할 수 있다. 실업률 데이터를 그래프로 나타낸다(그림 13.10).

```
MacroData15 <- read_csv("MacroData15.csv")

## 열 명세:
## cols(
##   .default = col_character(),
##   pgdp = col_double(),
##   gdp = col_double(),
##   RS = col_double(),
##   RL = col_double(),
##   LEmpUK = col_double(),
##   Un = col_double(),
##   wpop = col_double(),
##   Pcpi = col_double(),
##   LW85 = col_double()
## )
## 전체 열 명세는 spec(...)으로 확인할 수 있다.

unemp <- ts(MacroData15$Ur, start = 1870)
library(forecast)
autoplot(unemp)
```

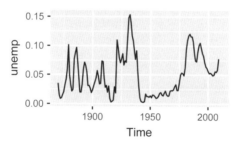

그림 13.10 영국의 실업률

시계열 그래프에 주석을 표시해 특별한 사항에 주목할 수 있다. 아래 그래프에서는 1차 세계대전에 주목한다. 주석 표시는 annotate() 함수를 사용한다(그림 13.11).

```
p1 <- autoplot(unemp) +
  annotate("text", x = 1916, y = -0.01, label = "World\nWar I") +
  geom_vline(xintercept = c(1914, 1918),
             linetype = "dotted")
p1
```

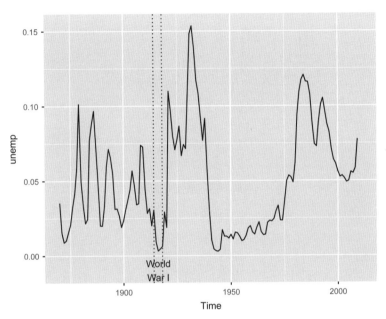

그림 13.11 영국의 실업률(p1 그래프)

```
p2 <- p1 + annotate("text", x = 1934, y = 0.17,
                    label = "Great\nDepression") + ylim(-0.02, 0.18) +
  annotate("text", x = 1942, y = -0.01, label = "World\nWar II") +
  geom_vline(xintercept = c(1939, 1945),
             linetype = "dotted") +
  annotate("text", x = 1973, y = 0.12, label = "Oil\ncrises") +
  annotate("text", x = 1984, y = 0.15, label = "Mrs T")
p2
```

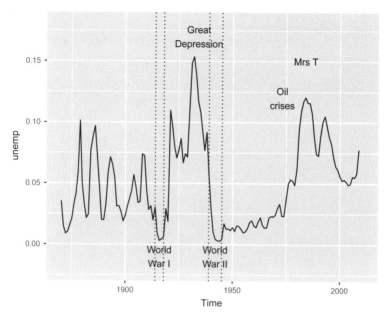

그림 13.12 영국의 실업률

[실습]

annotate()를 사용해 'Leave ERM'과 'Fin Crisis' 문자를 추가한다. 'Leave ERM'의 권장 위치는 x = 1992, y = 0.13이고 'Fin Crisis'는 x = 2008, y = 0.11이다. 앞의 코드를 참조해 p2에 추가하여 p3를 생성한 다음 p3를 출력하라.

헨드리(2015)는 경제 밖의 개발의 역할을 강조했다. 두 번의 세계대전 시기에 실업률이 가장 낮았다. 반면에 경제 위기, 석유 파동, 대처[Thatcher]의 정책은 높은 수준의 실업률과 관련 있다(그림 13.12).

13.7 참고자료

힌드만과 아타나소풀로스(Hyndman and Athanasopoulos, 2018)의
『Forecasting』 앞 장에는 시계열 그래프 작성법이 설명돼 있다. 리머
(Leamer, 2010)의 책은 많은 그래프와 거시경제 데이터를 사용한다. 이
외에도 오랜 기간 계량경제학 회의론자 역할을 한 사람들로부터 통찰력
을 얻을 수 있다. 헨드리(Hendry, 2015)의 책은 거시 계량경제학의 개념
을 설명하면서도 그래픽이 풍부하며, 웹사이트에서 무료로 제공한다.

실습 해답

> **[13.6절 실습]**
> annotate()를 사용해 'Leave ERM'과 'Fin Crisis' 문자를 추가한다.
> 'Leave ERM'의 권장 위치는 x = 1992, y = 0.13이고 'Fin Crisis'는
> x = 2008, y = 0.11이다. 앞의 코드를 참조해 p2에 추가하여 p3를 생
> 성한 다음 p3를 출력하라.

```
p3 <- p2 +
  annotate("text", x = 1992, y = 0.13, label = "Leave\nERM") +
  annotate("text", x = 2008, y = 0.11, label = "Fin\nCrisis")
p3
```

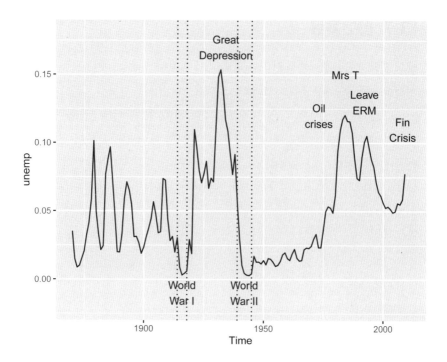

참고문헌

Cowpertwait, P.S.P., and A.V. Metcalfe. 2009. Introductory time series with R (Use R!)

Hyndman, R.J., and G. Athanasopoulos. 2018. *Forecasting: principles and practice*, 2nd edition, OTexts: Melbourne. https://OTexts.com/fpp2. Accessed on current date.

Hyndman, R., G. Athanasopoulos, C. Bergmeir, G. Caceres, L. Chhay, M. O'Hara-Wild, F. Petropoulos, S. Razbash, E. Wang, and F. Yasmeen. 2019. forecast: Forecasting functions for time series and linear models. *R Package Version 8.9*. http://pkg.robjhyndman.com/forecast.

Hendry, D. 2015. *Introductory macro-econometrics: A new approach*. London: Timberlake Consultants Ltd. https://www.timberlake.co.uk/intromacroeconometrics. Accessed 28 Oct 2019.

Kleiber, C., and A. Zeileis. 2008. *Applied econometrics with R*. New York:

Springer. https://CRAN.R-project.org/package=AER.

Leamer, E. 2010. *Macroeconomic patterns and stories*. New York: Springer.

Ryan, J.A., and J.M. Ulrich. 2018. xts: eXtensible time series. *R Package Version 0.11-2*. https://CRAN.R-project.org/package=xts.

Sax, C. 2019. tsbox: Class-agnostic time series. *R Package Version* (2). https://CRAN.R-project.org/package=tsbox.

Stock, J.H., and M.W. Watson. 2011. *Introduction to econometrics*. Boston: Addison-Wesley.

Wickham, H. 2017. tidyverse: Easily install and load the 'Tidyverse'. *R Package Version* 1 (2): 1. https://CRAN.R-project.org/package=tidyverse.

14
시계열 모형

14.1 소개

시계열 계량경제학은 방대한 분야다. 14장에서는 기본적인 시계열 모형을 중심으로 살펴본다.

14.2 시뮬레이션

시뮬레이션을 사용해 시계열의 기본적인 구성요소를 이해한다.

14.2.1 백색 잡음

백색 잡음white noise 과정은 평균과 분산이 일정하고 시간에 따른 상관관계가 없다. 백색 잡음 과정을 생성한다.

```
library(tidyverse)
library(forecast)
white <- rnorm(300)
white_ts <- ts(white, start = 1)
autoplot(white_ts)
```

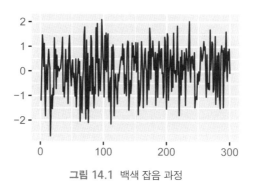

그림 14.1 백색 잡음 과정

autoplot(), white_ts를 이용해 백색 잡음 과정을 그래프로 나타내면 그림 14.1과 같다. 데이터에 패턴이 없다.

이제 백색 잡음 관측값과 1차 시차[lag]의 관계를 살펴보자.

```
white2 <- white[-300]
white2_L <- white[-1]
white_lag <- tibble(white2, white2_L)
glimpse(white_lag)
## Rows: 299
## Columns: 2
## $ white2   <dbl> -1.20771130, 0.02040129, 1.4...
## $ white2_L <dbl> 0.02040129, 1.45935819, 1.12...
```

백색 잡음 대 백색 잡음의 1차 시차에 대한 산점도를 그린다(그림 14.2).

```
ggplot(white_lag, aes(x = white2_L,
                      y = white2)) +
  geom_point() +
  geom_smooth(method = "lm", se = FALSE)
```

```
cor(white2_L, white2)
## [1] 0.1174224
```

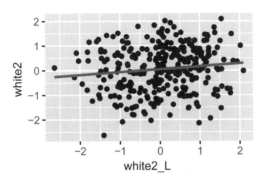

그림 14.2 백색 잡음 대 백색 잡음의 1차 시차에 대한 산점도

그림 14.2는 백색 잡음과 백색 잡음의 1차 시차 간에 관련이 없음을
보여준다. white_ts의 현재 값과 1차 시차 값 사이에 상관관계가 없는 것
은 자기상관 함수ACF, autocorrelation function의 그래프(그림 14.3)를 통해서도
확인할 수 있다.

```
ggAcf(white_ts)
```

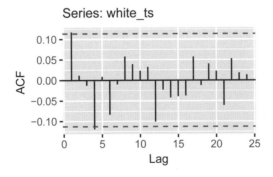

그림 14.3 백색 잡음의 자기상관 함수

또 다른 백색 잡음 시뮬레이션 방법은 arima.sim 함수를 사용하는 것이다(그림 14.4). arima는 'autoregressive integrated moving average'의 약자로 자기회귀누적이동평균을 뜻한다.

```
autoplot(arima.sim(300, model = list(ar = 0, ma = 0)))
```

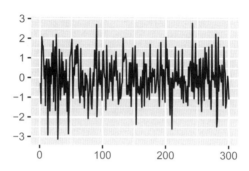

그림 14.4 arima.sim()을 사용한 백색 잡음 시뮬레이션

Arima 함수를 이용해 백색 잡음 모형을 추정할 수 있다.

```
mod_w <- Arima(white_ts, order=c(0,0,0))
mod_w
## Series: white_ts
## ARIMA(0,0,0) with non-zero mean
##
## Coefficients:
##          mean
##        0.0556
## s.e.   0.0533
##
## sigma^2 estimated as 0.8556:  log likelihood=-401.78
## AIC=807.56   AICc=807.6   BIC=814.97


mean(white_ts)
## [1] 0.05561418
var(white_ts)
## [1] 0.8555541
```

[실습]

arima.sim 함수를 이용해 mean = 3이고 sd = 2인 백색 잡음 과정의 300개 관측값을 시뮬레이션하라. 그런 다음 Arima 함수를 이용해 백색 잡음 모형을 추정하라.

14.2.2 자기회귀 모형

간단한 자기회귀autoregressive 과정 예제는 다음과 같다.

$$오늘^{today} = 0.5 \times 어제^{yesterday} + 백색\ 잡음^{white\_noise}$$

데이터를 생성한다.

```
# 데이터 생성
xar <- numeric(300)
w <- rnorm(300)
for (t in 2:300) {
  xar[t] <- 0.5 * xar[t -1] + w[t]
}
xar_ts <- ts(xar, start = 1)
```

그래프를 그린다(그림 14.5와 그림 14.6).

```
autoplot(xar_ts)
```

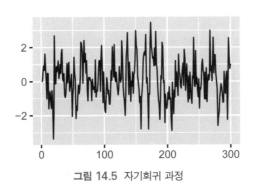

그림 14.5 자기회귀 과정

```
ggAcf(xar_ts)
```

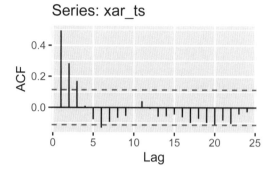

그림 14.6 자기회귀 과정의 자기상관 함수

ACF는 데이터 생성 과정과 일치하는 1차 시차에서 높은 값을 보인다. Arima()를 이용해 모형에 적합시킨다.

```
mod1 <- Arima(xar_ts, order = c(1, 0, 0))
mod1
## Coefficients:
##          ar1     mean
##       0.4943   0.1007
## s.e.  0.0500   0.1187
##
## sigma^2 estimated as 1.096: log likelihood=-438.6
## AIC=883.2    AICc=883.28    BIC=894.31
```

checkresiduals() 함수를 이용해 잔차^{residual}를 확인한다. 잔차가 백색 잡음과 유사하면 적합성이 양호하다(그림 14.7).

```
checkresiduals(mod1)
```

```
##
##           Ljung-Box test
##
## data:  Residuals from ARIMA(1,0,0) with non-zero mean
## Q* = 8.4866, df = 8, p-value = 0.3874
```

```
##
## Model df: 2.   Total lags used: 10
```

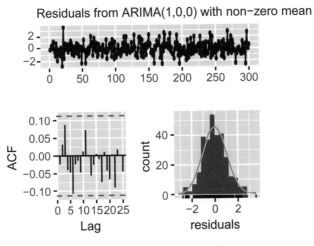

그림 14.7 checkresiduals()

융–박스ᴸⁱᵘⁿᵍ⁻ᴮᵒˣ 검정의 *p* 값이 0.05보다 크므로 잔차가 독립적으로 분포돼 있다는 가설을 기각하지 못한다.

`arima.sim` 함수를 이용해 자기회귀 과정을 생성할 수도 있다.

[실습]

다음 코드를 실행하라(# 제거). 무엇이 관찰되는가?

```
#library(forecast)
#xar2 <- arima.sim(list(ar = -0.9), n = 300)
#autoplot(xar2)
#ggAcf(xar2)
#ggPacf(xar2)
```

14.2.3 무작위 보행

무작위 보행ʳᵃⁿᵈᵒᵐ ʷᵃˡᵏ 모형은 비정상ⁿᵒⁿ⁻ˢᵗᵃᵗⁱᵒⁿᵃʳʸ 과정이다. 무작위 보행은 다음과 같이 간단하게 표현할 수 있다.

$$\text{오늘}^{\text{today}} = \text{어제}^{\text{yesterday}} + \text{잡음}^{\text{noise}}$$

데이터를 생성하고 그래프를 그린다(그림 14.8과 그림 14.9).

```
# 무작위 보행 생성
x <- numeric(300)
w <- rnorm(300)
for (t in 2:300) {
  x[t] <- x[t-1] + w[t]
}
# ts로 변환
x_ts <- ts(x)
autoplot(x_ts)
```

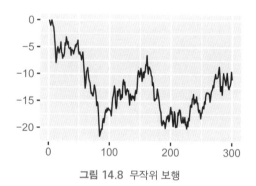

그림 14.8 무작위 보행

```
ggAcf(x_ts)
```

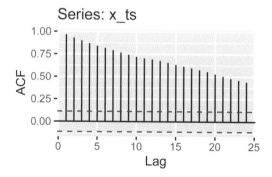

그림 14.9 무작위 보행의 자기상관 함수

자기상관 함수는 서서히 감소한다.

무작위 보행을 차분하면 백색 잡음을 얻는다(그림 14.10과 그림 14.11).

```
autoplot(diff(x_ts))
```

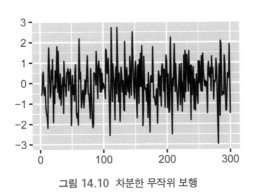

그림 14.10 차분한 무작위 보행

```
ggAcf(diff(x_ts))
```

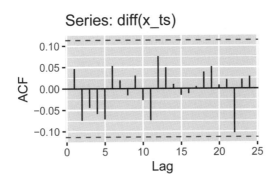

그림 14.11 차분한 무작위 보행의 자기상관 함수

또 다른 2개의 무작위 보행을 생성한 후 3개의 무작위 보행을 합친다
(그림 14.12). 이는 무작위 보행의 특성을 이해하는 데 도움이 된다.

```
x2 <- numeric(300)
w <- rnorm(300)
for (t in 2:300) {
  x2[t] <- x2[t-1] + w[t]
}

x3 <- numeric(300)
w <- rnorm(300)
for (t in 2:300) {
  x3[t] <- x3[t-1] + w[t]
}

RW_ts <- ts(cbind(x3, x2, x))
autoplot(RW_ts)
```

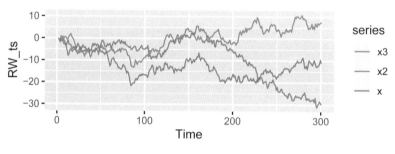

그림 14.12 3개의 무작위 보행

14.2.4 이동평균

이동평균moving average 모형을 시뮬레이션한다(그림 14.13과 그림 14.14).

$$오늘^{today} = 잡음^{noise} + 0.3 \times 어제의 \ 잡음^{yesterday's \ noise}$$

```
# 데이터 생성
xma <- numeric(300)
xma[1] <- 0
w <- rnorm(300)
for (t in 2:300) {
  xma[t] <- w[t] + 0.3 * w[t - 1]
```

```
}

xma_ts <- ts(xma)
autoplot(xma_ts)
```

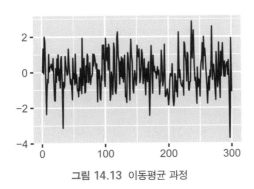

그림 14.13 이동평균 과정

```
ggAcf(xma_ts)
```

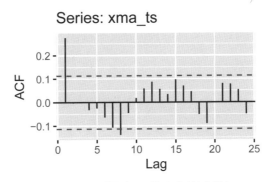

그림 14.14 이동평균 모형의 자기상관 함수

모형을 적합시킬 수 있다.

```
summary(Arima(xma_ts, order = c(0,0,1)))
## Series: xma_ts
```

```
## ARIMA(0,0,1) with non-zero mean
##
## Coefficients:
##          ma1     mean
##       0.3116  -0.0246
## s.e.  0.0571   0.0737
##
## sigma^2 estimated as 0.9545:  log likelihood=-417.75
## AIC=841.5   AICc=841.58   BIC=852.61
##
## Training set error measures:
##                          ME      RMSE       MAE MPE
## Training set 0.0003430139 0.9737367 0.7808742 Inf
##              MAPE      MASE          ACF1
## Training set  Inf 0.8084612 -0.005053989
```

14.2.5 자기회귀이동평균

자기회귀이동평균^arma, autoregressive moving average 과정은 자기회귀와 이동
평균 요소의 결합이다. 자기회귀이동평균 과정을 시뮬레이션한다(그림
14.15).

```
arma1 <- arima.sim(n = 200, list(order = c(1,0,1), ar = c(0.6),
                                 ma = c(0.4))) + 20
autoplot(arma1)
```

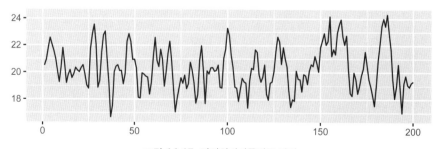

그림 14.15 자기회귀이동평균 과정

자기상관 함수 그래프를 그린다(그림 14.16).

```
ggAcf(arma1)
```

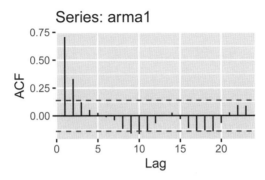

그림 14.16 자기회귀이동평균 과정의 자기상관 함수

모형을 적합시키고 잔차를 확인한다(그림 14.17).

```
modarma <- Arima(arma1, order = c(1,0,1))
modarma
## Series: arma1
## ARIMA(1,0,1) with non-zero mean
##
## Coefficients:
##          ar1      ma1     mean
##       0.5143   0.4434  20.2857
## s.e.  0.0759   0.0776   0.2181
##
## sigma^2 estimated as 1.109:  log likelihood=-293.05
## AIC=594.1   AICc=594.3   BIC=607.29
checkresiduals(modarma)
```

```
##
##      Ljung-Box test
##
## data:  Residuals from ARIMA(1,0,1) with non-zero mean
## Q* = 8.0463, df = 7, p-value = 0.3285
##
## Model df: 3.   Total lags used: 10
```

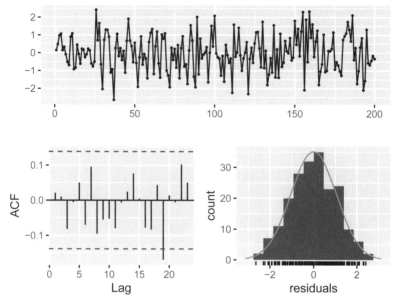

Residuals from ARIMA(1,0,1) with non-zero mean

그림 **14.17** modarma 모형의 잔차 확인

하인드먼-아타나소풀로스(Hyndman and Athanasopoulos, 2018) 알고리
듬을 사용한 auto.arima 함수를 사용해 적절한 차수의 자기회귀누적이동
평균arima, autoregressive integrated moving average 모형을 적합시킨다(그림 14.18).

```
modarma.auto <- auto.arima(arma1)
modarma.auto
## Series: arma1
## ARIMA(1,0,1) with non-zero mean
##
## Coefficients:
##          ar1      ma1      mean
##       0.5143   0.4434   20.2857
## s.e.  0.0759   0.0776    0.2181
##
## sigma^2 estimated as 1.109:  log likelihood=-293.05
## AIC=594.1   AICc=594.3   BIC=607.29
checkresiduals(modarma.auto)
```

```
##
##      Ljung-Box test
##
## data:  Residuals from ARIMA(1,0,1) with non-zero mean
## Q* = 8.0463, df = 7, p-value = 0.3285
##
## Model df: 3.    Total lags used: 10
```

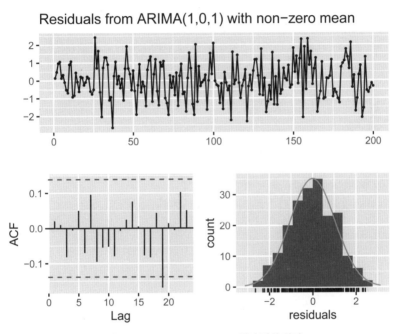

그림 14.18 modarma.auto 모형의 잔차 확인

14.3 예제: 인플레이션 예측

지금부터 forecast 패키지에 있는 auto.arima 함수를 이용해 인플레이션을 예측한다. 이 함수는 알고리듬을 통합한다. 세부적인 내용은 하인드먼-아타나소풀로스(2018)의 글을 참고하라.

```
data("USMacroSW", package = "AER")

usm <- ts.intersect
usm <- ts.intersect(USMacroSW,
                    4*100*diff(log(USMacroSW[,"cpi"])))
colnames(usm) <- c((colnames(USMacroSW)),"infl")
colnames(usm)
## [1] "unemp"  "cpi"     "ffrate" "tbill"  "tbond"
## [6] "gbpusd" "gdpjp"  "infl"
Inflat <- usm[,"infl"]

str(Inflat)
##  Time-Series [1:192] from 1957 to 2005: 3.39 3.55 1.93 4.71
##                2.68 ...
```

인플레이션과 이에 대한 자기상관 함수 그래프를 그린다(그림 14.19).

```
library(gridExtra)
gr1 <- autoplot(Inflat)
gr2 <- ggAcf(Inflat)
grid.arrange(gr1, gr2, ncol = 2)
```

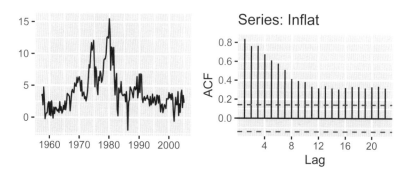

그림 14.19 인플레이션

자기상관 함수는 느리게 감소하므로 비정상non-stationarity을 나타낸다. 공식적인 검정을 사용할 수 있다. 디키-풀러Dickey-Fuller 검정은 $Y_t = \beta_0 + \beta_1 Y_{t-1} + u_t$에서 $\beta_1 = 1$인지 여부를 검정한다.

증강 디키-풀러Augmented Dickey-Fuller 검정이 더 좋다. 증강 디키-풀러는 Y의 차분의 시차만큼 디키-풀러 검정을 증대시킨다.

tseries 패키지를 로드한 다음 adf.test 함수를 사용한다.

```
#install.packages("tseries")
library(tseries)
adf.test(Inflat)
##
##  Augmented Dickey-Fuller Test
##
## data:  Inflat
## Dickey-Fuller = -2.5724, Lag order = 5,
## p-value = 0.3366
## alternative hypothesis: stationary
```

단위근unit root이 존재한다는 귀무가설은 기각할 수 없다. 따라서 정상성 stationarity 달성을 위해 인플레이션을 차분하고 확인한다(그림 14.20과 그림 14.21).

```
Infl_diff <- diff(Inflat)
autoplot(Infl_diff)
```

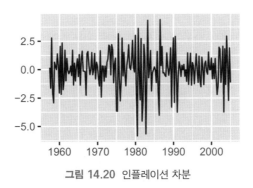

그림 14.20 인플레이션 차분

```
ggAcf(Infl_diff)
```

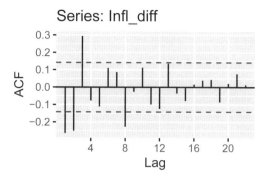

그림 14.21 차분한 인플레이션의 자기상관 함수

```
adf.test(Infl_diff)
##
##  Augmented Dickey-Fuller Test
##
## data:  Infl_diff
## Dickey-Fuller = -6.1122, Lag order = 5,
## p-value = 0.01
## alternative hypothesis: stationary

## Warning in adf.test(Infl_diff): p-value smaller than printed
p-value
```

이제 단위근의 귀무가설을 기각한다.

Z 계열을 예측하는 간단한 방법은 과거 값을 사용하는 것이다. 예컨대, 1차 자기회귀 모형을 추정하면 다음과 같다.

$$Z_t = \beta_0 + \beta_1 Z_{t-1} + u_t$$

다음을 사용해 향후 일정 기간의 Z를 예측할 수 있다.

$$Z_{T+1} = \beta_0^{EST} + \beta_1^{EST} Z_T$$

여기서 EST는 추정값estimate을 의미한다.

시차가 1보다 클수록 예측이 향상될 수 있다.

적절한 자기회귀누적이동평균을 선택하는 알고리듬인 `auto.arima` 함수를 사용한다.

```
mod <- auto.arima(Inflat,
                  D = 0, max.Q = 0, max.P = 0)
mod
## Series: Inflat
## ARIMA(3,1,0)
##
## Coefficients:
##          ar1      ar2     ar3
##      -0.3033  -0.2959  0.1464
## s.e.  0.0717   0.0715  0.0723
##
## sigma^2 estimated as 2.35:  log likelihood=-351.29
## AIC=710.57   AICc=710.79   BIC=723.58
```

잔차를 확인한다(그림 14.22).

```
checkresiduals(mod)
```

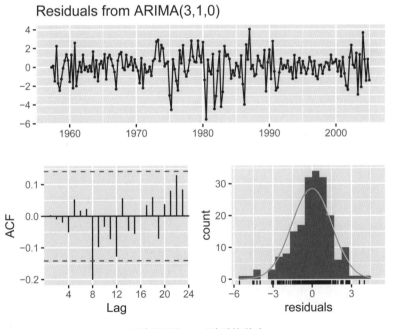

그림 14.22 mod의 잔차 확인

```
##
##   Ljung-Box test
##
## data:  Residuals from ARIMA(3,1,0)
## Q* = 9.4698, df = 5, p-value = 0.09173
##
## Model df: 3.   Total lags used: 8
```

예측값을 구한다.

```
forecast(mod, level = 95)
##          Point Forecast      Lo 95     Hi 95
## 2005 Q2       1.757215 -1.247155 4.761586
## 2005 Q3       2.554563 -1.107080 6.216205
## 2005 Q4       2.326057 -1.623607 6.275721
## 2006 Q1       2.070284 -2.538960 6.679529
## 2006 Q2       2.332236 -2.754728 7.419201
## 2006 Q3       2.295001 -3.123223 7.713226
## 2006 Q4       2.191332 -3.637788 8.020452
## 2007 Q1       2.272153 -3.929014 8.473320
```

예측값을 그래프로 나타낸다(그림 14.23).

```
mod %>% forecast(h = 6) %>%
  autoplot()
```

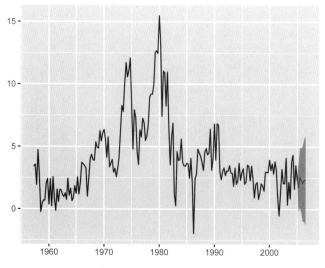

그림 14.23 인플레이션(mod) 예측

예측에 어떤 과거 값을 사용할지 판단해야 한다. 슈무엘리와 리히텐달
(Shmueli and Lichtendahl Jr, 2016, p. 41)은 다음과 같이 설명했다. "매우
짧은(그리고 최근) 계열은 예측 목적에 충분치 않은 정보일 수 있는 반면,
특정 길이를 넘는 추가적인 정보는 전혀 쓸모 없고 최악의 경우 해로울 수
있다. 계열의 너무 오랜 과거를 고려하면 데이터 기간 동안 발생하는 상황
과 환경 변화로 인해 미래 예측의 정확도가 떨어질 수 있다." 환경이 변하
면 과거 데이터 중에서 일부만 선택해 사용해야 할 수도 있다. 예컨대, 이
번 예제의 경우 1992년의 값을 사용해 잔차를 확인한다(그림 14.24).

```
mod2 <- auto.arima(window(Inflat, start = 1992), D = 0,
                   max.Q = 0, max.P = 0)
mod2
## Series: window(Inflat, start = 1992)
## ARIMA(0,0,0) with non-zero mean
##
## Coefficients:
##         mean
##        2.5135
## s.e.   0.1394
##
## sigma^2 estimated as 1.05:  log likelihood=-75.99
## AIC=155.98   AICc=156.22   BIC=159.92
checkresiduals(mod2)



##
##      Ljung-Box test
##
## data:  Residuals from ARIMA(0,0,0) with non-zero mean
## Q* = 6.5954, df = 7, p-value = 0.4722
##
## Model df: 1.   Total lags used: 8


forecast(mod2, level = 95)
##          Point Forecast      Lo 95    Hi 95
## 2005 Q2        2.513537  0.5052596 4.521814
## 2005 Q3        2.513537  0.5052596 4.521814
## 2005 Q4        2.513537  0.5052596 4.521814
```

```
## 2006 Q1        2.513537 0.5052596 4.521814
## 2006 Q2        2.513537 0.5052596 4.521814
## 2006 Q3        2.513537 0.5052596 4.521814
## 2006 Q4        2.513537 0.5052596 4.521814
## 2007 Q1        2.513537 0.5052596 4.521814
```

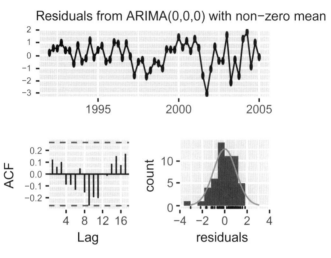

그림 14.24 인플레이션에 대한 mod2

예측값을 그래프로 나타낸다(그림 14.25).

```
mod2 %>% forecast(h = 10) %>%
  autoplot()
```

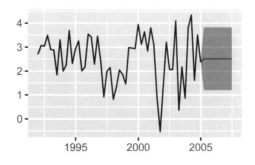

그림 14.25 인플레이션 예측(mod2)

14.4 공적분

14.4.1 가성회귀 시뮬레이션

실제로는 관련이 없는 두 비정상 변수의 회귀분석 시 가성회귀^{spurious regression} 현상이 발생할 수 있다. 2개의 무작위 보행 x.co1과 y.co1을 생성한다.

```
set.seed(29)
x.co1 <- rnorm(100)
y.co1 <- rnorm(100)
for (i in 2:100) {
  x.co1[i] <- x.co1[i - 1] + rnorm(1)
  y.co1[i] <- y.co1[i - 1] + rnorm(1)
}
```

x.co1과 y.co1은 관련이 없지만 x.co1에 대한 y.co1의 회귀분석에서 x.co1의 추정 계수는 통계적으로 유의하다.

계수에 대해 높은 t 값을 가진 가성회귀 현상이 발생한다.

```
mod.co1 <- lm(y.co1 ~ x.co1)
summary(mod.co1)
##
## Call:
## lm(formula = y.co1 ~ x.co1)
##
## Residuals:
##    Min    1Q Median    3Q    Max
## -5.344 -2.238 -1.075  2.471  7.140
##
## Coefficients:
##             Estimate Std. Error t value Pr(>|t|)
## (Intercept)  1.53196    0.54535   2.809    0.006 **
## x.co1       -0.24496    0.04391  -5.579 2.15e-07 ***
## ---
## Signif. codes:  0 '***' 0.001 '**' 0.01 '*' 0.05 '.' 0.1 ' ' 1
##
## Residual standard error: 3.016 on 98 degrees of freedom
## Multiple R-squared:  0.2411,	Adjusted R-squared:  0.2333
```

```
## F-statistic: 31.13 on 1 and 98 DF,  p-value: 2.145e-07
resid.co1 <- mod.co1$resid
```

x.co1과 y.co1의 개별 확률적 추세는 가성회귀로 이어진다. 두 변수는
관련 있어 보인다(그림 14.26).

```
spur <- ts(cbind(x.co1, y.co1))
```

```
autoplot(spur)
```

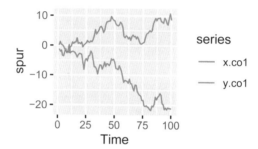

그림 14.26 가성관계(spurious relationship) 예제

```
ggAcf(ts(resid.co1))
```

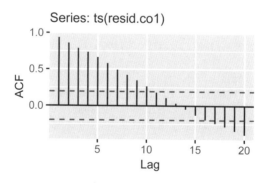

그림 14.27 잔차의 자기상관 함수

잔차의 자기상관 함수 그래프는 지속성persistence을 보여준다(그림 14.27).

14.4.2 공적분 시뮬레이션

공통적인 확률적 추이를 갖는 2개의 변수를 생성한다.

```
set.seed(46)
x.co2 <- y.co2 <- rw <- numeric(300)
rw[1] <- 2
for (i in 2:300) {
  rw[i] <- rw[i - 1] + rnorm(1)
  x.co2[i] <- rw[i -1] + rnorm(1)
  y.co2[i] <- rw[i -1] + rnorm(1)
}
co2.ts <- ts(x.co2,y.co2)
```

두 변수에 대해 회귀분석을 수행하면 자기상관이 최소인 잔차를 얻을 수 있다(그림 14.28).

```
mod.co2 <- lm(y.co2 ~ x.co2)
summary(mod.co2)
##
## Call:
## lm(formula = y.co2 ~ x.co2)
##
## Residuals:
##     Min     1Q Median     3Q    Max
## -4.3764 -0.8647 -0.0433  0.9774  5.4602
##
## Coefficients:
##             Estimate Std. Error t value Pr(>|t|)
## (Intercept)  0.03413    0.11140   0.306     0.76
## x.co2        0.97980    0.02170  45.147   <2e-16 ***
## ---
## Signif. codes:  0 '***' 0.001 '**' 0.01 '*' 0.05 '.' 0.1 ' ' 1
##
## Residual standard error: 1.548 on 298 degrees of freedom
## Multiple R-squared:  0.8724, Adjusted R-squared:  0.872
```

```
## F-statistic:  2038 on 1 and 298 DF,  p-value: < 2.2e-16
resid.co2 <- mod.co2$resid
ggAcf(ts(resid.co2))
```

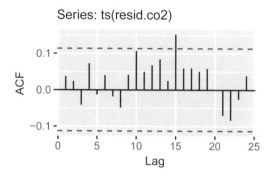

Series: ts(resid.co2)

그림 14.28 공적분 변수 잔차의 자기상관 함수

po.test()를 사용해 공식적으로 공적분cointegration을 검정할 수 있다. x.co2와 y.co2의 경우 공적분이 없다는 귀무가설을 기각한다.

```
library(tseries)
co2.b <- as.matrix(cbind(x.co2, y.co2))
po.test(co2.b)
##
##      Phillips-Ouliaris Cointegration Test
##
## data:  co2.b
## Phillips-Ouliaris demeaned = -286.09,
## Truncation lag parameter = 2, p-value = 0.01
```

```
## Warning in po.test(co2.b): p-value smaller than printed p-value
```

x.co1과 y.co1의 경우 공적분이 없다는 귀무가설을 기각할 수 없다.

```
co1.b <- as.matrix(cbind(x.co1, y.co1))
## po.test(co1.b)
##
##      Phillips-Ouliaris Cointegration Test
##
## data:  co1.b
## Phillips-Ouliaris demeaned = -3.2333,
```

```
## Truncation lag parameter = 0, p-value = 0.15

## Warning in po.test(co1.b): p-value greater than printed p-value
```

14.4.3 예제: 연방기금금리와 채권금리

콜로네스쿠(Colonescu, 2008)가 제시한 힐(Hill et al., 2018)의 예제를 사용한다. 이 예제는 다음과 같은 2개의 변수를 고려한다. (1) 연방기금금리 federal funds rate[1] ffr, (2) 3년 채권금리 bond rate[2] br

```
##devtools::install_github("ccolonescu/POE5Rdata")
library(POE5Rdata)
usa.ts <- ts(usdata5, start = c(1954, 8),
             end = c(2016, 12),
             frequency = 12)
```

두 계열의 그래프를 그린다.

```
autoplot(usa.ts[,"ffr"])
```

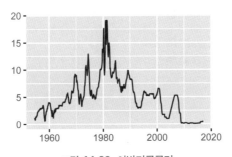

그림 14.29 연방기금금리

---

1 연방기금금리란 예금취급금융기관(은행 및 신용협동조합 등)이 연방준비은행(Federal Reserve Bank)에 예치돼 있는 지급준비금을 상호 간에 1일간(overnight) 조달 및 대출할 때 적용되는 금리다. 쉽게 말해, 미국의 각종 은행이 이웃 은행한테 급전을 빌릴 때의 금리다. '연방기금'이라는 말이 붙어 있어서 공적 기금이라 생각을 할 수 있으나 공적인 금리는 아니며, 일반은행이 일반은행한테 돈을 빌릴 때의 금리가 연방기금금리다. – 옮긴이

2 채권이란 채권을 발행하는 정부, 공공기관 또는 기업들에 돈을 빌려주고 일정 기간이 지난 뒤(만기)에 받을 수 있는 이익(원금과 이자)을 기록한 증서다. 채권을 매수하면 돈을 빌려주고 증서를 받는 것이고, 채권을 매도하면 일정 기간(만기) 뒤에 받을 수 있는 이익(원금과 이자)에 대한 차용증서를 파는 것이다. – 옮긴이

```
autoplot(usa.ts[,"br"])
```

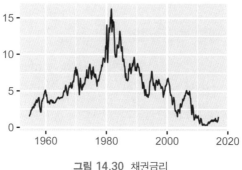

그림 14.30 채권금리

두 계열은 함께 움직이는 듯 보인다(그림 14.29와 그림 14.30). 공적분 검정을 수행한다.

```
cobind <- as.matrix(cbind(usa.ts[,"ffr"], usa.ts[,"br"]))
po.test(cobind)
##
##  Phillips-Ouliaris Cointegration Test
##
## data:  cobind
## Phillips-Ouliaris demeaned = -65.376,
## Truncation lag parameter = 7, p-value = 0.01

## Warning in po.test(cobind): p-value smaller than printed
p-value
```

공적분이 없다는 귀무가설은 기각한다.

```
ffr_ts <- usa.ts[,"ffr"]
br_ts <- usa.ts[, "br"]
modc <- lm(br_ts ~ ffr_ts)
```

연방기금금리에 대한 채권금리의 회귀분석을 수행한다(표 14.1).

```
library(texreg)
texreg(list(modc),
       caption = "Regression of bond rate on the federal funds
                  rate.",
       caption.above = TRUE)
```

표 14.1 연방기금금리에 대한 채권금리의 회귀분석

	Model 1
(Intercept)	1.33***
	(0.06)
ffr_ts	0.83***
	(0.01)
R^2	0.91
Adj. R^2	0.91
Num. obs.	749
RMSE	0.96

* $p < 0.05$; ** $p < 0.01$; *** $p < 0.001$

힐(Hill et al., p. 583)의 설명은 다음과 같다.

연방기금금리와 채권금리가 공적분 관계라는 결과는 중요한 경제적 함
의를 담고 있다! 연방준비제도가 연방기금금리를 변경해 통화정책을
시행하면 채권금리도 변경되어 통화정책의 효과가 나머지 경제 주체로
전달된다.

14.5 예제: 날씨의 동태적 인과 효과

스톡과 왓슨(Stock and Watson, 2011)의 예제에서 플로리다주의 오렌지
주스 가격에 대한 동결도일FDD, freezing degree days의 동태적 인과 효과dynamic
causal effect를 볼 수 있다. 영하의 날씨는 오렌지 나무에 피해를 입힌다. 하

지만 오렌지 주스는 보관할 수 있으므로 시간 경과에 따른 동결도일의 효과가 나타나며, 이에 따른 동태적 인과 효과를 조사한다. 스톡과 왓슨은 동태적 인과 효과 추정을 명확하고 직관적으로 설명한다. 이들은 영하의 날씨는 외생적exogenous이라고 주장했다(p. 591). "오렌지 주스 시장의 관점에서 동결도일수인 날씨는 인간 통제의 밖에 있다는 의미에서 임의로 할당된 것으로 생각할 수 있다. 동결도일의 효과가 선형적이고 r개월 후의 가격에 영향을 미치지 않는다면 날씨는 외생적이다."

```
library("dynlm")
library("AER")
data("FrozenJuice", package = "AER")
head(FrozenJuice)
##             price      ppi fdd
## Jan 1950  43.6 27.20000   0
## Feb 1950  52.1 27.20000   0
## Mar 1950  46.6 27.20000   0
## Apr 1950  46.6 27.20000   0
## May 1950  46.6 27.29924   0
## Jun 1950  46.6 27.39962   0
```

데이터셋에는 플로리다주의 냉동오렌지주스농축액 가격(price), 생산자물가지수producer price index(ppi), 동결도일수(fdd)가 포함돼 있다. 동결도일 측정은 온도가 영하로 내려갔는지 여부와 얼마나 내려갔는지를 모두 고려한다(그림 14.31 참조).

```
autoplot(FrozenJuice, facet = TRUE)
```

해당 달의 동결도일수에 대한 한 달 동안의 가격 변동률(%)의 초기 회귀분석을 수행한다.

```
fm_dyn <- dynlm(d(100 * log(price/ppi)) ~ fdd,
                data = FrozenJuice)
coeftest(fm_dyn, vcov = vcovHC(fm_dyn),
         type = "HC1")
##
## t test of coefficients:
```

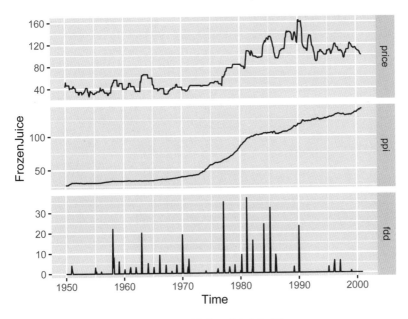

그림 14.31 냉동주스 데이터의 계열

```
##
##              Estimate Std. Error t value Pr(>|t|)
## (Intercept) -0.42095    0.18954 -2.2209 0.026723 *
## fdd          0.46724    0.15006  3.1137 0.001934 **
## ---
## Signif. codes:
## 0 '***' 0.001 '**' 0.01 '*' 0.05 '.' 0.1 ' ' 1
```

한 달 동안 동결도일수가 하루 더 늘어나면 해당 달의 오렌지주스농축
액 가격은 0.47% 오른다.

다음으로 시차분포회귀분석^{distributed lag regression}을 수행한다(표 14.2).

```
fm_dyn2 <- dynlm(d(100 * log(price/ppi)) ~
                 L(fdd, 0:6),
                 data = FrozenJuice)
pack <- coeftest(fm_dyn2, vcov = vcovHC(fm_dyn2),
                 type = "HC1")
library(broom)
```

```
kable(tidy(pack), digits = 2,
     caption = "Effects of frozen degree days on orange juice
               prices")
```

표 14.2 오렌지주스 가격에 대한 동결도일의 효과

Term	Estimate	Std. error	Statistic	p-value
(Intercept)	−0.69	0.21	−3.30	0.00
L(fdd, 0:6)0	0.47	0.15	3.13	0.00
L(fdd, 0:6)1	0.15	0.09	1.59	0.11
L(fdd, 0:6)2	0.06	0.07	0.89	0.37
L(fdd, 0:6)3	0.07	0.05	1.45	0.15
L(fdd, 0:6)4	0.04	0.03	1.07	0.29
L(fdd, 0:6)5	0.05	0.03	1.41	0.16
L(fdd, 0:6)6	0.05	0.05	0.95	0.34

추가적인 동결도일은 오렌지주스농축액 가격을 1개월 후에는 0.15%, 2개월 후에는 0.06%, 3개월 후에는 0.07% 증가시키는 것으로 추정된다 (표 14.2).

14.6 참고자료

보충학습

다음의 우수한 데이터캠프 과정(datacamp.com)을 수강하라.

- Introduction to Time Series Analysis(David Matteson)
- ARIMA Modeling with R(David Stoffer)
- Forecasting Using R(Rob J. Hyndman)

스톡과 왓슨(Stock and Watson, 2011)의 저서는 대표적인 시계열 경제학자들이 쓴 훌륭한 계량경제학 글로 시계열을 다룬 장이 매우 좋다. 힐

(Hill et al., 2018)의 저서 역시 이해하기 쉽고 시계열 계량경제학을 다룬 좋은 장들이 있다. 카우퍼트웨이트와 멧칼페(Cowpertwait and Metcalfe, 2009)의 저서는 R을 이용해 시계열을 소개하는 책으로 강력히 추천한다.

심화학습

하인드먼과 아타나소풀로스(Hyndman and Athanasopoulos, 2018)의 저서는 R을 활용한 예측의 다양한 접근 방식에 관한 상세하지만 이해하기 쉬운 글이다. 계량경제학 모형화에 관한 헨드리와 닐슨(Hendry and Nielsen, 2007)의 저서는 전체 분량의 절반 정도를 시계열 계량경제학에 할애했고, 책 전반에 걸친 설명을 통해 헨드리의 열정을 느낄 수 있다.

실습 해답

[14.2절 실습]
arima.sim 함수를 이용해 mean = 3이고 sd = 2인 백색 잡음 과정의 300개 관측값을 시뮬레이션하라. 그런 다음 Arima 함수를 이용해 백색 잡음 모형을 추정하라.

```
white_yt <- arima.sim(300, model = list(ar = 0, ma = 0), mean = 3,
                      sd = 2)
autoplot(white_yt)
```

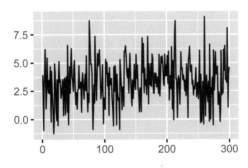

그림 14.32 arima.sim 함수로 시뮬레이션한 백색 잡음

```
mod_wyt <- Arima(white_yt, order=c(0,0,0))
mod_wyt
## Series: white_yt
## ARIMA(0,0,0) with non-zero mean
##
## Coefficients:
##         mean
##       3.3007
## s.e.  0.1107
##
## sigma^2 estimated as 3.691:  log likelihood=-621.08
## AIC=1246.17   AICc=1246.21   BIC=1253.58
```

참고문헌

Colonescu, C. 2018. *Using R for principles of econometrics*. Scotts Valley: Createspace Independent Publisher.

Cowpertwait, P.S.P., A.V. Metcalfe. 2009. *Introductory Time Series with R*. London: Springer.

Hendry, D., and B. Nielsen. 2007. *Econometric Modeling: A Likelihood Approach*. Princeton: Princeton University Press.

Hill, R.C., W.E. Griffiths, and G.C. Lim. 2018. *Principles of Econometrics*. Hoboken: Wiley.

Hyndman, R.J., G. Athanasopoulos. 2018. *Forecasting: principles and practice*, 2nd edition, OTexts: Melbourne. http://OTexts.com/fpp2. Accessed on 27 2019.

Hyndman, R., G. Athanasopoulos, C. Bergmeir, G. Caceres, L. Chhay, M. O'Hara-Wild, F. Petropoulos, S. Razbash, E. Wang, F. Yasmeen. 2019. forecast: Forecasting functions for time series and linear models. R package version 8.9. http://pkg.robjhyndman.com/forecast.

Shmueli, G., K.C. Lichtendahl, Jr. 2016. *Practical time series forecasting with r: a hands-on guide*. Green Cove Springs: Axelrod Schnall Publishers.

Stock, J.H., M.W. Watson. 2011. *Introduction to Econometrics*. Boston: Addison-Wesley.

## 제7부

데이터를 통한
통계적 학습과 머신러닝

15
평활기와 일반화 가법 모형

15.1 소개

선형 모형 사용 시 설정하는 중요한 실질적인 가정은 선형성^{linearity}이다. 평활기^{smoother}와 일반화 가법 모형^{generalized additive models}은 선형성 가정을 완화하는 데 도움이 된다.

15.2 간단한 데이터 활용 예제

데이터를 생성한다. 이때 y는 x의 비선형 함수다.

```
library(tidyverse)
x <- seq(from = 0, to = 11, length.out = 100)
y <- -x * (10 - x) + 3 * rnorm(100)
gam1 <- tibble(x, y)
```

x에 대한 y를 그래프로 나타낸다.

```
ggplot(gam1, (aes(x = x, y = y))) +
  geom_point() +
  geom_smooth(method = "lm")
```

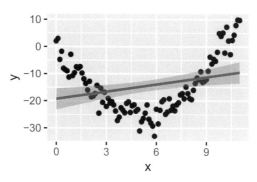

그림 15.1 선형 적합을 사용한 x에 대한 y의 산점도

적합성 결여^{lack of fit}가 존재한다(그림 15.1). 여기서는 명백한 2차 곡선 quadratic curve의 특성으로 인해 다항회귀적합polynomial regression fit을 사용한다 (그림 15.2).

```
ggplot(gam1, (aes(x = x, y = y))) +
  geom_point() +
  geom_smooth(method = "lm", formula = y ~ poly(x, 2))
```

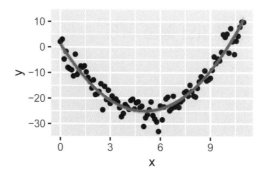

그림 15.2 다항 적합을 사용한 x에 대한 y의 산점도

loess 평활기를 사용해 다시 그래프를 그린다(그림 15.3).

```
ggplot(gam1, (aes(x = x, y = y))) +
  geom_point() +
  geom_smooth(method = "loess")
```

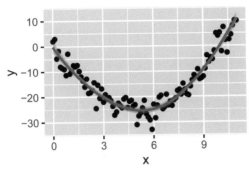

그림 15.3 loess 적합을 사용한 x에 대한 y의 산점도

loess는 비모수적nonparametric 평활기다. 'local regression'의 약어인 loess는 x_0 부근의 점들만 사용해 목표점 x_0에서 적합 선line of fit을 계산한다. 이때 x_0 부근의 점들에 가중치를 적용하며 x_0에서 멀어질수록 가중치가 줄어든다. loess에 대한 폭넓은 이해를 위해 x의 영역에 별도의 선을 적합한다(그림 15.4).

```
ggplot(gam1, (aes(x = x, y = y,
                  shape = cut(x, 5)))) +
  geom_point() +
  geom_smooth(method = "lm")
```

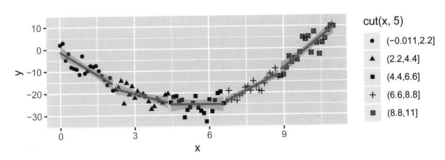

그림 15.4 조각별 선형 적합(piece-wise linear fit)을 사용한 x에 대한 y의 산점도

15.3 예제: 임금 데이터의 일반화 가법 모형

일반화 가법 모형을 사용하면 다중 선형 회귀 모형$^{multiple\ linear\ regression\ model}$을 확장할 수 있다. 다음과 같은 회귀 모형이 있다고 가정해보자.

$$y_i = \beta_0 + \beta_1 x_{i1} + \beta_2 x_{i2} + \epsilon_i$$

이때 일반화 가법 모형은 다음과 같이 작성할 수 있다.

$$y_i = \beta_0 + f_1(x_{i1}) + f_2(x_{i2}) + \epsilon_i$$

각 선형 성분 $\beta_j x_{ij}$를 평활 비선형 함수 $f_j(x_{ij})$로 대체한다(James et al., 2013).

제임스(James et al., 2013)의 예제를 사용한다. Wage 데이터셋에는 미국 대서양^{Atlantic} 지역의 임금과 기타 변수들에 관한 데이터가 포함돼 있다.

```
library(ISLR)
data("Wage", package = "ISLR")
str(Wage)
## 'data.frame':   3000 obs. of  11 variables:
##  $ year      : int  2006 2004 2003 2003 2005 2008 2009 2008
##                     2006 2004 ...
##  $ age       : int  18 24 45 43 50 54 44 30 41 52 ...
##  $ maritl    : Factor w/ 5 levels "1. Never Married",..: 1 1
##                     2 2 4 2 2 1 1 2 ...
##  $ race      : Factor w/ 4 levels "1. White","2. Black",..: 1
##                     1 3 1 1 4 3 2 1 ...
##  $ education : Factor w/ 5 levels "1. < HS Grad",..: 1 4 3 4
##                     2 4 3 3 3 2 ...
##  $ region    : Factor w/ 9 levels "1. New England",..: 2 2 2
##                     2 2 2 2 2 2 2 ...
##  $ jobclass  : Factor w/ 2 levels "1. Industrial",..: 1 2 1 2
##                     2 2 1 2 2 2 ...
##  $ health    : Factor w/ 2 levels "1. <=Good","2. >=Very Good":
##                     1 2 1 2 1 2 2 1 2 2 ...
##  $ health_ins: Factor w/ 2 levels "1. Yes","2. No": 2 2 1 1 1
##                     1 1 1 1 1 ...
##  $ logwage   : num  4.32 4.26 4.88 5.04 4.32 ...
##  $ wage      : num  75 70.5 131 154.7 75 ...
```

데이터를 시각화한다.

```
ggplot(Wage, aes(x = age, y = wage)) +
  geom_point(alpha = 0.5, col = "grey70") +
  geom_smooth()

## `geom_smooth()` using method = 'gam' and formula 'y ~ s(x, bs
= "cs")'
```

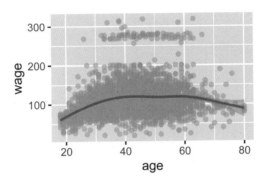

그림 15.5 임금 대 나이의 산점도

임금은 처음에는 증가하다가 나이가 들면서 감소하는 곡선 모양이다
(그림 15.5).

```
ggplot(Wage, aes(y = wage, x = factor(education))) +
  geom_boxplot() +
  coord_flip()
```

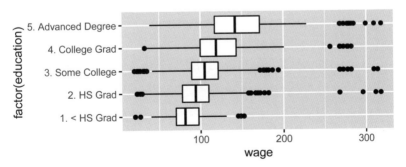

그림 15.6 교육 수준별 임금의 상자그림

교육 수준이 높을수록 임금도 높다(그림 15.6).

```
ggplot(Wage, aes(y = wage, x = factor(year))) +
  geom_boxplot() +
  coord_flip()
```

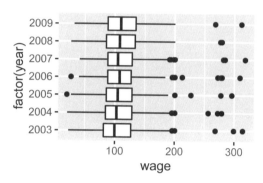

그림 15.7 연도별 임금의 상자그림

임금은 시간이 지남에 따라 증가한다(그림 15.7).

gam 패키지(Hastie, 2019)를 사용해 gam()으로 일반화 가법 모형을 적합시킨다.

```
library(gam)
Wage$fac_year <- factor(Wage$year)
Wage$fac_education <- factor(Wage$education)
gamMod <- gam(wage ~ lo(age) + fac_year + fac_education,
              data = Wage)

plot(gamMod, se = TRUE, pch =".")
```

그림 15.8에서 임금은 나이가 들어감에 따라 조금씩 증가하다가 약간 줄어든 다음 감소하는 모습을 볼 수 있다. 그림 15.9는 연도별 임금 인상을 보여준다. 그림 15.10은 교육 수준별 임금 인상을 보여준다.

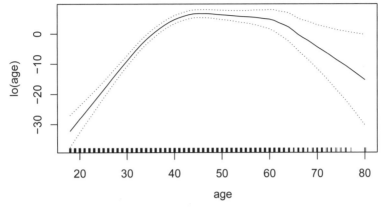

그림 15.8 gamMod

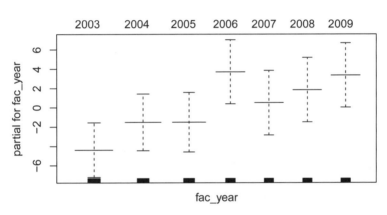

그림 15.9 gamMod

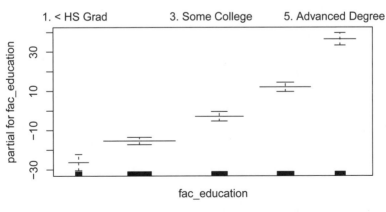

그림 15.10 gamMod

15.4 예제: 텍사스주의 주택

지금부터 loess를 사용해 데이터의 연간 추세[annual trend]와 계절 추세[seasonal trend]를 살펴본다. ggplot2 패키지(Wickham, 2016)의 데이터를 사용한다. 텍사스주 42개 도시의 주택 매매 수(sales)의 2000년 1월부터 2015년 4월까지 월별 데이터가 있다.

```
library(forecast)
library(ggplot2)
data("txhousing")
texas <- txhousing
str(texas)
## tibble [8,602 x 9] (S3: tbl_df/tbl/data.frame)
##  $ city     : chr [1:8602] "Abilene" "Abilene" "Abilene"
##                   "Abilene" ...
##  $ year     : int [1:8602] 2000 2000 2000 2000 2000 2000 2000
##                   2000 2000 2000 ...
##  $ month    : int [1:8602] 1 2 3 4 5 6 7 8 9 10 ...
##  $ sales    : num [1:8602] 72 98 130 98 141 156 152 131 104
##                   101 ...
##  $ volume   : num [1:8602] 5380000 6505000 9285000 9730000
##                   10590000 ...
##  $ median   : num [1:8602] 71400 58700 58100 68600 67300
##                   66900 73500 75000 64500 59300 ...
##  $ listings : num [1:8602] 701 746 784 785 794 780 742 765
##                   771 764 ...
##  $ inventory: num [1:8602] 6.3 6.6 6.8 6.9 6.8 6.6 6.2 6.4 6.5
##                   6.6 ...
##  $ date     : num [1:8602] 2000 2000 2000 2000 2000 ...
```

애빌린[Abilene]이라는 한 도시에 초점을 맞춰 데이터를 필터링한다. loess 평활을 사용해 sales 대 date의 그래프를 그린다(그림 15.11).

```
rm(txhousing)
library(tidyverse)
tex_abil <- texas %>%
  filter(city == "Abilene")
ggplot(tex_abil, aes(date, sales)) +
  geom_line() +
  geom_smooth(method = loess)
```

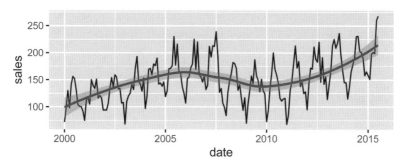

그림 15.11 loess 평활을 사용한 sales 대 data의 선 그래프

sales는 계절성seasonality과 함께 증가 추세를 보인다. 애빌린의 sales 데이터를 시계열로 변환한다.

```
tex_sales_ts <- ts(tex_abil$sales,
                   frequency = 12,
                   start = 2000)
```

계절 데이터를 자세히 살펴보기 위해 ggseasonplot() 함수를 사용한다. sales는 1월에 가장 낮고 5월과 8월 사이에 높은 수준으로 증가한다(그림 15.12).

```
ggseasonplot(window(tex_sales_ts,
                    start = 2011))
```

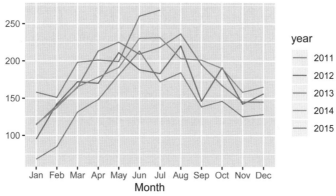

그림 15.12 sales의 계절 데이터

forecast 패키지(Hyndman et al., 2019)에서 사용할 수 있는 STL[Seasonal and Trend decomposition using Loess] 방법을 사용한다. 시계열 데이터는 추세[trend], 계절[seasonal], 그리고 나머지[remainder] 성분으로 분해할 수 있다(그림 15.13).

```
autoplot(stl(tex_sales_ts, s.window = 7))
```

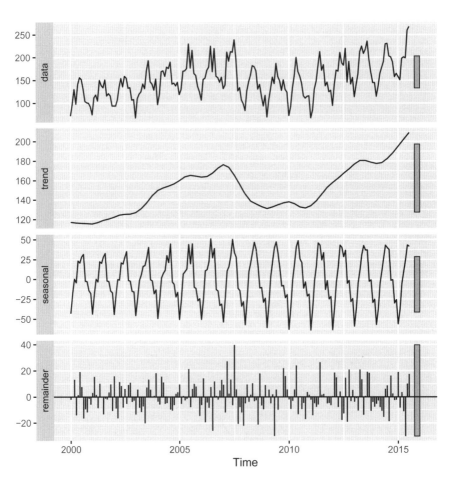

그림 15.13 애빌린 주택 매매의 시계열 분해

15.5 참고자료

제임스(James et al., 2013)의 저서는 명쾌하고 이해하기 쉬우며, 해스티 Hastie와 팁시라니Tibshirani는 온라인 강좌를 개설했다.

참고문헌

Hastie, T. 2019. gam: generalized additive models. *R package version* 1 (16): 1. https://CRAN.R-project.org/package=gam.

Hyndman, R., G. Athanasopoulos, C. Bergmeir, G. Caceres, L. Chhay, M. O'Hara-Wild, F. Petropoulos, S. Razbash, E. Wang, F. Yasmeen. 2019. forecast: Forecasting functions for time series and linear models. *R package version 8.9*. http://pkg.robjhyndman.com/forecast.

James, G., D. Witten, T. Hastie, and R. Tibshirani. 2013. *An introduction to statistical learning: with applications in R*. New York: Springer.

Wickham, H. 2016. *ggplot2: elegant graphics for data analysis*, 2016. New York: Springer.

16
트리부터 랜덤 포레스트까지

16.1 소개

바리안(Varian, 2014)은 컴퓨터의 발전으로 인해 경제거래economic transactions 에서 발생하는 대용량 데이터 처리의 가용성availability이 증가하고 있다고 지적하며 다음과 같이 설명했다(p. 3). "머신러닝 기술은… 복잡한 관계 를 모형화하는 효과적인 방법이 될 수 있다. … 요즘 대학원생들에게 건 네는 한결같은 조언은 컴퓨터공학과에 가서 머신러닝 강좌를 수강하라는 것이다."

브레이먼(Breiman, 2001, p. 199)은 다음과 같이 말했다. "데이터로부터 결론에 도달하기 위해 통제적 모형화를 사용하는 데는 두 가지 문화가 있 다. 하나는 데이터가 주어진 확률적 데이터 모형stochastic data model에 의해 생성된다고 가정한다. 다른 하나는 알고리듬 모형을 사용하고 데이터 메 커니즘을 알 수 없는 것으로 취급한다. … 현장의 목표가 데이터를 사용 한 문제 해결이라면, 데이터 모형에 대한 배타적인 의존성에서 벗어나 더 다양한 방법을 채택해야 한다."

트리tree는 예측을 위한 비모수적nonparametric 계산 집약적 기법으로, 예측인자 공간predictor space을 영역으로 반복적으로 분할한다. 트리는 쉽게 해석할 수 있지만 불안정할 수 있다. 예측을 향상하는 한 가지 방법은 트리를 결합하는 것이다. 먼저 트리를 이해한 다음 랜덤 포레스트random forest를 살펴본다.

비아우와 스코넷(Biau and Scornet, p. 197)은 랜덤 포레스트에 대한 관심을 강조했다. "2001년에 브라이먼L. Breiman이 제안한 랜덤 포레스트 알고리듬은 범용적인 분류와 회귀 모형에 매우 성공적이었다. 여러 무작위 의사결정 트리decision tree를 결합하고 평균을 계산해 예측을 집계하는 방식은 변수의 수가 관측치의 수보다 훨씬 더 큰 설정에서 탁월한 성능을 보였다. 또한 대규모 문제에 적용할 수 있을 정도로 다양하고, 여러 비정형 ad hoc 학습 작업에 쉽게 적용하고, 변수 중요도variable importance의 측정치를 반환한다."

16.2 간단한 데이터 활용 예제

```
x.tree <- c(rep(1:5,20), rep(6:10,20),
            rep(11:15,20))
y.tree <- c(rep(c(0,1,0,0,1),20),
            rep(c(1,0,1,1,1),20),
            rep(c(0,0,0,0,1),20))
xy.tree <- data.frame(x.tree, y.tree)

library(tidyverse)

# 데이터 그래프 작성
ggplot(xy.tree, aes(x = x.tree, y = y.tree)) +
  geom_jitter(height = 0.1, width = 0.1) +
  geom_smooth()
```

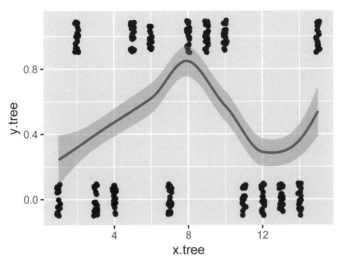

그림 16.1 y.tree 대 x.tree의 산점도

 y.tree와 x.tree의 관계는 매우 비선형적이다(그림 16.1). 이제 분류 트리classification tree를 데이터에 적합시킨다. 이때 rpart 패키지(Therneau and Atkinson, 2019)를 사용한다. 그리고 회귀분석과 동일한 구문을 사용한다.

```
library(rpart)
xy.tree_t <- rpart(y.tree ~ x.tree,
                   data = xy.tree,
                   method = "class")
class(xy.tree_t)
## [1] "rpart"
```

 rpart.plot 패키지(Milborrow, 2019)를 사용해 적합시킨 트리를 그래프로 나타낸다.

```
library(rpart.plot)
prp(xy.tree_t, extra = 1)
```

 그림 16.2는 분류 트리다. x.tree의 값에 따라 0 또는 1이라고 예측한다. 즉, x.tree의 값에 따라 트리를 내려간다. 예컨대 x.tree가 9인 경우 맨 위에서 시작해, x.tree가 11보다 같거나 크지 않으면 트리 오른쪽으

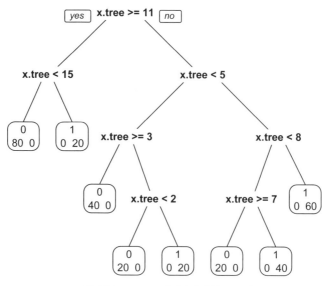

그림 16.2 xy.tree 데이터셋의 분류 트리

로 내려간다. 다음 단계에서 x.tree(= 9)가 5보다 작지 않으므로 다시 오른쪽으로 내려간다. x.tree(= 9)는 8보다 작지 않으므로 오른쪽으로 내려간다. 따라서 x.tree = 9의 y.tree는 1이라고 예측한다. x.tree가 8 또는 10인 경우에도 트리 아래로 동일한 경로를 따른다. x.tree = 8, 9, 10인 60개 관측치가 있으며, y.tree의 값은 모두 1이다.

지금부터는 방글라데시 우물의 비소^{arsenic}에 관한 예제를 살펴보자.

16.3 방글라데시 우물의 비소

이진 응답^{binary response} 예제를 살펴본다. 이 경우에 경제학자들은 일반적으로 로지스틱 회귀분석^{logistic regression}을 사용한다. 로지스틱 회귀분석을 한 다음 트리를 동일한 데이터에 적합시키면 트리를 좀 더 친숙한 방법으로 연결할 수 있다.

겔만과 힐(Gelman and Hill, 2017)은 방글라데시 우물의 비소 예제를 제시했다. 이 지역의 일부 우물에서 누적 독성인 비소 수치가 높게 나타났다. 연구 팀은 비소 수치를 측정하고 우물에 라벨을 붙였다. 그리고 몇 년 후 누가 더 안전한 우물로 전환했는지 조사하기 위해 돌아왔다.

설명을 위해 예시를 사용하며, 다음 변수에 초점을 맞춘다. (1) switch: 세대 전환 여부, (2) dist: 가장 가까운 안전한 우물까지의 거리[distance], (3) arsenic: 응답자의 우물 비소 수준(표 16.1).

```
wells <- read.delim("~/Documents/R/ies2018/wells.dat",
                     header = TRUE, sep = "")
library(tidyverse)
```

거리(dist)와 비소(arsenic)에 대한 전환(switch)의 로지스틱 회귀분석을 수행한다.

```
fit <- glm(switch ~ dist + arsenic,
           family = binomial(link = logit),
           data = wells)
library(texreg)
texreg(list(fit), caption = "Logistic regression of switch
```

표 16.1 거리와 비소에 대한 전환의 로지스틱 회귀분석

	Model 1
(Intercept)	0.00 (0.08)
dist	−0.01*** (0.00)
arsenic	0.46*** (0.04)
AIC	3936.67
BIC	3954.71
Log likelihood	−1965.33
Deviance	3930.67
Num. obs.	3020

$* p < 0.05; ** p < 0.01; *** p < 0.001$

```
        on distance and arsenic",
        caption.above = TRUE)
```

visreg 패키지(Breheny and Burchett, 2017)는 비선형 회귀분석 그래프 작성에 특히 유용하다.

```
library(visreg)
visreg(fit,"dist",
        scale = "response")
```

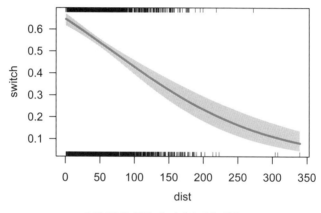

그림 16.3 전환 대 거리의 예측 확률

```
visreg(fit, "arsenic",
        scale = "response")
```

로지스틱 회귀분석(그림 16.3과 그림 16.4)은 예측과 맥락을 같이한다. 그림 16.3에서 전환의 예측 확률은 거리가 0에 가까울 때 약 0.6에서 거리가 약 275일 때 약 0.1로 감소한다. 그림 16.4에서 전환의 예측 확률은 비소가 0에 가까울 때 약 0.5에서 비소가 8에 가까울 때 약 0.95로 증가한다.

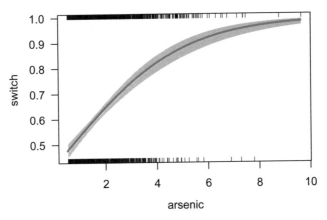

그림 16.4 전환 대 비소의 예측 확률

분류 트리를 적합시킨다.

```
library(rpart)
Bang <- rpart(switch ~ dist +
              arsenic,
              data = wells,
              method = "class")
library(rpart.plot)
prp(Bang, extra = 1)
```

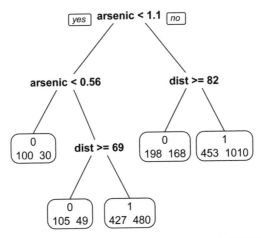

그림 16.5 거리와 비소를 예측인자로 사용한 전환 예측에 대한 분류 트리

그림 16.5에서 분류 트리를 볼 수 있다. 맨 위에서는 비소가 1.1 미만인지 여부에 따라 분할한다. 만일 비소가 1.1 이상이고 거리가 82 미만이면 전환이 발생한다고 예측한다. 비소가 1.1 이상이고 거리가 82 이상이면 전환이 발생하지 않는다고 예측한다.

비소가 0.56 미만이면 전환이 발생하지 않는다고 예측한다.

그림 16.5와 같이 트리는 쉽게 해석할 수 있다.

비소 대 거리의 산점도를 사용해 분류 트리 분할에 해당하는 예측인자 공간에 각기 다른 영역을 그래프에 나타낸다(그림 16.6).

```
ggplot(wells, aes(x = dist,
                  y = arsenic,
                  colour = factor(switch))) +
  geom_point() +
  geom_hline(yintercept = 1.1) +
  geom_hline(yintercept = 0.56) +
  geom_vline(xintercept = 69) +
  geom_vline(xintercept = 82)
```

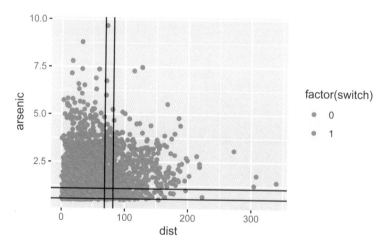

그림 16.6 그림 16.5의 분류 트리에 해당하는 영역을 이용한 비소와 거리의 산점도

그림 16.5와 그림 16.6을 자세히 살펴보고 서로 어떠한 연관성 있는지 생각해보라. 그림 16.5의 트리 분할을 그림 16.6의 각기 다른 사각형 영역과 연관 지어 보라.

16.4 예제: 주택담보대출공시법

지금부터 주택담보대출공시법HMDA, Home Mortgage Disclosure Act 예제를 살펴본다. 먼저 분류 트리를 적용한 다음 랜덤 포레스트 방법을 적용한다. 트리의 결과로 쉽게 해석할 수 있지만, 일반적으로 랜덤 포레스트는 더 정확한 예측을 제공한다.

베리안(Varian, 2014, p. 14)은 랜덤 포레스트 방법을 다음과 같이 요약했다.

랜덤 포레스트는 여러 트리를 사용하는 방법이다. 일반적인 절차는 다음 단계를 따른다.

1. 관측치의 부트스트랩bootstrap 표본을 선택하고 트리를 키우기 시작한다.
2. 트리의 각 노드에서 예측인자의 무작위 표본을 선택해 다음 결정을 내린다. 트리 가지치기prune는 하지 않는다.
3. 이 과정을 여러 번 반복해 트리의 포레스트를 키운다.
4. 새로운 관측치의 분류를 결정하기 위해 각 트리는 분류를 수행하고 최종 예측에 다수결majority vote을 사용한다.

이제 몇 가지 예측인자를 기반으로 보스턴에서 담보대출 신청자들의 담보대출 거부 여부(deny 변수)에 대한 예측 방법을 알아보자.

데이터는 Ecdat 패키지에서 얻을 수 있다.

```
library(Ecdat)
data(Hdma)
```

```
names(Hdma)[11] <- "condo"
set.seed(111)
```

```
library(tidyverse)
hdma <- Hdma %>%
  na.omit()
glimpse(hdma)
## Rows: 2,380
## Columns: 13
## $ dir    <dbl> 0.221, 0.265, 0.372, 0.320, 0...
## $ hir    <dbl> 0.221, 0.265, 0.248, 0.250, 0...
## $ lvr    <dbl> 0.8000000, 0.9218750, 0.920398...
## $ ccs    <dbl> 5, 2, 1, 1, 1, 1, 1, 2, 2, 2, ...
## $ mcs    <dbl> 2, 2, 2, 2, 1, 1, 2, 2, 2, 1, ...
## $ pbcr   <fct> no, no, no, no, no, no, no, no...
## $ dmi    <fct> no, no, no, no, no, no, no, no...
## $ self   <fct> no, no, no, no, no, no, no, no...
## $ single <fct> no, yes, no, no, no, no, yes, ...
## $ uria   <dbl> 3.9, 3.2, 3.2, 4.3, 3.2, 3.9, ...
## $ condo  <dbl> 0, 0, 0, 0, 0, 0, 1, 0, 0, 0, ...
## $ black  <fct> no, no, no, no, no, no, no, no...
## $ deny   <fct> no, no, no, no, no, no, no, no...
```

분류 트리를 적합시킨다.

```
library(rpart)
hm.tree <- rpart(deny ~ ., data = hdma,
                 method = "class")
```

분류 트리 그래프를 그린다(그림 16.7).

```
library(rpart.plot)
prp(hm.tree, extra = 1)
```

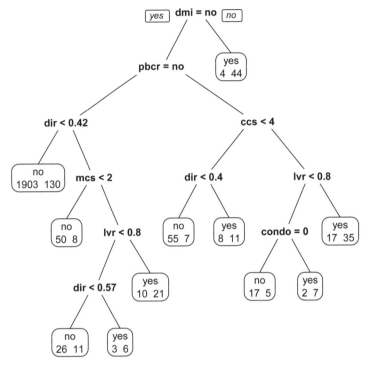

그림 16.7 담보대출 거부 여부인 deny 변수의 분류 트리

트리의 맨 위 분할은 dmi(denied mortgage insurance) 변수다. 트리의 다음 변수는 pbcr(public bad credit record)이고, 그다음 변수는 dir(debt payments to total income ratio)과 ccs(consumer credit score)다.

이제 랜덤 포레스트 알고리듬을 사용한다.

```
library(randomForest)
set.seed(1234)
rf.fit <- randomForest(deny ~ ., data = hdma, importance = TRUE)
rf.fit
##
## Call:
##  randomForest(formula = deny ~ ., data = hdma, importance = TRUE)
##               Type of random forest: classification
##                     Number of trees: 500
## No. of variables tried at each split: 3
##
```

```
##            OOB estimate of  error rate: 9.45%
## Confusion matrix:
##         no yes class.error
## no  2061  34  0.01622912
## yes  191  94  0.67017544
```

결과에서 500개 트리를 적합시키고 각 분할에서 3개의 변수를 시도했음을 알 수 있다. 랜덤 포레스트의 특징 중 하나는 예측에 대한 검증이 내장돼 있다는 것이다. 부트스트랩 표본은 트리를 키우는 데 사용되므로 일부 표본은 OOB^out of bag 로 사용되지 않는다. 결과에서 OOB 오차 비율은 9.45%임을 알 수 있다. 모형을 표본 내^in sample 데이터에 적합시키는 것은 훨씬 쉽다. 더 어려운 일은 모형을 표본 외^out of sample 데이터에 적합시키는 것이다.

랜덤 포레스트와 관련된 방법의 특징은 예측 정확도^predictive accuracy를 강조하는 것이다. 브라이먼^Breiman은 다음과 같이 말했다.

> 모형 상자^model box가 자연의 상자^nature's box를 얼마나 잘 모사^emulation하는지 확인하는 가장 확실한 방법은 다음과 같다. 사례 x를 자연의 상자에 넣어 출력 y를 얻는다. 마찬가지로, 동일한 사례 x를 모형 상자에 넣어 출력 y'를 얻는다. y와 y'의 근사성^closeness은 얼마나 잘 모사했는지를 나타내는 척도다. 데이터 모형에서는 다음과 같이 해석한다. 데이터를 사용해 모형의 파라미터에 적합시킨 다음, 모형을 사용해 데이터를 예측하고 예측이 얼마나 정확한지 확인한다.

랜덤 포레스트로부터 예측을 수행한다.

```
hdma$random_forest_prediction <- predict(rf.fit)
```

데이터 자체에 deny 변수가 있다. 즉, 위 브라이먼 인용구의 표현을 빌리자면 deny 변수는 자연 상자에서의 결과다. 랜덤 포레스트의 예측 대 자연 상자의 결과를 그래프로 나타낸다(그림 16.8). 그림 16.8은 위 랜덤 포레스트 결과를 혼동 행렬^confusion matrix로 표현한 것이다.

```
ggplot(hdma, aes(y = random_forest_prediction, x = deny)) +
  geom_jitter(height = 0.2, width = 0.2)
```

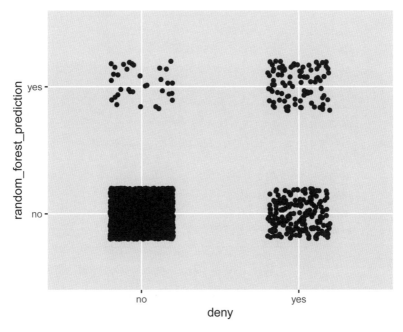

그림 16.8 랜덤 포레스트의 예측(random_forest_prediction) 대 담보대출 거부 여부 (deny)의 산점도. 지터(jitter)[1]를 사용해 데이터값을 조금씩 움직여 같은 점에 데이터가 여러 번 겹치지 않도록 했다.

베리안(Varian, 2014, p. 15)은 다음과 같이 말했다. "랜덤 포레스트의 한 가지 단점은 다소 블랙박스 같다는 점이다. 즉, 데이터 관계의 간단한 요약을 제공하지 않는다. 하지만 랜덤 포레스트는 예측 정확도의 가장 큰 향상에 기여한다는 의미에서 어떤 변수가 예측에 '중요'한지 결정할 수 있다."

---

1 많은 양의 데이터로 그래프를 그리다 보면 점들이 뭉칠 수 있다. 그럴 때 해결법으로 지터(jitter)를 사용한다. 지터를 사용하면 점들에 난수를 삽입해 근처로 흩어지게 하여 쉽게 구분할 수 있고 점이 많이 몰려 있는 위치를 파악할 수 있다. – 옮긴이

```
varImpPlot(rf.fit, type = 1)
```

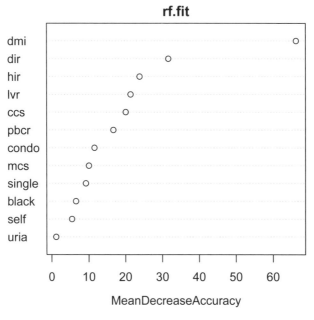

그림 16.9 변수 중요도 그래프

주어진 변수가 모형에서 제외될 때 OOB 표본에 대한 예측의 평균정
확도감소^{mean decrease of accuracy}를 기반으로 그림 16.9에서 변수 중요도를
측정한다. 가장 중요한 변수는 `dmi`, `dir`, `hir`이다.

16.5 참고자료

베리안(Varian, 2014)의 논문은 머신러닝을 소개하고 트리와 랜덤 포레스
트를 다루며, 경제학자들에게 머신러닝 기법 학습에 대한 동기를 부여하
는 좋은 논문이다. 제임스(James et al., 2013)는 트리와 랜덤 포레스트를

매우 명쾌하게 설명한다. 해당 책의 PDF 버전은 책 웹사이트에서 다운로
드할 수 있다.

참고문헌

Berk, R.A. 2008. *Statistical learning from a regression perspective*. New
York: Springer.

Biau, G., and E. Scornet. 2016. A random forest guided tour. *TEST 25*
(2): 197 – 227. https://doi.org/10.1007/s11749-016-0481-7.

Breheny, P., and W. Burchett. 2017. Visualization of regression
models using visreg. *The R Journal* 9: 56 – 71.

Breiman, L. 2001. Statistical modeling: The two cultures. *Statistical
Science* 16 (3): 199 – 231.

Gelman A., and J. Hill. 2006. *Data Analysis Using Regression and
Multilevel/HierarchicalModels*. New York: Cambridge University
Press.

James, W.D., T. Hastie, and R. Tibshirani. 2013. *An introduction to
statistical learning with applications in R*. New York: Springer.

Milborrow, S. 2019. rpart.plot: Plot 'rpart' models: An enhanced
version of 'plot.rpart'. *R package version 3.0.8*. https://CRAN.
R-project.org/package=rpart.plot.

Therneau T, and B. Atkinson. (2019) rpart: Recursive partitioning and
regression trees. *R package version 4.1-15*. https://CRAN.R-project.
org/package=rpart.

Varian, H.R. 2014. Big data: New tricks for econometrics. *Journal of
Economic Perspectives* 28(2): 3 – 28.

찾아보기

Quantitative Economics with R
경제학에서 배우는 데이터 과학과 분석론

발 행 | 2022년 3월 31일

지은이 | 비크람 다얄
옮긴이 | 홍 영 표

펴낸이 | 권 성 준
편집장 | 황 영 주
편 집 | 이 지 은
　　　　김 다 예
디자인 | 윤 서 빈

에이콘출판주식회사
서울특별시 양천구 국회대로 287 (목동)
전화 02-2653-7600, 팩스 02-2653-0433
www.acornpub.co.kr / editor@acornpub.co.kr

한국어판 © 에이콘출판주식회사, 2021, Printed in Korea.
ISBN 979-11-6175-628-8
http://www.acornpub.co.kr/book/quantitative-economics

책값은 뒤표지에 있습니다.